●强制隔离戒毒工作系列丛书

强制隔离戒毒场所执法文书制作

主　编　汪宗亮

副主编　郭　崧

ZHEJIANG UNIVERSITY PRESS
浙江大学出版社

图书在版编目(CIP)数据

强制隔离戒毒场所执法文书制作/ 汪宗亮主编. —
杭州:浙江大学出版社,2013.4(2025.7重印)
(强制隔离戒毒工作系列丛书)
ISBN 978-7-308-11328-1

Ⅰ.①强… Ⅱ.①汪… Ⅲ.①戒毒—行政执法—法律
文书—中国 Ⅳ.①D922.14②D926.13

中国版本图书馆 CIP 数据核字(2013)第 067528 号

强制隔离戒毒场所执法文书制作
汪宗亮　主编

责任编辑	石国华	
文字编辑	沈燕丽	
封面设计	刘依群	
出版发行	浙江大学出版社	
	(杭州天目山路 148 号　邮政编码310007)	
	(网址:http://www.zjupress.com)	
排　　版	杭州星云光电图文制作工作室	
印　　刷	杭州钱江彩色印务有限公司	
开　　本	787mm×1092mm　1/16	
印　　张	13.5	
字　　数	337 千	
版 印 次	2013 年 4 月第 1 版　2025 年 7 月第 8 次印刷	
书　　号	ISBN 978-7-308-11328-1	
定　　价	38.00 元	

丛书编委会

主　任　金　川
副主任　周雨臣　马立骥
委　员　陈鹏忠　王新兰　李蓓春
　　　　汪宗亮　贾东明　柏建国
　　　　胡跃峰　郭　崧

序

随着改革开放的深入,我国的社会环境发生了很大的变化,毒品违法犯罪死灰复燃,而且愈演愈烈,呈不断上升和蔓延的趋势。这种"白色瘟疫"越传越广,已成为阻碍社会经济发展和社会进步的绊脚石,严重扰乱社会管理秩序,成为当今社会一大"顽症"。

历史上我国是受毒品危害最深的国家,早在 18 世纪中叶,殖民主义即开始向我国倾销鸦片,吸食者人数在全国迅速蔓延,给本来就贫穷的中国带来了更加深重的灾难。1838 年 12 月,民族英雄林则徐受命赴广东禁烟,在虎门公众销毁没收的鸦片烟 237 万斤。但由于清政府的腐败无能,最终还是以失败告终。

中华人民共和国成立后,中国人民在中国共产党的领导下,经过三年左右的肃毒斗争,在全国范围内基本上禁绝了毒品,在世界上享有无毒国的美誉,创造了世界禁毒史上的奇迹。然而,在国际毒品泛滥的背景下,因我国紧邻亚洲毒品生产基地"金三角"、"金新月"的地理条件,随着对外开放,国际毒品犯罪分子已把我国作为贩运毒品的通道,导致我国境内吸、贩、运、制毒品的沉渣泛起,由边境地区逐渐向内地蔓延,形成了一定规模的毒品地下市场。根据官方公布的数字,2005 年至 2011 年,全国共破获毒品犯罪案件 47 万余起,抓获毒品犯罪嫌疑人 55 万余名,缴获各类毒品 150 余吨。

中国面临的毒品问题经历了三个阶段:20 世纪 70 年代末 80 年代初,国内毒品问题以"金三角"过境贩毒为主,危害局限在西南局部地区;进入 90 年代后,国内开始出现吸毒人员,毒品问题从局部向全国范围蔓延;从 90 年代末期开始,境外毒品对中国"多头入境,全线渗透"的态势进一步加剧,除传统毒品海洛因外,制贩冰毒、摇头丸等合成毒品的犯罪活动发展迅猛,易制毒化学品流入非法渠道,屡禁不止,国内毒品问题呈现出毒品来源多元化、毒品消费多样化的特点。由此可见,毒品犯罪就像瘟疫一样,由潜伏、传染到大面积扩散,久治不愈,屡禁不止,成为一股危害社会的浊流,波及全国。

《2012 年中国禁毒报告》显示,2011 年,全国查获有吸毒行为人员 41.3 万人次,新发现吸毒人员 23.5 万名;共依法处置吸毒成瘾人员 57.7 万名,同比增长

8.3％。截至 2011 年年底,全国共发现登记吸毒人员 179.4 万人,其中滥用海洛因人员有 115.6 万人,占 64.5％;滥用合成毒品人员 58.7 万人,占全国吸毒人员总数的 32.7％,同比上升 35.9％;全国新增滥用合成毒品人员 14.6 万人,同比上升 22％。滥用合成毒品人员中,35 岁以下青少年占 67.8％,低龄化趋势明显。同时,合成毒品问题进一步呈现向中小城市、农村发展蔓延的趋势。截至 2011 年年底,全国正在执行社区戒毒人员 3.6 万名,社区康复人员 4 万名;全国公安机关共收戒吸毒成瘾人员 9.2 万余名。目前,全国强制隔离戒毒所在戒人员达到 22.7 万余名,全国药物维持治疗工作已经扩展到全国 28 个省(自治区、直辖市)的 719 个门诊,配备流动服药车 29 辆;全国累计在社区参加美沙酮维持治疗的戒毒人员已达 33.7 万名,门诊稳定治疗 13.4 万名,年保持率达到 72.6％。

毒品对人的身心危害严重。吸毒会导致精神分裂、血管硬化,严重影响生殖和免疫能力。毒瘾发作时,如万蚁啮骨,万针刺心,吸毒者求生不得,求死不能,如同人间活鬼。吸毒易感染艾滋病,世界上超过一半的艾滋病患者都是由注射毒品而感染的。吸毒成瘾到死亡平均只有 8 年时间;吸毒上瘾,心瘾难除,一生受折磨。

吸毒耗费巨大,十有八九倾家荡产。吸毒者往往道德泯灭,不顾念亲情,抛妻弃子,忤逆不孝,甚至会出卖骨肉,残害亲人。其后代往往先天有毒瘾、痴呆畸形。真是一旦吸毒,祸害无穷。吸毒者为获取毒资,大多数男盗女娼,或以贩养吸,严重危害社会治安,败坏社会风气。

毒品对家庭的危害重大。家庭中一旦出现了吸毒者,家便不成其为家了。吸毒者在自我毁灭的同时,也破坏自己的家庭,使家庭陷入经济破产、亲属离散,甚至家破人亡的严重境地。

毒品对社会生产力的破坏巨大。吸毒首先导致身体疾病,影响生产;其次是造成社会财富的巨大损失和浪费;同时毒品活动还造成环境恶化,缩小了人类的生存空间。

毒品活动扰乱社会治安。毒品活动加剧诱发了各种违法犯罪活动,扰乱了社会治安,给社会安定带来巨大威胁。

2007 年 12 月 29 日,中华人民共和国第十届全国人民代表大会常务委员会第三十一次会议通过《中华人民共和国禁毒法》(以下简称《禁毒法》),并于 2008 年 6 月 1 日开始施行。《禁毒法》的颁布实施对于我国禁毒工作有着里程碑式的重要意义。《禁毒法》依法规定了戒毒体制和措施。《禁毒法》对戒毒工作做出了重大变革,对原有的公安机关的强制戒毒制度和司法行政机关的劳教戒毒制度进行了有效的整合，合并为强制隔离戒毒制度，同时对社区戒毒、社区康复、自愿戒毒、戒毒药物维持治疗进行立法，增加了戒毒康复场所等相关内容。2011年6月26日，《戒毒条例》作为我国《禁毒法》的配套法规正式公布，以人性化、科学化的方式，全面系统地规定了自愿戒毒、社区戒毒、强制隔离戒毒和社区康复等措施，明确了责任主体以及戒毒人员的权利和义务。

全国各劳动教养机关根据《禁毒法》、《戒毒条例》的工作要求以及自身的实际工作努力做到了"四个转变"，即理念转变、管理转型、重点转移、机制转轨，逐步实现了由劳教戒毒工作向强制隔离戒毒工作的过渡和转型。

为了适应当前的工作需求，即由传统的劳教戒毒向强制隔离戒毒工作转型的新形势以及社会各界对戒毒康复工作发展的需要，满足强制隔离戒毒场所工作民警进一步掌握岗位职业技能和提升综合素质的需要，以及警察类院校相关戒毒专业人才的培养需求，迫切需要一套既能够切实反映当前强制隔离戒毒工作实际需求，又能够较为系统介绍强制戒毒执法流程、管教方法与艺术、文书制作、心理矫治、毒品成瘾机理和戒毒康复知识，体现行业特色需求的指导丛书，这既是教学的需求，更是实践的需要。"强制隔离戒毒工作系列丛书"属于浙江警官职业学院"2010年教师服务行业能力提升工程项目"的子项目的研究成果，对强制戒毒专业知识、心理学、教育学、医学、毒品成瘾机理及毒品理论及工作实务作了较为系统的介绍和论述，对强制隔离戒毒场所工作民警及戒毒康复管理专业人士具有较强的理论和实践指导意义。该套丛书是浙江警官职业学院的专家教授、骨干教师与浙江省戒毒管理局、浙江省十里坪强制隔离戒毒所、浙江省强制隔离戒毒所等行业专家共同合作的产物，是带有原创性的集专著、教材、工具书等多功能于一体的科研成果。创作团队在创作和编纂过程中克服了强制隔离戒毒制度创建时间短、工作理论和实践经验积累不足、参考资料短缺、创作团队知识和能力所限等不利因素，经过一年多时间的艰苦努力和协作攻关，终于圆满完成了这套丛书的创作。

我们衷心希望通过该套丛书的编写和发行，能够为辛辛苦苦战斗在强制隔离戒毒执法和教育矫治领域的广大民警和工作人员送上一份厚礼和精神食粮，并祝愿他们在与毒品违法犯罪作斗争的崇高而伟大的事业中取得骄人的成绩，为维护社会稳定和国家的长治久安创造不平凡的业绩！

前　言

为了预防和惩治毒品违法犯罪行为,保护公民身心健康,维护社会秩序,2007年12月29日,中华人民共和国第十届全国人民代表大会常务委员会第三十一次会议通过《中华人民共和国禁毒法》(以下简称《禁毒法》),并于2008年6月1日开始施行。《禁毒法》的颁布实施对于我国禁毒工作有着里程碑的重要意义。

作为强制隔离戒毒场所执法工作的承载物——执法文书,在对强制隔离戒毒人员(以下简称戒毒人员)实施戒毒治疗、所政管理、教育矫治、康复巩固以及回归社会这一系列的执法活动中起着十分重要的作用,离开了这一载体,强制隔离戒毒场所的各项执法活动将陷入无序状态;同时,强制隔离戒毒场所执法文书制作的质量直接反映民警的执法水平,也能反映出戒毒人员在矫治过程中变化的轨迹,具有历史档案的保存价值;此外,强制隔离戒毒场所执法文书还是联系公安机关、人民法院、人民检察院和其他司法行政机关以及戒毒人员家属的纽带。随着我国强制隔离戒毒工作进程的不断推进,强制隔离戒毒场所执法文书的重要地位与作用日益显现,越来越受到强制隔离戒毒机关各级领导和基层一线民警的高度关注。为了进一步规范强制隔离戒毒场所执法文书的制作,经过反复的调研核准,我们编写了《强制隔离戒毒场所执法文书制作》一书,以期推动强制隔离戒毒工作更好地走上法制化、规范化、科学化道路。

本书内容分为两大部分。第一部分为强制隔离戒毒场所执法文书的基础知识。第二部分为强制隔离戒毒场所常用的执法文书,按强制隔离戒毒场所执法过程中所涉及的入所收治、诊断评估、所政管理、教育矫治、生活卫生、习艺矫治等工作范围,将其设定为入所收治类、诊断评估类、所政管理类、教育矫治类、生活卫生类和习艺矫治等六大类别。

本书每种执法文书编写的格式体例因其内容和制作的难易程度而异,对一些内容较为重要,在使用过程中容易产生差错的文书,编写格式分为三个部分:一是说明该文书的适用范围及法规依据;二是说明该文书的制作方法及注意事项;三是提供案例,并附文书制作示例。而对那些内容相对简单的文书或知识拓展则仅提供该文书的参考样式。因此,本书的内容有详有略,体现出较强的实用性。

　　本书在编写过程中得到了浙江省戒毒管理局管理处卓朝勇处长、教育处曹生兵处长、生活卫生处赵金绍处长、法制处沈永海处长、生产基建处陈永良处长的精心指导,浙江警官职业学院金川教授、周雨臣教授、陈鹏忠教授,浙江省强制隔离戒毒所教学中心主任余洪、康复矫治中心副主任余志军,浙江十里坪强制隔离戒毒所十二大队(戒毒康复中心)副大队长胡跃峰、管理科胡航军的大力支持,在此表示衷心的感谢。由于书中执法文书的内容仅仅是根据浙江省强制隔离戒毒场所的实践进行的,是否能在全国其他地区适用推行有待进一步实践检验。随着强制隔离戒毒工作的进一步发展,强制隔离戒毒场所执法文书也会发生一些变化,同时由于统稿水平有限,编写时间较紧,本书的缺点、疏漏也在所难免,恳请各位专家、读者,特别是基层一线的民警批评指正。

编　者
2013 年 1 月

目　　录

第 1 章　强制隔离戒毒场所执法文书基础知识

1.1　强制隔离戒毒场所执法文书的概念

强制隔离戒毒场所执法文书是强制隔离戒毒场所在强制隔离戒毒执法过程中,依法制作的具有法律效力或法律意义的系列文书的总称。强制隔离戒毒场所执法文书是强制隔离戒毒执法行为的载体,属于国家行政公文的范畴。它是强制隔离戒毒工作中对具体事件处理的文字记载及说明,是以文字形式记载强制隔离戒毒工作中事件发生、发展和结果的重要凭证。可以说强制隔离戒毒场所执法文书既是强制隔离戒毒这一法律活动运作的工具,又是强制隔离戒毒法律活动的文字载体或结论,它是国家行使司法权的一种重要形式,也是强制隔离戒毒工作人员(人民警察)依法履行职责的重要依据。

强制隔离戒毒场所的执法文书分为两类:一类是所部机关科室、大中队用来传达政令、请示工作、报告情况、联系事项、制定计划、总结经验、记载活动的,如指示、通知、报告、批复、公函及计划、总结等,称通用公文,又称行政公文或事务文书。第二类是所部管教部门以及大中队使用的、具有专指内容、特定格式的文字材料,如审批表、决定书、案件调查报告、讯(询)问笔录、提前解除强制隔离戒毒或延长强制隔离戒毒限期建议书等,称为专用公文,或专用文书。本文所指执法文书主要涉及的就是上述第二类的内容,这一表述至少有以下几层含义:

(1)强制隔离戒毒场所执法文书制作和使用的主体是强制隔离戒毒所,具体的制作者和使用者是人民警察

强制隔离戒毒场所是国家的执法机关,依照《中华人民共和国禁毒法》以及《戒毒条例》等法律、法规的规定,对被决定强制隔离戒毒的人员进行必要的管理、教育和治疗,使其戒除毒瘾,重塑法制意识、重返社会、减少违法犯罪率。因此,在对戒毒人员执行日常管理以及教育矫治过程中所使用的文书只能由具有执法权的强制隔离戒毒所制作。然而,强制隔离戒毒工作又是一个抽象主体,强制隔离戒毒场所对戒毒人员实施的管理、教育等各项执法活动都是由人民警察具体实施的。因此,在对戒毒人员执行强制隔离戒毒过程中所使用的各种执法文书实际上是由人民警察代表强制隔离戒毒场所制作的。从这个意义上说,人民警察制作执法文书不是一种个人行为,而是代表强制隔离戒毒场所在依法行使职权。因此,人民警察应当严格依照有关法律的规定制作执法文书,以确保法律的正确实施。

(2)强制隔离戒毒场所执法文书的内容限于对戒毒人员实施管理、教育矫治等特定范围

根据有关法律规定,强制隔离戒毒场所的执法管理工作主要包括对戒毒人员"依法管理、科学戒毒、综合矫治、关怀救助"等,而与其相对应的就涉及所政管理、安全防范、教育矫正、习艺劳动、生活卫生管理等内容。强制隔离戒毒场所执法文书就是在上述执法管理活动实施的过程中由人民警察制作和使用的。因此,强制隔离戒毒场所执法文书具有符合强制

隔离戒毒工作自身性质和特点所规定的特定内容和范围。

(3)强制隔离戒毒场所执法文书具有一定的法律效力,对执法活动起到辅助和补充的作用

人民警察对戒毒人员实施管理、教育矫治、康复训练等活动是由法律的强制力来保证实施的。因此,大部分强制隔离戒毒场所执法文书都具有一定的法律效力,也就是说这部分执法文书一旦完成了制作或是通过了相应的审批程序,则具有法律效力,并由国家强制力来保证实施,例如《采取保护性约束措施审批表》、《强制隔离戒毒人员探视审批表》等执法文书都具有相应的法律效力。虽然,还有一类强制隔离戒毒场所的法律文书,主要是在教育矫治、习艺劳动、生活卫生活动中记载管理过程中的相关情况,表面上看似法律效力不大,只对执法起到辅助和补充作用。例如日常管理活动中制作的询问笔录等,但它们同样是强制隔离戒毒场所执法文书的组成部分,同样具有一定的法律效力。

(4)强制隔离戒毒场所执法文书具有符合其特征的特定格式

凡是文书都具有一定的格式。强制隔离戒毒场所执法文书作为文书的一个种类也具有特定的格式。强制隔离戒毒场所执法文书的格式是在工作实践中形成,在使用过程中不断完善,最后由上级有关机关发布规范的文书样式。目前,我国强制隔离戒毒场所执法文书的格式,主要由司法部劳动教养(戒毒)管理局进行规范并发布,供全国强制隔离戒毒场所统一使用。此外,各省、自治区、直辖市戒毒管理局也根据有关法规和本地区的实际情况出台了部分地方性的强制隔离戒毒场所执法文书格式,供本地区的强制隔离戒毒场所在日常工作中统一使用,这对规范本地区强制隔离戒毒工作机关的执法行为,确保法律的正确实施同样具有十分重要的意义。

1.2　强制隔离戒毒场所执法文书的地位和作用

强制隔离戒毒场所执法文书作为国家司法公文体系中的一个有机组成部分,在我国司法公文体系中具有独特的重要地位。我国的司法公文体系是由公安机关在案件侦查期间所制作的法律文书、检察机关在案件起诉阶段所制作的法律文书、人民法院在案件审判期间所制作的法律文书以及监狱、劳教场所、强制隔离戒毒场所等在法律执行过程中所制作的法律文书所组成。这些法律文书组成了国家司法公文的一个完整体系,它们之间相辅相成、缺一不可。由此可见,强制隔离戒毒场所执法文书在国家司法公文中具有重要地位,在对戒毒人员执法过程中具有十分重要的作用。其重要作用主要表现在以下几个方面:

(1)强制隔离戒毒场所执法文书是强制隔离戒毒所对戒毒人员实施管理、教育矫治和戒毒康复的重要载体

强制隔离戒毒场所对戒毒人员实施管理、进行教育矫治和戒毒康复需要一定载体才能付诸实施,强制隔离戒毒场所执法文书就是其中的重要载体之一。例如,要对一名有立功表现的戒毒人员进行行政奖励,就必须填写《戒毒人员奖惩审批表》,经过逐级审批后,对戒毒人员的行政奖励才能最终实现。再如,要对一名严重违反法律法规的戒毒人员实施惩处,也需要填写《戒毒人员奖惩审批表》,经过逐级审批后,才能最终对戒毒人员给予处罚。由此可见,强制隔离戒毒场所执法文书这个载体,对确保强制隔离戒毒工作执法管理活动的正常有序进行具有十分重要的作用。离开了强制隔离戒毒场所执法文书这一载体,强制隔离戒毒工作执法活动将陷入无序状态。

（2）强制隔离戒毒场所执法文书具有记录和凭证的作用

强制隔离戒毒场所执法文书的记录作用主要体现在两个方面：一方面强制隔离戒毒场所执法文书记载了人民警察的执法过程。执法文书制作的质量从一个侧面反映人民警察的执法管理水平，也是上级机关检查强制隔离戒毒工作执法管理情况的重要依据。另一方面强制隔离戒毒场所执法文书记载了戒毒人员在强制隔离戒毒的全过程，既可以反映戒毒人员矫治质量，又能够"勾画"出戒毒康复动态变化的轨迹，是检验戒毒人员矫治质量和戒毒康复的重要依据。因此，强制隔离戒毒场所执法文书作为强制隔离戒毒工作执行过程以及矫治康复过程的实际记录，具有历史档案的保存价值。强制隔离戒毒场所执法文书在强制隔离戒毒工作执法管理活动中还起到凭据和证明的作用。例如，戒毒人员被批准离所探视时，强制隔离戒毒所出具的《强制隔离戒毒人员外出探视证明书》，是戒毒人员离所探视时的身份证明，其法律效率等同于居民身份证。

（3）强制隔离戒毒场所执法文书是强制隔离戒毒场所与公安机关、检察机关、人民法院及其他司法行政机关以及戒毒人员家属联系的纽带

强制隔离戒毒场所的执法活动不可能孤立进行，必然要和相关的公安机关、检察机关、人民法院和其他司法行政机关相互联系、互相配合、互为监督，而这一切需要通过强制隔离戒毒场所执法文书才能得以实现。例如《强制隔离戒毒人员另行处理审批表》、《提请提前解除强制隔离戒毒意见书》等强制隔离戒毒场所执法文书都是强制隔离戒毒工作机关在进行相关执法活动时与有关机关联系时所制作的，这些执法文书起到了与相关司法机关和执法部门联系的纽带作用。

1.3　强制隔离戒毒场所执法文书的分类

强制隔离戒毒场所执法文书可以按照不同标准进行分类。一般是根据强制隔离戒毒场所执法文书的内容和形式进行分类。

1.3.1　按强制隔离戒毒场所执法文书的内容分类

按强制隔离戒毒场所执法文书的内容分类一般分为以下六类：

（1）入所收治类执法文书

例如《收治强制隔离戒毒人员证明书》等新收治人员执法文书。

（2）诊断评估类执法文书

例如戒毒人员在"三期"（生理脱毒期、身体康复期、戒毒巩固期）的诊断评估执法文书。

（3）所政管理类执法文书

例如戒毒人员分类分期管理执法文书、安全管理执法文书、通讯通话管理执法文书、探视探访管理执法文书、保护性约束措施管理执法文书、奖惩管理执法文书、涉嫌犯罪、逃跑、所内死亡处理管理执法文书、所外就医管理执法文书等。

（4）教育矫治类执法文书

例如对戒毒人员的教育矫治执法文书、戒毒人员年终评审评比执法文书、对戒毒人员进行个别教育、集体教育的执法文书都属于教育矫治类执法文书。

（5）生活卫生类执法文书

例如对戒毒人员膳食管理、医疗检疫等生活卫生方面的执法文书。

（6）习艺劳动类执法文书

例如对戒毒人员安全生产、消防器材维护保养等习艺劳动方面的执法文书。

1.3.2 强制隔离戒毒场所执法文书的形式分类

按强制隔离戒毒场所执法文书的形式进行分类是指按照文书的不同样式进行分类。一般可以分为以下四类：

（1）表格式文书

表格式文书是指文书的要素内容以表格形式设计并加以固定的文书。制作时只要按表格内容进行对应填写。例如《戒毒人员（入所）体检表》、《戒毒人员基本情况登记表》等都属于表格式文书。

（2）填写式文书

填写式文书是指将供选择的项目在文书内留出空白，在制作时按要求在空格内填写相关内容的文书。例如《强制隔离戒毒人员所外就医证明书》、《出所通知单》等都属于填写式文书。

（3）拟制式文书

拟制式文书是指文书设计好一定的样式，制作者用文字组织成文章写入文书相关部分的一种文书。例如《强制隔离戒毒人员奖惩审批表》等都属于拟制式文书。

（4）笔录式文书

笔录式文书是指强制隔离戒毒场所在日常管理过程中对有关人员进行讯问时所作的记录。例如《讯问笔录》等文书都属于笔录式文书。

1.4 强制隔离戒毒场所执法文书的写作要求

1.4.1 文书的主旨要正确和鲜明

文书的主旨是指制作文书的目的和意图。例如制作《提请提前解除强制隔离戒毒意见书》的目的就是表达了强制隔离戒毒场所提请原决定机关对符合法定条件的戒毒人员予以提前解除强制隔离戒毒的意图。文书的主旨在文书中处于核心地位，起到了统领文书的作用。在确立文书的主旨时要注意以下两点：

①文书的主旨要正确。文书的主旨不能凭空产生，必须先有产生文书主旨的客观事实，而且这一客观事实必须符合相关法律规定。例如，要产生提请公安机关给予戒毒人员提前解除强制隔离戒毒的主旨，首先该戒毒人员必须具有符合提前解除的条件以及相关的事实，而且该事实必须达到法律相关规定的要求。由此可见，文书主旨的产生必须以事实为依据，以法律为准绳。否则，制作的文书是违法或无效的。

②文书的主旨要鲜明。主旨鲜明是指文书主张的目的要一清二楚，态度鲜明。一般而言，执法文书的标题就反映了该文书的主旨，此外，文书制作者对该主张所表明的态度一般在审批意见栏里要明确表达。因此，在签署审批意见时一定要态度鲜明，绝不能模棱两可。

此外，强制隔离戒毒场所执法文书的主旨还具有单一性的特点，一种强制隔离戒毒场所执法文书只能表达一个行文意图，这也是要特别加以注意的。

1.4.2 文书的材料要真实和典型

文书的材料是指表达文书主旨的文字内容的总和。文书的主旨要依靠与之相关的材料加以证明，否则文书所要主张的目的和意图就无法实现，从这个意义上说，材料是文书的基础。在选择材料时应当注意以下两点：

①选择的材料必须真实。材料的真实是强制隔离戒毒场所执法文书的生命。强制隔离戒毒场所执法文书的主旨必须建立在真实材料的基础上，虚假的材料只会产生违法的主旨，最终导致徇私舞弊和执法的腐败。所谓材料的真实是指选择的材料必须确有其事，客观准确。一是文书中所涉及的人物，事件发生的时间、地点、经过、结果和原因动机都必须真实可靠；二是文书中所列举的数据必须准确无误；三是对事实的分析必须客观公正，所得出的结论应当实事求是；四是考核过程必须是公开、公平、公正。

②选择的材料必须典型。典型的材料是指表达文书主旨的最具代表性的材料。在制作文书的过程中，会收集到许多材料，但并不是所有的材料都适用，必须对收集的材料进行精心挑选。首先剔除那些与主旨无关的材料，然后再从中挑选那些最能表达主旨的具有代表性的材料。因为只有选择典型的材料，才能使文书的主旨具有较强的说服力，才能最终实现文书所要表达的目的和意图。

1.4.3　文书的结构要完整和规范

文书的结构是指文书的内容构造，也就是文书的样式。文书的结构是文书的基本框架，没有这个框架，文书的材料就无法组织，最终文书的主旨也就无法正确表达。因此，文书的结构在文书中同样具有基础性地位。

强制隔离戒毒场所执法文书的结构一般是固定的。其基本样式包括表格式、填写式、拟制式和笔录式四种。同时，这四种文书样式的内部结构要素也是相对定型的，结构的基本要素主要由以下三部分组成：

①首部。主要包括文书的制作机关、文书的标题、发文字号、戒毒人员的基本情况等内容。

②正文。是文书的核心部分。一般由两部分组成：一是事实依据和法律依据。主要阐述文书主旨的事实理由和法律依据。二是处理意见和结论。也就是在阐述事实和理由的基础上，鲜明地表达文书制作者的处理建议或提出结论性意见。

③尾部。主要交代相关事项。包括致送机关、签署、成文日期、用印、附项等内容。

1.4.4　文书的语言要准确和简练

文书的材料只有通过恰当的语言表述才能呈现出来。从这个意义上说，语言又是文书材料的基础。因此，要写好强制隔离戒毒场所执法文书，必须在语言表达上下工夫。强制隔离戒毒场所执法文书的语言要注意以下两点：

①文书的语言要准确。文书语言的准确是指在制作文书时所使用的语言必须准确表达事物的本质。用词恰当，表达的内容完全符合事实的原貌和制作者的真实意图。这就要求在制作执法文书时对文字的表达必须字斟句酌，反复推敲。

②文书的语言要简练。强制隔离戒毒场所执法文书作为一种特殊的应用文，其语言与诗歌、小说等文体是截然不同的。强制隔离戒毒场所执法文书的语言不需要文学的描写，也不需要学术的探究，它的语言风格是简洁和质朴，经常使用一些法定词语、专业术语和行业约定俗成的惯用句式。

1.4.5　文书的表达方式要恰当，要素要齐全

文章的一般表达方式有叙述、说明和议论。但强制隔离戒毒场所执法文书作为司法公文的一种特殊文体，用得最多的表达方式是叙述，极少应用说明这种表达方式，而基本不用议论这种表达方式。叙述是指用客观的语言将事情的发生、发展和结果等全过程如实记载下来的一种写作方法。掌握叙述的表达方式对写好强制隔离戒毒场所执法文书具有十分重要的作用。在具体应用叙述这种表达方式时要注意以下几点：

①正确使用叙述的人称。强制隔离戒毒场所执法文书最常用的人称是第三人称，其次是第一人称，较少使用第二人称。

②叙述的要素要齐全。强制隔离戒毒场所执法文书对事实的叙述都有相对固定的基本要素，主要包括事情发生的时间、地点、人物、事情发生的起因、发展（情节、手段）、结果等。由于这些要素在处理相关执法事务中具有一定的法律意义，因此，在制作文书叙述相关事实时特别要注意要素是否齐全。

③叙述的方法要恰当。正确使用叙述方法能使强制隔离戒毒场所执法文书层次清晰、条理分明。强制隔离戒毒场所执法文书常用的叙述方法主要有：自然顺叙法、突出主错法、突出主体法、综合归纳法、先总后分法、先分后总法等。在具体使用时，应当根据强制隔离戒毒场所执法文书的具体内容可以单独使用一种叙述方式，也可以多种叙述方式综合使用。

1.5 强制隔离戒毒场所执法文书基本栏目的制作要求

在制作强制隔离戒毒场所执法文书过程中有些填写项目是经常遇到的，既是常用栏目也是重要栏目，在此本章进行了一个小结。

(1)姓名栏

姓名是强制隔离戒毒场所执法文书的一个重要栏目。在填写时要注意以下三点：一是戒毒人员收治入所时，要将《强制隔离戒毒决定书》中的姓名与其本人身份证件进行核对。如果发现决定书中戒毒人员的姓名为自报名时，那该戒毒人员就有可能是"三假"人员（假姓名、假身份、假地址），对此类戒毒人员在收治后要进行调查，核实其真实的姓名、身份和家庭住址，在未弄清楚之前应作为重点戒毒人员严格控制。二是填写姓名时字迹要清楚端正，不能潦草涂改。三是对少数民族戒毒人员，应正确填写汉语译名，必要时在其汉语译名的后面注明其本民族或本地区特有的文字的姓名。

(2)别名栏

别名是指身份证上的正规名字以外的曾用名、代名、笔名、乳名、绰号等。有些戒毒人员的正式姓名在当地无人知晓，但他的别名却无不知晓。因此，在戒毒人员收治入所过程中制作《强制隔离戒毒人员入所登记表》时要询问或者调查戒毒人员有无别名，如有别名应做好记载，这对掌握戒毒人员基本情况有一定的作用。

(3)出生年月栏

戒毒人员的出生年月以公历为准，一般以《强制隔离戒毒人员决定书》或居民身份证号码或《强制隔离戒毒人员信息表》中所记载的出生年月。如果决定书与信息表不一致时以决定书为准。

(4)文化程度栏

文化程度以国家承认的最高学历为准。可分为博士研究生、硕士研究生、本科、大专、高中(中专)、初中、小学、文盲等档次。有些戒毒人员通过自学达到一定文化水平，也可在该栏目中填写"相当于××文化"，有些戒毒人员未完成相关学历的学习，可填写"××肄业"。此外，有些戒毒人员为了逃避(或其他各种原因)参加戒毒所组织的文化技术学习，会故意提高或降低自己的学历,对此要特别加以注意。

(5)籍贯栏

籍贯是指戒毒人员的"原籍"和"祖居"。在填写时要与出生地、现居住地加以区分。这三者有可能是相同的,有可能是其中二项相同,也有可能三项都不相同,在戒毒人员收治入所时应对其籍贯、出生地和现住址进行详细了解,分别填入相关栏目。

(6)婚姻状况栏

婚姻状况一般分为未婚、已婚、离异、丧偶四种情形。在戒毒人员收治入所时应了解戒毒人员的实际婚姻状况,并填入相关栏目。

(7)家庭地址栏

戒毒人员家庭地址的填写必须详细准确,不能简写或缩写。一般以《强制隔离戒毒人员决定书》所列的家庭地址为准,如果了解到有其他居住地址的也应详细写明。居住地为农村的应填写到县、乡、村、组。居住地为城镇的应填写到市、县(区)、镇、路(街道)、门牌号码。居住在小区的则应写明"××小区××幢××单元××室"。在强制隔离戒毒期间如果戒毒人员家庭地址有变动的,民警在知晓后也应在相关强制隔离戒毒场所执法文书中及时更新。

(8)口音栏

该栏目填写以戒毒人员的基本口音和习惯口音为准。如果发现其会使用其他方言时,也应将相关情况如实填写。

(9)健康状况栏

戒毒人员收治入所后的健康状况以《戒毒人员(入所)体检表》的结论为准,如发现有生理、精神疾病或缺陷的,应如实填写。在强制隔离戒毒期间健康状况发生变化的(强制隔离戒毒人员在强制隔离戒毒期内每半年体检一次,身体健康状况均会在《戒毒人员(期中)体检表》体现),也应及时填写。

(10)职业栏

职业主要反映戒毒人员在被公安机关抓获,执行强制隔离戒毒决定前所从事具体工作的状况。填写时以《强制隔离戒毒人员决定书》所记载的职业状况为准,同时在入所谈话期间也应了解和掌握戒毒人员在强制隔离戒毒前所曾从事过的其他职业状况。

(11)工作单位栏

工作单位是指戒毒人员被公安机关抓获,执行强制隔离戒毒决定前所在工作单位的名称和地址。填写时以《强制隔离戒毒人员决定书》所载明的工作单位为准,同时也应了解和掌握戒毒人员决定强制隔离戒毒前所有工作过单位的情况。填写戒毒人员工作单位一定要详细,最好能将单位的地址也一并记载,在填写过程中不能写简称或缩写。

(12)本人简历栏

在戒毒人员入所收治时要详细了解戒毒人员的简历,一般应从上小学开始按时间先后顺序填写,一直写到本次决定强制隔离戒毒前为止。特别要强调的是简历中时间不能有中断,要保持连贯性。

(13)吸毒情况简介

本栏目一般分为四个小项目,即吸食毒品种类、吸毒次数、吸毒方式和吸毒时间。吸食毒品的种类要求填写详尽其吸食过的毒品具体名称,如海洛因、冰毒、摇头丸、氯胺酮(K粉)等,并注明是吸食单种还是某几种或是以某种为主并附加其他的种类;吸毒的次数要填写清楚从首次以来到抓获时的最近一次的累计次数;吸食的方式要填写清楚是鼻嗅、烫吸、注射的其中一种还是各种方式均采用过;吸毒的时间包含两个方面的内容,一是首次吸毒的时间,二是从首次到现在的总计时间,一般采用年为计算单位,如吸食毒品3年。

(14)决定机关

决定强制隔离戒毒的机关一定要填写详尽,如××市公安局××区公安分局,切不可采用简称如××局或是××分局

(15)违法犯罪栏

该栏目主要填写戒毒人员历次的违法犯罪记录(管制、拘役、徒刑、劳教、强制隔离戒毒),从首次到最近一次,按照时间顺序,要写明历次服刑或服教(强制隔离戒毒)起始时间,以及在历次违法犯罪期间在监狱、劳动教养或强制隔离戒毒场所的奖惩情况。

(16)发文字号

一般来讲强制隔离戒毒场所执法文书中涉及决定书、意见书或是证明书之类的执法文书均有一定的发文字号。该字号一般由发文单位涉及该文书的文种简称、年份和发文序号组成;如《提请提前解除强制隔离戒毒意见书》的发文字号由年份、单位、文种和文书的序号三部分构成,即《浙江省××强制隔离戒毒所提请提前解除强制隔离戒毒意见书》浙强戒提解字〔20××〕第××号。

(17)法律条文的援引

制作强制隔离戒毒场所执法文书需要引用法律条文时必须写明该法律的全称,不能使用简称;同时引用法律条文要具体,法律条文中有条、款、项的,要引用到条、款、项;法律条文中有条、款而没有项的,则引用到条、款;法律条文中只有条而没有款、项的则引用到条。

(18)印章的使用

制作强制隔离戒毒场所执法文书使用公章时应将公章端正地加盖在成文日期年、月、日的上面,俗称"骑年盖月"。如需加盖强制隔离戒毒所所长私章的,则应于成文日期年、月、日上方并列落款"强制隔离戒毒所所长",然后将强制隔离戒毒所所长私章加盖在落款的右边。此外,一纸多联的强制隔离戒毒场所执法文书在每联的中缝应填写发文字号并加盖强制隔离戒毒所公章,俗称"骑缝章"。修改执法文书的局部文字或表述错误时要加盖"纠错专用章"。

(19)数字和计量单位的使用

按照《国家行政机关公文处理办法》的规定,在强制隔离戒毒场所执法文书中,除发文字号、统计表、计划表、序号、专用术语或其他必须使用阿拉伯数字的情况以外,一般都用汉字书写。按照《国家行政机关公文处理办法》新的规定:"公文中的数字,除成文日期、部分结构层次序数和在词、词组、惯用语、缩略语、具有修辞色彩语句中作为词素的数字必须使用汉字外,应当使用阿拉伯数字。"在制作强制隔离戒毒场所执法文书时需要使用计量单位的则应使用法定计量单位,如"米"、"千克(公斤)"、"千米(公里)"等。

(20)笔和墨水的使用

制作强制隔离戒毒场所执法文书时必须使用黑色墨水的钢笔或签字笔填写,不得使用圆珠笔、铅笔或其他颜色的墨水笔填写。

第 2 章　入所收治类执法文书

根据《禁毒法》的规定,强制隔离戒毒所依法收治被公安机关决定的戒毒人员,收治是执行强制隔离戒毒的第一步,也是启动戒毒人员脱毒工作,重塑守法意识、矫正人格的重要环节,为此入所收治的执法文书是强制隔离戒毒场所执法文书的开篇之作,在收治戒毒人员过程中要经过收治法律文书的验证、人身物品的安全检查、基本信息的调查录入和登记等各项环节。

2.1　相关文书种类

在入所收治这一环节中主要涉及《戒毒人员(入所)体检表》、《戒毒人员移交名册》、《收治强制隔离戒毒人员证明书》、《戒毒人员物品代管三联单》、《戒毒人员贵重物品登记及移交清单》、《戒毒人员物品配发卡》、《强制隔离戒毒人员基本情况登记表》、《药物滥用检测调查表》、《强制隔离戒毒人员体检退回登记表》、《不予收治强制隔离戒毒人员证明书》、《提请强制隔离戒毒人员另行处理审批表》、《提请强制隔离戒毒人员另行处理通知书》等文书。

2.2　入所收治类文书详解

2.2.1　戒毒人员(入所)体检表

（1）适用范围及相关依据

依据一:《强制隔离戒毒人员管理工作办法(试行)》(司劳教字〔2009〕15 号)第一章第一条规定:"强制隔离戒毒所依法收治被公安机关决定的强制隔离戒毒人员。"第四条规定:"强制隔离戒毒所收治强制隔离戒毒人员时,应当对其身体健康检查。"

依据二:《浙江省司法行政系统强制隔离戒毒管理工作执法细则(试行)》(浙劳教〔2009〕110 号)第三章第六条规定:"强制隔离戒毒所根据《禁毒法》规定,负责收治经县级以上公安机关决定的戒毒人员,以及自愿接受强制隔离戒毒并经公安机关同意,进入强制隔离戒毒场所戒毒的人员。"第七条规定:"对下列戒毒人员不予收治:①怀孕或者正在哺乳自己不满一周岁婴儿的妇女;②不满十六周岁的未成年吸毒成瘾人员;③符合《浙江省强制隔离戒毒人员严重疾病认定标准》中所明确的各类严重疾病患者。"第八条第一款规定:"体检:所医务部门对收治对象进行体检,医务人员应对戒毒人员进行仔细询问,按规定进行所有项目检测和检查,符合收治条件的逐一填写《戒毒人员(入所)体检表》,建立戒毒人员个人健康档案。检查女性戒毒人员身体,应当由女性工作人员实施。"

依据三:《浙江省强制隔离戒毒工作执法指南(试行)》(2011 年版)第二章第四条规定:"强制隔离戒毒所依法收治被公安机关决定的戒毒人员,以及自愿接受强制隔离戒毒并经公安机关同意,进入强制隔离戒毒场所戒毒的人员。"第六条规定:"强制隔离戒毒所医务部门应当检查戒毒人员的健康状况是否符合收治条件,对女性戒毒人员还应当做妊娠检查。强制隔离戒毒所医疗部门应当按照《戒毒人员（入所）体检表》所列的项目、内容，对收治对象进行入所体检，并记录检查结果，建立戒毒人员个人健康档案。《戒毒人员（入所）体检表》应当由主检医师签署意见，医务部门负责人签字确认，并盖公章。发现戒毒人员有外伤、残疾的，医疗人员应当仔细询问导致伤残的原因及时间。对戒毒人员自诉受伤或致残的，询问既往病史，详细记录新收戒毒人员所患病症。体内有异物的按相关规定办理。检查女性强制隔离戒毒人员身体，应当由女性工作人员实施。"第八条规定："经检查，发现戒毒人员有下列情形之一的，不予收治：①怀孕或者正在哺乳自己不满一周岁婴儿的妇女；②不满十六周岁的未成年吸毒成瘾人员；③符合《浙江省强制隔离戒毒人员严重疾病认定标准（试行）》中所明确的各类严重疾病患者。"

上述规章制度表明，强制隔离戒毒所在收治戒毒人员期间应当认真对其进行体格检查，其工作意义在于一是对有不符合收治条件的戒毒人员变更执行方式；二是可以根据戒毒人员的身体情况，合理安排矫治计划和习艺项目；三是对戒毒人员入所收治期间的健康状况进行原始记载，从而可以避免今后在其矫治期间内的病情争议；四是在体检过程中进一步掌握戒毒人员的体貌特征，为今后的管理工作打下基础。在对戒毒人员体格的检查过程中，强制隔离戒毒所医务部门的民警要根据《浙江省强制隔离戒毒人员严重疾病认定标准（试行）》（浙公通字〔2009〕（36）号）中的 11 大类（呼吸系统、循环系统、消化系统、泌尿系统、内分泌系统、神经系统、血液系统、肿瘤、内外科疾病、传染性疾病、精神疾病等）、54 种基本病症，认真对照、仔细检查、严格把关、科学鉴定。

（2）文书制作及注意事项

①文书制作的方法

A. 检查日期：一般情况下检查日期应与该戒毒人员入所日期相一致。

B. 基本情况：可以从戒毒人员的"决定书"或是"信息表"中摘录。由于目前浙江省绝大多数强制隔离戒毒所的信息化建设已初具规模，构建了局域网以及办公自动化系统，实现了网络数据资源共享，戒毒人员的基本数据可以通过系统直接接入戒毒所医疗部门的体检体系，大大方便了戒毒所医务部门的数据采集效率，但是在具体的运行操作过程中要防止在数据录入过程中出现系统错误或是录入错误等情况，为此在截取和使用数据时要对照戒毒人员的"决定书"或"信息表"进行对照检查，防止出现差错。

C. 体检情况：按照体检项目（即一般检查，内科、外科、五官科、肝功能检查，放射科检查、心电图检查、超声波检查、HIV 抗体检测、吗啡检测、性病检查、妇科检查、既往病史检查等共计 14 个大项）逐一进行检查并记载，采用仪器设备检查或是生化功能检查的要附上检查之时的原始检验报告凭证，在填写结论时要符合体检的医学专业术语，并统一使用医学检验指标和计量单位。未检查的项目要用斜线将空白表格划去或是填写上"未检查"等字样，不可留白。

D. 体检结果及医院意见：

a. 体检结果（主检医师意见）。即体检报告的结论性意见。由主检医师综合各项目的体检指标，提出检查结论。通常可以将检查结果分为"有检查出疾病情况"或是"未检查出疾病情况"。对检查出疾病情况的可以写明相应疾病的诊断情况，如"心脏功能三级，高血压病三级，符合《浙江省强制隔离戒毒人员严重疾病认定标准（试行）》第二条第一款、第四款之规定，建议不予收治"。对未检查出疾病情况的可以表述为"未发现明显异常情况，建议收治"。

签署意见后主检医师应签名(不可盖私章),注明日期,以示对意见内容负责。

b.医院意见。由强制隔离戒毒所医院的业务负责人对体检报告作出最终审定意见,加盖医院公章或者体检专用章,注明日期。医院的意见为最终意见,无须重复主检医师作出疾病诊断或是伤残意见。可以采取这样表述"同意主检医师意见,可以收治"或是"同意主检医师意见,不予收治"。

E.编号:体检表上的编号一般是戒毒人员体检的序列号,从便于管理的角度看,这一编号与戒毒人员的档案编号最好统一,未收治的戒毒人员不编号只填写体检表或单独编号。①

②注意事项

A.收治戒毒人员入所是一项严肃的执法工作,必须由相应职业医师资质的医务人员(民警)亲自进行,体检表格各项目也应由其亲自填写或数据录入,体检结果应如实填写。不允许交由医务部门的其他人员代为执行或是非医务部门人员填写。

B.主检医师的结论必须客观真实,体检结果要经得起检查和复查,特别是"可以收治"或是"不予收治"结论的作出要慎重。

C.对于在体检过程中检查出的一般疾病或是伤残情况结果要如实填写,以便在收治后对其进行针对性的医疗和管理。

(3)文书制作示例

[案例1]　2010 年 10 月 13 日,某公安强制隔离戒毒所将一名戒毒人员李某某,投送至浙江省××强制隔离戒毒所收治。其基本情况如下:李某某,男,1976 年 10 月 13 日出生,汉族,已婚,原户籍所在地为云南省曲靖市麒麟区南宁北路水电局宿舍,在 2010 年 8 月份在浙江省××市××区××路××号××宾馆内吸食毒品被抓获,现场尿检呈阳性,在其携带的包内有冰毒制剂 3.2 克以及锡箔纸、"冰壶"等吸毒工具,据李某某交代已有 10 年的吸毒经历,目前采用烫吸或注射方式进行吸毒。后被该市公安局强制隔离戒毒两年。10 月 13 日投送至浙江省某强制隔离戒毒所,经入所队验证,收治法律文书齐全,遂即对其进行身体检查。

根据上述材料制作一份《戒毒人员(入所)体检表》。

[示例]　《戒毒人员(入所)体检表》

正面:

戒毒人员(入所)体检表

检查日期:2010 年 10 月 13 日

姓名	李某某	性别	男	出生年月日	1976 年 10 月 13 日	婚否	已婚
籍贯	云南曲靖	决定机关		××市公安局		投送机关	××市公安强制隔离戒毒所
既往病史	10 年前,因交通事故导致左胸第三根肋骨骨折						
一般检查	吸毒史	10 年	吸毒方式	烫吸、注射	药物过敏		无
	身高	173cm	体重	62kg	血压		110/60mmHg

---

① 注:浙江省对戒毒人员的体检编号就是戒毒人员的档案号,首位字母用 Q 表示(取自强戒的拼音首位字母以区别劳教人员编号,劳教人员编号的首位字母是 L),其后数字编码则按照入所的先后顺序由 6 位阿拉伯数字组成,前 2 位代表年份,如 12 代表 2012 年,后 4 位代表入所顺序。

续表

内科	心血管	无殊		肺部		无殊	
	腹部	平软无压痛	肝	未及		脾	未及
	神经、精神	未见异常					
外科	皮肤	无殊		淋巴		淋巴结未触及肿大	
	甲状腺	无肿大		脊柱、四肢		无殊	
	肛门	无殊		其他		头颅、各关节活动正常	
五官科	眼	无殊,左右眼视力均为1.2		耳		无殊	
	鼻	无殊		咽喉		无殊	
	其他						
肝功能检查		肝功能检查正常(详见化验报告单) 粘贴检测报告处					
放射科检查		两肺清晰、心隔正常(详见报告单) 粘贴检测报告处					
心电图检查		心电图显示正常(详见报告单) 粘贴检测报告处					

《戒毒人员(入所)体检表》背面:

超声波检查	超声波检查显示正常(详见报告单) 粘贴检测报告处		
HIV 抗体检测	阳性( ) 阴性(√) 未测( )	吗啡检测	阳性( ) 阴性(√) 未测( )
性病检查	尿道分泌物检查,未找到 G 双球菌; 梅毒 RPR 试验,阴性。		
妇科检查	该戒毒人员系男性无需做妇科检查		
其他			
体检结果	未发现明显异常情况,建议收治 医师签名:陈某某 2010 年 10 月 13 日		
医院意见	同意主检医师意见,可以救治 负责人签名:范某某(加盖公章) 2010 年 10 月 13 日		
备注			

体检编号:Q××××××

[案例2]　2011 年 6 月 6 日,××市公安局×派出所将一名戒毒人员岳某某,投送至浙江省××强制隔离戒毒所收治。其基本情况如下:岳某某,女,1988 年 3 月 22 日出生,汉族,未婚,原户籍所在地为浙江省瑞安市飞云江路×××,在 2011 年 6 月 4 日,岳某某伙同张某某(其同居男友,另案处理)在浙江省瑞安市××路××号××歌舞厅包厢内吸食冰毒被抓获,现场尿检呈阳性,当场缴获冰毒 14 克以及吸管、"冰壶"等吸毒工具,据其交代与张

某某已同居 10 多个月,自身已有 3 年多的吸毒经历,目前均采用冰壶烫吸的方式进行吸毒,其后被××市公安局决定强制隔离戒毒两年。由于该市公安机关强制隔离戒毒所收治条件有限,在决定后第二天(6 月 6 日)遂将岳某某投送至浙江省某强制隔离戒毒所,经入所队验证,收治法律文书齐全。对其进行身体检查。

根据上述材料制作一份《戒毒人员(入所)体检表》。

[示例]　《戒毒人员(入所)体检表》

正面:

戒毒人员(入所)体检表

检查日期:2011 年 6 月 6 日

姓名	岳某某	性别	女	出生年月日	1988 年 3 月 22 日	婚否	未婚
籍贯	温州瑞安	决定机关	××市公安局		投送机关	××市公安局×派出所	
既往病史							
一般检查	吸毒史	3 年	吸毒方式	烫吸	药物过敏	无	
	身高	156cm	体重	41kg	血压	126/85mm Hg	
内科	心血管	无殊		肺部	无殊		
	腹部	平软无压痛	肝	未及	脾	未及	
	神经、精神	未见异常					
外科	皮肤	无殊		淋巴	未触及		
	甲状腺	无肿大		脊柱、四肢	无殊		
	肛门	无殊		其他	头颅、脊柱、四肢无畸形,各关节活动正常		
五官科	眼	无殊,左眼视力 1.2,右眼视力 1.0		耳	无殊		
	鼻	无殊		咽喉	无殊		
	其他						
肝功能检查	肝功能检查正常(详见化验报告单) 粘贴检测报告处						
放射科检查	两肺清晰、心隔正常(详见报告单) 粘贴检测报告处						
心电图检查	心电图显示正常(详见报告单) 粘贴检测报告处						

《戒毒人员(入所)体检表》背面:

超声波检查	超声波检查显示正常(详见报告单) 粘贴检测报告处		
HIV 抗体检测	阳性(　) 阴性(√) 未测(　)	吗啡检测	阳性(　) 阴性(√) 未测(　)

续表

性病检查	尿道分泌物检查，未找到 G 双球菌； 梅毒 RPR 试验，阴性。
妇科检查	妊娠 3 周，宫内孕。
其他	
体检结果	根据浙江省公安厅、司法厅联合印发的《浙江省强制隔离戒毒人员严重疾病认定标准（试行）》第×条第×款之规定不予收治。 医师签名：楼某某 2011 年 6 月 6 日
医院意见	同意主检医师意见，不予收治 负责人签名：李某（加盖公章） 2011 年 6 月 6 日
备注	

体检编号：Q×××××××

2.2.2 《戒毒人员移交名册》、《收治强制隔离戒毒人员证明书》

（1）适用范围及相关依据

依据一：《强制隔离戒毒人员管理工作办法（试行）》（司劳教字〔2009〕15 号）第一章第一条规定："强制隔离戒毒所依法收治被公安机关决定的强制隔离戒毒人员。"

依据二：《浙江省司法行政系统强制隔离戒毒管理工作执法细则（试行）》（浙劳教〔2009〕110 号）第三章第八条第三款规定："入所队凭验证材料和所医务部门的入所体检表接收戒毒人员，并办理收治手续。"

依据三：《浙江省强制隔离戒毒工作执法指南（试行）》（2011 年版）第二章第四条规定："强制隔离戒毒所依法收治被公安机关决定的戒毒人员。"第九条规定："负责收治的民警对法律文书和戒毒人员体检结果进行审查，认为符合收治条件的，在戒毒人员投（转）送移交名册上签字，加盖收治公章，一份交还投（转）送机关，一份存档。"

上述法律、法规表明，强制隔离戒毒所对于公安机关决定的戒毒人员在法律手续完备及体格检查合格的情况下要依法进行收治，同时收治交接的过程也是一项重要的执法过程，要有完备的执法文书加以证明，从而确保投（转）过程的合法、正确、有效。

在决定收治公安机关移交的戒毒人员时，应当开具《收治强制隔离戒毒人员证明书》（三联单）一份强制隔离戒毒所留存，一份交戒毒人员投（转）机关，一份寄送强制隔离戒毒审批机关。

（2）文书制作及注意事项

①文书制作方法

A. 接受单位的名称一定要写全称，不可用简称。如"浙江省××强制隔离戒毒所"，不可写作"省×戒"、"××戒毒所"等不规范的称谓。并要加盖公章或是强制隔离戒毒所的收治专用章。

B. 强制隔离戒毒所负责人和经办人签名一定要本人签名，不可代签。

C. 该名册一式两份,一份交投(转)单位,一份强制隔离戒毒所留底备查。

D. 制作《收治强制隔离戒毒人员证明书》时填写人员基本情况和数据要与该戒毒人员戒毒决定书以及信息表中数据相统一。

②注意事项

A. 检查投(转)人员:名册中涉及的投(转)单位负责人与经办人员是否与现场提供的证件相吻合。材料中提供的投(转)戒毒人员是否与当日投(转)实际人员相一致,且人数采用大写的汉字表述。

B. 检查投送日期:名册中标注的日期是否与当日的实际相统一。

C. 检查内容:名册中所列举人员的基本情况是否与决定书中的基本数据相一致。

D. 日期、公章:在填写《收治强制隔离戒毒人员证明书》三联单时,每联的日期处填上当天的年月日(填写的日期采取大写汉字填写)。在日期处及各联的中缝加盖单位公章或是收治专用章。

(3)文书制作示例

[案例]　2012 年 3 月 9 日,××市公安机关强制隔离戒毒所,指派警长黄某某(负责人)和陈某某(经办人)以及张某某、方某某、楼某某等民警将完成生理脱毒的 2 名戒毒人员转投至××省××强制隔离戒毒所。上午 10 时 21 分,××省××强制隔离戒毒所入所队中队长庄某某,阮某某(经办人)、林某某、裘某某作为接受方,在××省××强制隔离戒毒所入所队执勤室进行戒毒人员收治转投工作的移交。

根据上述材料制作一份《收治强制隔离戒毒人员证明书》。

[示例]　《收治强制隔离戒毒人员证明书》

收治强制隔离戒毒人员 证明书(存根)	收治强制隔离戒毒人员 证明书(副页)	收治强制隔离戒毒人员 证明书
×戒收治字第2012××号	×戒收治字第2012××号	×戒收治字第2012××号
兹收到××市强制隔离戒毒所送来强制隔离戒毒人员张某(男)、于某某(男)《强制隔离戒毒决定书》(原件叁份)、《强制隔离戒毒人员信息表》壹份、HIV 病毒抗体检测报告单(原件)壹份、考评汇总表壹份。于××《强制隔离戒毒决定书》(原件叁份)、《强制隔离戒毒人员信息表》壹份、考评汇总表壹份。	兹收到××市强制隔离戒毒年送来强制隔离戒毒人员张某(男)、于某某(男),共计贰名及档案材料拾壹份(卷)。	兹收到××市强制隔离戒毒所送来强制隔离戒毒人员张某(男)、于某某(男),共晾计贰名及档案材料拾壹份(卷)。
×戒收治字第2012××号	特此证明	特此证明
经办人:阮某某 　　　2012 年 3 月 9 日	2012 年 3 月 9 日 此页寄交强制隔离审批机关	2012 年 3 月 9 日

 知识拓展

《戒毒人员移交名册》示例

戒毒人员移交名册

移交单位:××市强制隔离戒毒所(盖章)	接受单位:××省××强制隔离戒毒所
负责人:黄某某(签名)	负责人:庄某某(签名)
经办人:陈某某(签名)	负责人:阮某某(签名)
本次共计:贰名戒毒人员	移交日期:2012 年 3 月 9 日

2012 年 3 月 9 日移交戒毒人员名单(移送单位盖章)

共计贰人

序号	姓名	性别	出生年月	家庭住址	决定机关	戒毒期限	起始日期	备注
1	张某	男	1978 年 3 月 3 日	广东省广州市××区×街道××路××号	××市公安局××分局	二年	2011 年 12 月 18 日	行政拘留 2011 年 12 月 3 日至 12 月 17 日(HIV)
2	于某某	男	1985 年 11 月 2 日	贵州省贵阳市××区××街道××路××号	××市公安局	二年	2011 年 12 月 18 日	行政拘留 2011 年 12 月 3 日至 12 月 17 日
3				以下为空白				

2.2.3 《戒毒人员物品代管三联单》、《戒毒人员贵重物品登记及移交清单》

(1)适用范围及相关规定

《戒毒人员物品代管三联单》和《戒毒人员贵重物品登记及移交清单》是强制隔离戒毒场所在收治戒毒人员过程中,对公安机关投送以及在入所安全检查过程中对戒毒人员人身和携带物品进行安全检查中发现的非生活必需品,需要由强制隔离戒毒场所代为保管时出具给戒毒人员本人的书面保管凭据。

依据一:《强制隔离戒毒人员管理工作办法(试行)》第一章第五条规定:"强制隔离戒毒所应当对强制隔离戒毒人员携带的物品进行检查,收缴违禁品。对本人不宜持有的物品进行登记,由强制隔离戒毒所代管或交其指定的亲属领回。"

依据二:《浙江省司法行政系统强制隔离戒毒管理工作执法细则(试行)》(浙劳教〔2009〕110 号)第三章第十一条规定:"强制隔离戒毒所应对戒毒人员携带的物品进行安全检查,收缴违禁品;对其他不宜持有的财物、证件等进行登记,经本人签名,由强制隔离戒毒所代管或由公安机关承办单位带回送其家属代管。"

依据三:《浙江省强制隔离戒毒工作执法指南(试行)》第二章第十一条规定:"强制隔离戒毒所负责对戒毒人员的人身和携带物品进行安全检查。"第十二条第二款规定:"贵重物品以及其他不允许戒毒人员自行保管的物品,由公安机关承办单位带回送其家属保管或由强

制隔离戒毒所代管。对代管的物品一律当面封存,由戒毒人员在封口处签字捺印。收治单位民警填写《戒毒人员物品代管登记单》,详细记载物品的名称、数量、质量、规格、特征以及牌号等,经戒毒人员核对确认后签字捺印。登记单一式三份,一份留作存根,一份由戒毒人员本人保管,一份随物品入库。"第四款规定:"强制隔离戒毒所对代管的物品建议戒毒人员在其家属来所探访时带回,或邮寄给其亲属。戒毒人员不同意的,由强制隔离戒毒所妥善保管直至解除时归还本人。"

对于戒毒人员的非生活必需品实行统一保管,既确保了场所的安全稳定,也体现了强制隔离戒毒所对戒毒人员合法财产的保护,这是对戒毒人员强制隔离戒毒期内日常生活以及矫治过程实现有序管理的需要,同时也是防止违禁物品流入所内的重要举措。

(2)文书制作及注意事项

《戒毒人员物品代管三联单》和《戒毒人员贵重物品登记及移交清单》均为表格式文书。

①《戒毒人员物品代管三联单》制作完毕后一份由戒毒人员本人保管(由于该张单据为白色,故俗称"白联"),一份贴于物品袋外,随物品入库(由于该张单据为红色,俗称"红联");一份留作存根(由于该张单据为绿色,俗称"绿联")。制作该文书时要注意以下几点:

A.编号:此编号是指该文书的自带编号即(No×××××),切勿理解为戒毒人员的编号或是档案编号。(注:部分单位在文书设计中编号也有可能为空白栏,这就需要经办民警手工填写,为确保编号的统一性,在手工填写中可以采用与戒毒人员编号或档案号相一致的编号。)

B.日期:填写出具收据时的时间,一般在入所收治当日,物品经戒毒人员本人确认后,正式由戒毒所代为保管之时。

C.物品特征及数量:尽量写详细代管物品的名称以及数量(数量词要采用汉字大写),如:欧米茄手表(48Ⅳ1992年版)壹块。

D.备注:主要记载代管物品的新旧程度或是主要特征。

E.接受人:特指对物品直接保管的民警签字。经办民警在工作调动或是该戒毒人员调动时要做好代管物品的交接手续,并填写好《戒毒人员贵重物品登记及移交清单》保留好书面凭证。交物人则为拥有该代管物品的戒毒人员。

F."红联"要粘贴在收纳被保管物品的袋子的封口处,并在接缝处按捺该戒毒人员的指纹。

G.戒毒人员解除强制隔离戒毒时或调离该戒毒所时,民警凭该文书发还由戒毒所代为保管的物品。

②《戒毒人员贵重物品登记及移交清单》是一份表明戒毒所代管物品流向的书面凭据,该文书中记载有代管物品的基本情况,同时还有代管物品戒毒人员强制隔离戒毒期限内的流向情况,一般该文书放于戒毒人员的档案中,随档案流转,并随戒毒人员在所的变动情况而进行更新。该文书大致分为三大部分内容,第一部分为记录代管物品的基本情况,第二部分为该代管物品的流向情况(一般在本戒毒场所,如果该戒毒人员投(转)到其他单位或是被公安机关逮捕等其他情况,则需要填写第三部分),第三部分为该代管物品被其他人员(一般为戒毒人员的家属或是公安、检察、司法等执法单位人员)领取的登记。制作该文书时要注意以下几点:

A.该文书中填写的代管物品的情况(包括物品名称、规格、数量、特征等)均要和《戒毒人员物品代管三联单》中物品特征、数量及备注内容相一致,且在代管物品基本情况填写完毕后还有留白的页面划去或是填写"以下为空白"字样。

B. 登记民警要与《戒毒人员物品代管三联单》中的接受人保持一致,登记日期也要与"三联单"中的日期相一致。

C. 戒毒人员在强制隔离戒毒期限内出现调动,则根据其调动的情况进行填写,首先调动之日的日期为移交日期,移交单位则是在其调动之前的单位,移交经办民警则是移交单位中当时处理此事的民警,接受单位是调动之后的单位,接受经办民警则是接受单位办理此事的民警。

D. 如果该戒毒人员的家属在戒毒人强制隔离戒毒期内要求取走该戒毒人员的物品,则需要填写该文书第三部分内容。

（3）文书制作事例

[案例]　2011 年 12 月 9 日,××省××强制隔离戒毒所收治一名广东籍戒毒人员马某某,经安全检查后发现有以下非生活必需品:欧米茄手表(48Ⅳ1992 年版)1 块(六成新)、雅戈尔西服(180/98A)1 套(八成新)、金手链(24K)1 条(九成新)、诺基亚手机(N95)1 部(五成新,手机显示屏有一道 2 厘米划痕),由于其家属远在广东,且信息表中地址不详,戒毒所根据规定,由入所队民警章某某依法对其上述物品进行代管,并出具代管文书。

2012 年 3 月 15 日,马某某在完成了入所教育后,从入所队分流到该所五大队三中队,其档案以及代管物品随之分流至新的中队。在分流过程中由五大队三中队管教员徐某某接收了该戒毒人员的代管物品,并与原先入所队民警章某某进行了交接。

2012 年 6 月 3 日,该戒毒人员因有重大余罪被××市公安机关查获,并于 6 月 6 日完成了逮捕材料的报批工作,6 月 7 日,××市公安机关将马某某押回审理,办案民警孙某某对其在所的代管物品进行了领取。

请根据案例制作完成《戒毒人员物品代管三联单》和《戒毒人员贵重物品登记及移交清单》。

[示例一]　《戒毒人员物品代管三联单》

"白联":

戒毒人员物品代管三联单

No:×××××××

2011 年 12 月 9 日

姓名	马某某	入所日期	2011 年 12 月 9 日	
物品特征及数量	1.欧米茄手表(48Ⅳ1992 年版)壹块 2.雅戈尔西服(180/98A)壹套 3.金手链(24K)壹条 4.诺基亚手机(N95)壹部			一、戒毒人员保管
备注	1.欧米茄手表六成新; 2.雅戈尔西服八成新; 3.金手链九成新; 4.诺基亚手机五成新,手机显示屏有一道 2 厘米划痕			

接受人:章某某　　　　　　　　　　　　　　　　　　交物人:马某某

《戒毒人员物品代管三联单》"红联"：

戒毒人员物品代管三联单

No：×××××××

2011 年 12 月 9 日

姓名	马某某	入所日期	2011 年 12 月 9 日
物品特征及数量		1.欧米茄手表(48Ⅳ1992 年版)壹块 2.雅戈尔西服(180/98A)壹套 3.金手链(24K)壹条 4.诺基亚手机(N95)壹部	
备注		1.欧米茄手表六成新； 2.雅戈尔西服八成新； 3.金手链九成新； 4.诺基亚手机五成新,手机显示屏有一道 2 厘米划痕	

接受人：章某某　　　　　　　　　　　　　　　　交物人：马某某

二、贴于物品袋外

《戒毒人员物品代管三联单》"绿联"：

戒毒人员物品代管三联单

No：×××××××

2011 年 12 月 9 日

姓名	马某某	入所日期	2011 年 12 月 9 日
物品特征及数量		1.欧米茄手表(48Ⅳ1992 年版)壹块 2.雅戈尔西服(180/98A)壹套 3.金手链(24K)壹条 4.诺基亚手机(N95)壹部	
备注		1.欧米茄手表六成新； 2.雅戈尔西服八成新； 3.金手链九成新； 4.诺基亚手机五成新,手机显示屏有一道 2 厘米划痕	

接受人：章某某　　　　　　　　　　　　　　　　交物人：马某某

三、存根

[示例二]　《戒毒人员贵重物品登记及移交清单》

戒毒人员贵重物品登记及移交清单

物品名称	规格	数量	特征	戒毒人员签名(按捺手印)
欧米茄手表	48Ⅳ1992 年版	壹块	六成新	马某某
雅戈尔西服	180/98A	壹套	八成新	马某某

续表

金手链	24K	壹条	九成新	马某某
诺基亚手机	N95	壹部	五成新,手机显示屏有一道2厘米划痕	马某某
以下空白	以下空白	以下空白	以下空白	以下空白
登记民警	章某某	登记日期	2011年12月9日	
移交日期	移交单位	移交经办民警	接受单位	接受经办民警
2012年3月15日	入所队	章某某	五大队三中队	徐某某
以下空白	以下空白	以下空白	以下空白	以下空白
领取日期	经办民警	领取人签名(按捺手印)	领取人证件号码	领取人与戒毒人员关系	戒毒人员签名(按捺手印)
2012年6月7日	徐某某	孙某某手印	警官证号身份证号	戒毒人员马某某余罪办案民警	马某某
以下空白	以下空白	以下空白	以下空白	以下空白	以下空白

2.2.4 《强制隔离戒毒人员入所登记表》(《强制隔离戒毒人员基本情况登记表》)

(1)适用范围及相关规定

《强制隔离戒毒人员入所登记表》(《强制隔离戒毒人员基本情况登记表》)是戒毒所依法收治戒毒人员入所后,通过查阅相关法律文书和对戒毒人员进行个别谈话等方式后制作的记载戒毒人员个人信息、用于反映新收治戒毒人员基本情况的表格式文书。

依据一:《强制隔离戒毒人员管理工作办法(试行)》第一章第六条规定:"强制隔离戒毒人员入所后,强制隔离戒毒所应当填写《强制隔离戒毒人员登记表》,贴免冠照片,建立强制隔离戒毒人员档案。"

依据二:《浙江省司法行政系统强制隔离戒毒管理工作执法细则(试行)》(浙劳教〔2009〕110号)第三章第十二条规定:"对收治入所的戒毒人员,应及时将基本信息录入计算机管理系统,并填写《戒毒人员基本情况登记表》,建立专门档案……"

依据三:《浙江省强制隔离戒毒工作执法指南(试行)》第二章第十四条规定:"收治单位民警应当根据收治的法律文书,再次进行信息核对,并准确填写《强制隔离戒毒人员入所登记表》(《戒毒人员基本情况登记表》),做好信息采集工作,详细了解、核实、记录新收戒毒人员的基本情况:姓名、性别、年龄、体貌特征、身份证号码、家庭成员、社会关系、家庭地址、联系方式(特别是固定电话、移动电话、电子邮箱、网上 QQ 等)信息。"

制作戒毒人员基本情况登记表不仅仅是收治工作的重要环节,也是戒毒人员个人档案的一份重要文书(该文书能够简明、扼要、全面、系统地反映该戒毒人员的基本情况),便于民警全面、迅速了解和掌握戒毒人员基本情况,并在日常教育矫治过程中采取有针对性的教育矫治措施。

（2）文书制作及注意事项

①文书制作

A. 日期、编号：文书制作的时间一般为该戒毒人员的入所收治的时间。日期的填写要具体到年月日。编号一般为戒毒人员的档案号。

B. 戒毒人员的基本情况栏目（如：姓名、性别、出生年月日、民族、曾用名、文化程度、婚否、籍贯、户籍所在地、现住址、身份证号码、决定机关、强制隔离戒毒期限）可以从《戒毒人员信息表》中摘抄，还有些内容虽然也可以从信息表中获取，但由于在原信息表中有可能比较简单（如：本人简历、家庭主要成员、违法犯罪记录、职业、吸毒史、吸毒方式、吸毒种类等），这还需要民警在收治后通过对新收治戒毒人员的个别谈话来获取。

C. 婚否：按照"未婚、已婚、离异、丧偶"这四种不同情况进行填写。

D. 本人简历：简历是一个人学习、工作或是生活经历的连贯反映。在填写戒毒人员简历时要注意三点：一是简历一般从上小学或是从其七岁开始，至本次收治为止。每个时间段起止时间填写要具体到年月；二是简历按时间顺序先后填写，并要保持经历的连贯性，中间不能间断；三是填写职业栏目时，有单位的应当详细填写单位名称和单位所在地的地址（详细的省、市、区），没有职业的或是没有固定职业的要概括其谋生的手段，不可一概地填写"无"或是将此栏留白。

E. 违法犯罪记录：要通过查阅该戒毒人员的"决定书"、"信息表"或是相关档案资料，以及结合入所个别谈话中获取的信息进行详细的填写，一是按时间顺序先后填写；二是对违法情况（何时、何地违法，处理情况，在何处服刑、服教、强制隔离戒毒）要简明、扼要，特别是在服刑、服教、强制隔离戒毒期间获得的奖励和处罚情况等。

F. 吸毒史：在填写这一栏目时要尽可能地详尽，不能仅仅填写"2 年"或"3 年以上"或"不详"等，民警在填写中不但要参考"决定书"、"信息表"中的情况，还要通过个别谈话获取，在填写过程中要注明首次吸毒的时间，以及吸毒后戒毒的情况（次数），即从何时开始吸毒，其中戒毒的次数，复吸等情况。

G. 家庭主要成员：对于这一栏目，主要通过查阅戒毒人员档案以及入所谈话获取，重点需要通过个别谈话来掌握，这对于戒毒人员今后的教育矫治，特别是社会帮教是非常有帮助的。全面掌握戒毒人员家庭成员的情况，他们与戒毒人员的关系、住址、联系方式等都必须准确、详细地填写。

②注意事项

A. 制作戒毒人员入所登记表属于收治工作的重要环节，一般应当在戒毒人员收治日内完成。

B. 制作文书前，应该认真审阅交付机关送交的法律文书，在此基础上对戒毒人员进行一次个别谈话，对掌握的信息进行印证、补充和扩展。

C. 由于目前浙江省公安机关和司法行政机关的强制隔离戒毒所管理部门均已实现了"吸毒人员管控系统"的内部联网，实现了网络数据资源共享，为此戒毒人员的基本数据可以通过该系统直接接入或者相关数据的导入和导出，大大提高了数据采集效率，但是要防止在数据录入过程中出现系统错误或是录入错误等情况，为此在截取和使用数据时要对照戒毒人员的"决定书"和"信息表"进行相应的验证。

D. 该文书是重要的档案资料，必须由入所收治单位的民警亲自制作填写。

（3）文书制作事例

[案例] 2012年5月6日，××省××强制隔离戒毒人员入所队收治了一名戒毒人员。公安机关提供其信息表如下：

强制隔离戒毒人员信息表

所名	×××市强制隔离戒毒所	填表日期	2012年5月3日	
姓名	黄某某	性别	男	照片
曾用名	不详	民族	汉	
出生年月	1976年6月8日	文化程度	初中	
籍贯	浙江省宁波市	国籍	中华人民共和国	
婚姻	已婚	职业	不详	
身份证号码	×××××19760608××××			
户籍所在地	浙江省宁波市海曙区			
现住址	浙江省慈溪市×××××××			
工作单位	无			
体貌特征	无			
初次吸毒	1996年1月10日	既往戒毒次数	3次	
吸食毒品种类	海洛因	吸食方式	注射	
强制隔离戒毒期限	2012年3月21日到2014年3月20日			
入所时间	2012年5月6日			
其他并行处罚	无			
决定机关	××市公安局	联系人及电话	童某/欧阳某某	
本人简历	6岁—13岁小学读书；13岁—16岁初中读书；18岁—22岁在宁波开出租车；22岁一直无业			
何时何地何种处罚	1996年在宁波吸毒强戒3个月；2001年因盗窃在看守所服刑一年六个月；2006年因吸毒被劳教2年；2008年因吸毒被劳教2年。			
家庭、社会关系	妻子：金某 32岁 个体经营 父：黄某某 65岁 退休在家； 母：赵某 60岁退休在家			

5月6日下午，民警对其进行了入所谈话，谈话的内容主要是要求其放下思想包袱，安心戒毒，同时对其基本情况进行深入的了解：

该戒毒人员小学在其老家宁波海曙区×××小学就读，初中在宁波××初级中学就读。

目前妻子在宁波与其父母生活，家住海曙区假山新村×幢××单元×室；还没有小孩，该戒毒人员的父母均已退休在家，其住址为：慈溪××街道××小区×幢××单元××室。

该戒毒人员从事过出租车驾驶，同时也经营过服装店、棋牌室、麻将馆等个体服务性行业，但时间都非常短。在当出租车驾驶员期间的工作单位为宁波市××出租车公司，其曾用过"黄毛"的绰号，其17岁那年出过一次车祸在家休养了半年多。

该戒毒人员于1996年1月10日在其朋友处因好奇第一次吸食毒品，1996年因吸毒在宁波市公安局强戒所戒毒；2001年为筹措毒资参与团伙盗窃被慈溪警方抓获判处有期徒刑一年六个月，在慈溪市看守所服刑；2006年在温州吸毒被抓获，被劳教戒毒2年，在浙江省十里坪劳教所服教；2008年在宁波吸毒被抓获决定劳教戒毒2年，在浙江省戒毒劳教所服教。在这几年的吸毒过程中主要是吸食海洛因，也吸食过冰毒和K粉，用烫吸和注射的方式吸毒。

请根据案例制作完成《强制隔离戒毒人员入所登记表》。

[示例]　《强制隔离戒毒人员入所登记表》

强制隔离戒毒人员入所登记表

2012 年 5 月 6 日　　　　　　　　　　　　　　　　　　　　　　　编号：Q×××××

姓名	黄某某	性别	男	出生年月日	1976 年 6 月 8 日	民族	汉	照片
曾用名	黄毛	文化程度	初中	职业	目前无业；有过驾驶、个体经商经历	婚否	已婚	
籍贯	浙江宁波海曙	户籍所在地			浙江省宁波市海曙区			
现住址	浙江省慈溪市×××××××	身份证号码			××××××1976 0608×××			
决定机关	××市公安局	吸毒方式	烫吸、注射	吸毒种类		海洛因，冰毒、K 粉		
强制隔离戒毒期限	自 2012 年 3 月 21 日起 至 2014 年 3 月 20 日止		入所时间	2012 年 5 月 6 日		戒毒次数	3 次	
违法犯罪记录	1996 年因吸毒在宁波市公安局强戒所强制戒毒 3 个月；2001 年因盗窃被判处有期徒刑一年六个月，在慈溪市看守所服刑；2006 年因复吸毒被劳动教养 2 年，在浙江省十里坪劳教所服教；2008 年因复吸毒被劳动教养 2 年，在浙江省戒毒劳教所服教。							
本人简历	1984 年至 1991 年在宁波海曙区×××小学就读；1991 年至 1994 年在宁波××初级中学就读；1994 年至 1995 年在宁波市××出租车公司担任出租车驾驶员。							
吸毒史	1996 年 1 月 10 日首次吸毒，至今已有 16 年							
家庭主要成员	称谓	姓名	现住址			联系方式		
	妻	金某	32 岁，海曙区假山新村×幢××单元×室，个体经商			130××××××××		
	父	黄某某	65 岁，慈溪××街道××小区×幢××单元××室，退休在家			139××××××××		
	母	赵某	60 岁，慈溪××街道××小区×幢××单元××室，退休在家			无		

2.2.5　《药物滥用检测调查表》

（1）适用范围及相关依据

该文书是国家药物滥用监测中心组织专家对戒毒人员比较集中的场所，如强制隔离戒毒所、自愿戒毒机构以及医院急诊室、社区和学校对药物滥用者的调查材料，上述场所对到所（院）的每一个药物滥用者进行调查，填写该调查表，并按监测资料管理规定及时将调查表报送所在辖区药物滥用监测机构。

该《药物滥用监测调查表》设有 24 个调查项目，包括人口学信息（6 项）、药物滥用史和药物滥用情况（11 项）、HIV 感染及其他传染性疾病的临床检查（2 项）、戒毒治疗情况（1 项）以及填表日期、户籍与现居住地区等内容（4 项）。监测调查表应由有关医务人员或是入所队的收治民警按照填写要求完成。调查内容须字迹清晰，内容翔实完整，禁止用缩写、不规范符号或别名,切勿遗漏项目。对调查项目尚未列出的其他"情况"在询问完戒毒人员后可用文字补充说明。

依据一:《浙江省司法行政系统强制隔离戒毒管理工作执法细则(试行)》(浙劳教〔2009〕110号)第三章第十二条规定:"……此外,还应当按照国家药监局、公安部、卫生部、司法部的规定,填写强制隔离戒毒人员《药物滥用监测调查表》。"

依据二:《浙江省强制隔离戒毒工作执法指南(试行)》第二章第十四条规定:"……还应当按照国家药监局、公安部、卫生部、司法部的规定,填写强制隔离戒毒人员《药物滥用监测调查表》。"

(2)文书制作及注意事项

①表格编号:这一编号不是戒毒人员的档案编号、就诊号或体检编号,而是由国家药物滥用监测中心给予地区表格编号方案,各级药物滥用监测机构负责调查表格编号的编写。而表格中的"病历号"则可以与《戒毒人员(入所)体检表》相同或是与档案号一致。

②填表日期:一般与《强制隔离戒毒人员入所登记表》中的日期一致。

③"初次监用药物时间"是指第一次非医疗目的滥用麻醉药品、精神药品及含麻醉药制剂的时间。

④第11项(a)"曾经使用/滥用过药物"这一栏目是多项选择,这是指被调查者要如实回答。对曾经使用或滥用过麻醉药品、精神药品及含麻醉药制剂,调查表中仅列出20个品种,如果使用或滥用过的药物未在其中,则在本项的"其他种类药物"处用文字补充说明。

⑤第11项(b)"上述所选择的药物中主要滥用的是那种"这一栏目中戒毒人员则必须要回答。其内容应从本项目(a)药物中进行选择,可以是多种药物。

⑥第14项"滥用药物原因"这一栏目是多项选择题。其包括了初次滥用药物原因和再次复吸的诱因,填写时需要对戒毒人员的回答进行相应的判断区分。

⑦第15项"滥用毒品方式"这一栏目是多项选择题。戒毒人员可能是单一途径的滥用,也可能是多种方式的滥用,其中,选择项"溶于饮料",是指将滥用药物溶于可口可乐、汽水、啤酒或红酒等软饮料中服用的情况。

⑧第17项(a)"进入戒毒所前每日滥用药物量"这一栏目则需要戒毒人员准确表达计量滥用药物数量的单位,如几克等。

⑨第18项"滥用药物资费来源"这一栏目是多项选择题。其中,"蒙骗他人钱财"意指"诈骗";"窃取别人钱财"意指"盗窃";"强夺财物"意指"抢劫";"提供性服务"意指"卖淫",各选择项具有不同程度的行为含意,这里需要注意区分相应的程度和情况。

⑩第19项"本次是否第一次脱毒"这一栏目中监测调查表所称的"脱毒",是指在戒毒康复机构进行的脱毒治疗,并不包括家庭或个人自行脱毒的行为,这点在填写过程中要注意。

⑪第23项"本次尿(体)液检测"在填写过程中如果检测结果呈现阳性,还需要进一步说明被检测出滥用药物的种类,不能过于简单、笼统。

⑫第24项"因滥用药物感染疾病"在填写过程中需要根据临床诊断和实验室检验结果对所患疾病的类型进行选择。对确因滥用药物感染而表中又未列出的疾病,如肝炎、肺部感染等,请在"其他疾病"这一栏选择项中用文字加以注明。

⑬第27项"本次脱毒治疗采用"中有首先要确定本次脱毒治疗采用何种方式,在空格□中划"√",然后用文字说明"主要脱毒药物"或"采用医械"及"其他治疗方法"。其中,"②未给予药物或医械治疗"这一栏中即通常所说的"干戒"或称谓"冷火鸡";"③医械治疗"

是指用于脱毒的医疗器械,如:(电)针灸、频谱仪、麻醉仪等。如本次脱毒治疗采用:① 药物治疗 √ ,主要脱毒药物美沙酮口液、丁丙诺啡片、可乐定。

(3)文书制作示例

[案例] 2012 年 4 月 26 日,××省××强制隔离戒毒所入所队收治了一名戒毒人员何某某。在收治后所医院的医务民警对其进行了药物滥用检测调查,现将该调查表制作如下所示。

[示例] 《药物滥用检测调查表》

民警周某某:戒毒人员何某某,你好,根据国家药物滥用监测中心的要求以及我所的工作安排,现由我对你的药物滥用情况进行调查询问,这是一项科学调查工作,我们会对你说的数据进行保密,同时该调查只是一项科学研究,你只要如实回答就可以了,其调查结果不会对你在强制隔离戒毒期内造成任何的负面影响,明白了吗? 我们现在可以开始了吗?

戒毒人员何某某:明白了,我会配合的。

以下即为该次调查的实际记录:

药物滥用监测调查表

表格编号:×××××××××

在各项适当空格内划"√"或填写回答相关内容　　　　填表日期:2012 年 4 月 26 日

1.姓名:何××　2.身份证号码:■■■■■■■■■■■■■■■■■■　病历号:×××××××

3.性别:男■　女□

4.民族:汉■　其他民族____

5.出生日期:1980 年 11 月 14 日

6.户籍所在地:××省(市 自治区)××市(区 县)　现居住地区:××省(市 自治区)××市(区 县)

7.婚姻状况:未婚 ■　未婚同居 □　已婚(含再婚)□　已婚分居 □　离婚□　丧偶 □
　　　　其他(注明)_____

8.就业情况:无业□　个体经营□　娱乐场所从业□　演艺人员■　交通运输人员□　公务员□
　　　　自由职业者□　农民□　在校学生□　企事业职工(含工人)□　外企/合资人员□
　　　　其他(请注明)_____

9.文化程度:文盲□　小学□　初中□　高中(含中专、技校)■　大学(含大专)□　大学以上□

10.初次滥用药物时间:2008 年 09 月 11 日

11.(a)曾经使用/滥用过药物:(多项选择,被调查者需要回答)
　　海洛因■　鸦片□　吗啡□　杜冷丁□　二氢埃托啡□　美沙酮□　大麻□　安钠咖□　冰毒■
　　摇头丸■　氯胺酮■　三唑仑□　安定□　舒乐安□　佳静安定□　其他安定类药物□,请写出其
　　药名_____
　　丁丙诺啡片剂□　曲马多□　甘草片□　止咳药水□,请写出其药名_____　其他种类药物(请注
　　明):_____
　　(b)上述所选择的药物中主要滥用的是哪些:(要求必须回答,可以是多种)摇头丸

12.主要滥用场所:居家住所□　暂住地/宾馆□　歌舞厅/酒吧/游艺厅/网吧■　无固定地点□
　　　　其他(请注明):_____

13.主要滥用药物来源:(多项选择)
　　(1)获得地区:××省(市 自治区)××市(区 县)
　　(2)获得途径:亲友提供□　同伴提供■　娱乐场所■　零售药店/个体诊所□　医院□　偷窃□
　　　　其他(注明)

14. 滥用药物原因:(多项选择)

家人/同伴影响□　满足好奇感■　追求欣快/刺激■　空虚无聊,为了消遣■

吸毒环境或情境的影响□

满足对药物渴求感□　缓解烦恼、抑郁等不快情绪□

解除戒断症状(如骨、关节、肌肉疼痛、失眠等)□

其他原因(请注明)＿＿＿＿＿＿＿＿＿

15. 滥用药物方式:(多项选择)

静脉注射■　肌内、皮下注射□　烫吸□　香烟吸■　口服□　溶入饮料■

其他(注明)＿＿＿＿＿＿＿

16. 是否与他人共用过注射器(如,将自己用过的注射器借给其他人使用,或借用过其他人的注射器):
是■　否□

17. (a)进入戒毒所前,每日滥用药物量6克,或2至3(个)零包,或1到2片、2到3支(针)

(b)进入戒毒所前,每日滥用药物花费(约)200元

18. 滥用药物资费来源:个人收入/积蓄■　家人/亲戚提供□　借贷■　变卖家产□　蒙骗他人钱财■

窃取别人钱财□　强夺财物□　提供性服务□　以贩养吸□　其他来源(请注明)＿＿＿＿＿＿＿＿

19. 本次是否第一次脱毒:是□　否■,既往脱毒次数4次;　前次脱毒后多长时间再次滥用药物180天

20. 本次尿(体)液检测:未做□　阴性□　阳性■,检测监用药物种类:阿片类■　苯丙胺类■

其他来源(请注明)＿＿＿＿＿＿＿＿＿

21. 艾滋病病毒感染(HIV)检查结果呈:未做检查□　阴性□　阳性□

22. 因滥用药物感染疾病:(1)性病:梅毒□　淋病□　软下疳□　尖锐湿疣□

其他来源(请注明)＿＿＿＿＿＿＿＿

未做检查□　其他疾病(如肝炎、肺部感染等):肝炎

23. 本次是否收治:收治■　未收治□

24. 本次脱毒治疗采用:

①药物治疗■,主要脱毒药物美沙酮口服液;

②未给予药物或医械治疗□

③医械治疗□,采用医械是韩式戒毒仪;

④其他治疗方法□,请注明＿＿＿＿＿＿＿

报告人:周某某　报告单位:××省××强制隔离戒毒所　邮政编码:■■■■■■

2.2.6 《强制隔离戒毒人员体检退回登记表》、《不予收治强制隔离戒毒人员证明书》

(1)适用范围及相关依据

《强制隔离戒毒人员体检退回登记表》与《不予收治强制隔离戒毒人员证明书》是强制隔离戒毒场所在收治戒毒人员时,对交付机关投(转)的戒毒人员发现有不符合法定收治条件的情况,依法作出不予收治决定时制作的执法文书。《强制隔离戒毒人员体检退回登记表》主要针对的对象是在收治体检过程中发现该戒毒人员属《浙江省强制隔离戒毒人员严重疾病认定标准(试行)》中所明确的各类严重疾病患者。《不予收治强制隔离戒毒人员证明书》针对的对象则要比《强制隔离戒毒人员体检退回登记表》涵盖面广,其不但涵盖符合严重疾病认定标准中的严重疾病患者,同时还包括怀孕或者正在哺乳自己不满一周岁婴儿的妇女以及不满16周岁的未成年吸毒成瘾人员等情况,且强制隔离戒毒场所在体检中发现有符合条件的严重疾病患者,完成《强制隔离戒毒人员体检退回登记表》后还要制作一份《不予收治

强制隔离戒毒人员证明书》交由投(转)单位一并带回。

依据一:《强制隔离戒毒人员管理工作办法(试行)》第一章第二条规定:"强制隔离戒毒所不收治怀孕或者正在哺乳自己不满一周岁婴儿的妇女。"

依据二:《浙江省司法行政系统强制隔离戒毒管理工作执法细则(试行)》(浙劳教〔2009〕110号)第三章第七条规定:"对下列戒毒人员不予收治:①怀孕或者正在哺乳自己不满一周岁婴儿的妇女;②不满十六周岁的未成年吸毒成瘾人员;③符合《浙江省强制隔离戒毒人员严重疾病认定标准》中所明确的各类严重疾病患者。"第八条规定:"收治工作程序:①体检:所医务部门对收治对象进行体检,医务人员应对戒毒人员进行仔细询问,按规定进行所有项目检测和检查,符合收治条件的逐一填写《戒毒人员(入所)体检表》,建立戒毒人员个人健康档案。检查女性戒毒人员身体,应当由女性工作人员实施。②验证:投送机关应提供县级以上公安机关作出的《强制隔离戒毒决定书》一式两份、《强制隔离戒毒人员信息表》一份以及相关考核记载或评议等材料。③收治:入所队凭验证材料和所医务部门的入所体检表接收戒毒人员,并办理收治手续。对无上述文书或文书不全及情况特殊的,暂不办理收治手续。"

依据三:《浙江省强制隔离戒毒工作执法指南(试行)》第二章第八条规定:"经检查,发现戒毒人员有下列情形之一的,不予收治:①怀孕或者正在哺乳自己不满一周岁婴儿的妇女;②不满十六周岁的未成年吸毒成瘾人员;③符合《浙江省强制隔离戒毒人员严重疾病认定标准(试行)》中所明确的各类严重疾病患者。"

凡是出现上述情况均不予收治。在作出不予收治决定时,应当开具《强制隔离戒毒人员体检退回登记表》与《不予收治强制隔离戒毒人员证明书》,这是保证正确执行法律的具体体现。

(2)文书制作及注意事项

①文书制作

《强制隔离戒毒人员体检退回登记表》与《不予收治强制隔离戒毒人员证明书》这两份文书均属于填空式文书,一纸三联,第一联为存根联,第二联为寄送强制隔离戒毒审批机关联(其中《强制隔离戒毒人员体检退回登记表》第二联交所政管理科),第三联为送交戒毒人员投(转)机关留存。在填写时要注意以下几点:

A.《强制隔离戒毒人员体检退回登记表》与《不予收治强制隔离戒毒人员证明书》这两份文书在三联中的有许多填空处内容均为相同,填写过程要认真,仔细比较,切不可犯相同栏目填写内容不同的低级错误。

B.时间栏:一般情况下,《强制隔离戒毒人员体检退回登记表》中遣送时间与《不予收治强制隔离戒毒人员证明书》中落款时间均与收治当日时间相对应。

C.体检结果:《强制隔离戒毒人员体检退回登记表》中的体检结果一栏是本文书的核心内容。退回或是不予收治的理由必须是属于法律规定的事实,文字表达应当理由充分、意思完整、语言简洁。应当具体指明出现何种情况退回或是不予收治,不能出现"不符合规定"、"有疾病"等笼统的表述,病因诊断表述时要用严格按照《浙江省强制隔离戒毒人员严重疾病认定标准(试行)》中的条款以及规范的医学术语进行描述。如:经血液生化检查,该戒毒人员肝功能检测中丙氨酸氨基转移酶数值为1745u/L,门氨酸氨基转移酶73.1u/L,为急性肝炎发作期,根据浙公通字〔2009〕(36)号文件第十条第二款之规定,建议退回。

D.证据材料:医院病历及检查报告单,均要由医学检验机构或是具有医学资质或是医学检验资质的医务民警出具,且各类病历及检查报告不得有涂改情况发生。

E.日期、公章:每联的日期处填上当天的年月日,且要用汉字大写的数值来填写。在每联的骑缝处加盖单位公章或是收治专用章。

②.注意事项:

A.上述文书中的签名均要由体检医师以及经办人和本人签字,不可使用私章或是其他人员代签。

B.使用上述文书时,要正确区分这两种文书,不可出现互换的情况,这两种文书均为不收治戒毒人员所需要的,但这两种文书还是有区别的,不可相互替换。

(3)文书制作示例

[案例]　2011年12月29日上午8时,××市强制隔离戒毒所投(转)一名戒毒人员滕某某至××省××强制隔离戒毒所,该戒毒人员为1992年8月24日出生,湖南长沙人,在入所收治体检时,该所医院在其血液生化检查中发现该戒毒人员肝功能检测中丙氨酸氨基转移酶数值为1745u/L,门氨酸氨基转移酶73.1u/L,为急性肝炎发作期,故作出对其不予收治的决定。

根据上述案例,制作完成《强制隔离戒毒人员体检退回登记表》与《不予收治强制隔离戒毒人员证明书》各一份。

[示例一]　《强制隔离戒毒人员体检退回登记表》

××省××强制隔离戒毒所
戒毒人员体检退回登记表
(此联医院留存)
No:×××××

姓名	滕某某	性别	男
年龄	21岁	籍贯	湖南长沙
罪错	复吸毒	期限	2年
遣送单位		××市强制隔离戒毒所	
遣送时间		2011年12月29日	

体检结果(退回原因)

　　经血液生化检查,该戒毒人员肝功能检测中丙氨酸基转移酶数值为1745u/L,门氨酸氨基转移酶73.1u/L,为急性肝炎发作期。

医师:王某某

时间:2011年12月29日

医院意见:

　　根据浙公通字〔2009〕(36)号文件第十条第二款之规定,建议退回。

管理科意见:

　　同意医院意见,退回。

××省××强制隔离戒毒所
戒毒人员体检退回登记表
(此联交所政管理科)
No:×××××

姓名	滕某某	性别	男
年龄	21岁	籍贯	湖南长沙
罪错	复吸毒	期限	2年
遣送单位		××市强制隔离戒毒所	
遣送时间		2011年12月29日	

体检结果(退回原因)

　　经血液生化检查,该戒毒人员肝功能检测中丙氨酸氨基转移酶数值为1745u/L,门氨酸氨基转移酶73.1u/L,为急性且肝发作期。

医师:王某某

时间:2011年12月29日

医院意见:

　　根据浙公通字〔2009〕(36)号文件第十条第二款之规定,建议退回。

管理科意见:

　　同意医院意见,退回。

××省××强制隔离戒毒所
戒毒人员体检退回登记表
(此联交遣送单位)
No:×××××

姓名	滕某某	性别	男
年龄	21岁	籍贯	湖南长沙
罪错	复吸毒	期限	2年
遣送单位		××市强制隔离戒毒所	
遣送时间		2011年12月29日	

体检结果(退回原因)

　　经血液生化检查,该戒毒人员肝功能检测中丙氨酸氨基转移酶数值为1745u/L,门氨酸氨基转移酶73.1u/L,为急性且肝发作期。

医师:王某某

时间:2011年12月29日

医院意见:

　　根据浙公通字〔2009〕(36)号文件第十条第二款之规定,建议退回。

管理科意见:

　　同意医院意见,退回。

[示例二] 《不予收治强制隔离戒毒人员证明书》

不予收治强制隔离戒毒 人员证明书(存根) ×强戒不予收治字(2011) 第 351 号 　　××市强制隔离戒毒 所投送的强制隔离戒毒人 员滕某某(决定书号×公强 戒决定字〔2011〕316 号), 诊断为<u>急性肝炎发作</u>,根据 浙江省公安厅、浙江司法厅 联合印发的《浙江省强制隔 离戒毒人员严重疾病认定 标准(试行)》<u>第十条第二款</u> 之规定,不予收治。 经办人:<u>方某某</u> 2011 年 12 月 29 日	**不予收治强制隔离戒毒人员 证明书(存根)** ×强戒不予收治字(2011)第 351 号 ××市强制隔离戒毒所: 　　你单位投送的强制隔离 戒毒人员滕某某(决定书号× 公强戒决定字〔2011〕316 号), 因被诊断为<u>急性肝炎发作</u>,根 据浙江省公安厅、浙江司法厅 联合印发的《浙江省强制隔离 戒毒人员严重疾病认定标准 (试行)》<u>第十条第二款</u>之规 定,不予收治。 　　　　特此证明 附件:××省××强制隔离戒 毒所医院病历及检查报告: 1.<u>病历</u>; 2.<u>检查报告</u> 　　　　　　　　　(公章) 　　　　2011 年 12 月 29 日 此页寄交强制隔离戒毒审批 机关	**不予收治强制隔离戒毒人员 证明书(存根)** ×强戒不予收治字(2011)第 351 号 ××市强制隔离戒毒所: 　　你单位投送的强制隔离 戒毒人员滕某某(决定书号× 公强戒决定字〔2011〕316 号), 因被诊断为<u>急性肝炎发作</u>,根据 浙江省公安厅、浙江司法厅 联合印发的《浙江省强制隔离 戒毒人员严重疾病认定标准 (试行)》<u>第十条第二款</u>之规 定,不予收治。 　　　　特此证明 附件:××省××强制隔离戒 毒所医院病历及检查报告: 1.<u>病历</u>; 2.<u>检查报告</u> 　　　　　　　　　(公章) 　　　　2011 年 12 月 29 日

（竖排文字）×强戒不予收治字(2011)第 35 号

（竖排文字）×强戒不予收治字(2011)第 35 号

 知识拓展

　　由于收治工作涉及面广(其涉及公安机关、医疗部门、法院、检察院等),涵盖执法文书知识点较多,为全面展示收治工作,在上述着重介绍的执法文书之外还有一部分执法文书也是强制隔离戒毒场所收治工作中常见的,为此本章节特别进行了收录,一是可以增加知识点的介绍;二是可以介绍不同部门执法文书的特点和设计格式;三是在收治过程中可以认真鉴别,强化司法行政系统强制隔离戒毒部门在收治戒毒人员时对投送单位执法文书的验证工作。

1.《新收治戒毒人员调查表》

　　为认真贯彻司法部《关于在全国监狱劳教(戒毒)系统开展规范化管理年活动的意见》以及省厅《关于在全省监狱劳教(戒毒)系统开展规范化管理年活动的实施意见》,进一步夯实各场所的基层基础工作,在 2011 年,浙江省劳教(戒毒)系统形成了精细化管理六项工作制度,《强制隔离戒毒人员收治工作规定》则是首篇工作规范,其对收治工作进一步进行了规范,使得收治流程全面规范和科学,其中《新收治戒毒人员调查表》就是一份对戒毒人员收治过程中全面了解和"排摸"其基本情况的执法文书,同时也是日后证据保全的有效凭证,该文书是由调查表格和调查记录共同组成的一份执法文书。

新收治强制隔离戒毒人员情况调查表

姓名	李某某	性别	男	出生日期		1985 年 01 月 31 日	
档案编号	Q××××	民族	汉	婚姻状况	未婚	文化程度	初中
工作单位	无		职业		个体经商		
家庭住址	浙江省平阳县梅溪乡×× 村××街×号		户口地 派出所		温州市平阳县公安局三垟派出所		
强制隔离 戒毒期限	自 2010 年 05 月 31 日 至 2012 年 05 月 30 日		承办案件单位		平阳县公安局禁毒大队二中队		
入所日期	2010 年 8 月 21 日		转送的公安戒毒所		温州市三垟强制隔离戒毒所		

调查情况记录

（强制隔离戒毒人员本人作肯定或否定回答，然后由询问民警填写具体内容）

1. 对自己被决定强制隔离戒毒是否不服？（是或否）有否申请行政复议或提起行政诉？

答：　服。

2. 在入所前（指本所，下同），身体有无残疾或体表受伤？（有或没有）如有残疾或体表受伤是什么原因？

答：有，在后背，在 2009 年 9 月份的时候和一伙人为了生意上的事动的手，当时我后背被砍中一刀，缝了四针。

3. 入所前身体状况如何？（健康、一般、有疾病）如有疾病，是什么疾病？

答：　有疾病，胃溃疡和肝炎 。

4. 在其他单位收治（或拘留）时有没有被打或其他不公平待遇？（有或没有）如有，现状如何？

答：　没有。

5. 在社会上有没有得过传染病？（有或没有）如有，是什么病？ 现状如何？

答：　有，得过尖锐湿疣，2008 年的时候我在四川找"货"（指毒品），一天无聊找"小姐"得的，后来跑到温州看了一千多块钱看好的。

6. 父母、家庭有没有遗传病史？（有或没有）如有，是什么遗传病？ 有无家庭成员早逝现象？

答：　没有。

7. 家庭成员（直系亲属）有无精神病？（有或没有）如有，是什么精神疾病？

答：　没有。

8. 以前有无昏厥史？（有或没有）如有，情况如何？

答：　有，×年×月有一次吸毒过量，昏过一次。

9. 入所后，影响你在这里接受强制隔离戒毒的不安定因素有没有？（有或没有）如有，主要因素是什么？

答：　没有。

10. 你对自己接受强制隔离戒毒有没有信心？（有或没有）如没有信心，其主要原因是什么？

答：　没有。就这么回事，我们吸毒的人，就是走一步看一步，今天过得好就好，明天，谁知道？

11. 入所时有没有贵重物品？（有或没有）如有，是否办理了保管手续？ 有没有给你开出收据？

答：　有，已办理保管手续，已开出收据。

12. 入所时有没有携带自身衣物？（有或没有）如有，是否办理了保管手续？ 有没有给你开出收据？

答：　没有。

13. 自己体内有没有异物？（有或没有）如有，在什么部位？ 什么原因造成的？

答：　没有。

14. 在什么地方，什么时间首次吸毒？是什么毒品？这次强制隔离戒毒是吸什么毒品？

答：　六年前，在四川做生意的时候首次吸是白粉。现在我吸的比较杂，有海洛因、冰毒。

15.在这次执行强制隔离戒毒前,有哪些违法犯罪行为受到处罚?

答: 没有了。

16.是否还有其他情况需向警官说明?

答: 没有了。

以上内容我已看过,与我所述相符。

被调查人员签名:李某某

询问民警签名:余某　　　　　　　　　　　　　　2010 年 8 月 21 日

大(中)队领导审阅意见:

已审阅,请将这份调查记录与该戒毒人员档案的信息进行比对,同时做好入所教育工作。

签名:王某某　　　　　　　　　　　　　　　　2010 年 8 月 21 日

2. 在收治过程中需要审查的相关执法文书

强制隔离戒毒所应当审查投(转)送人员的身份证件或是相关工作证件,核对送交执行的戒毒人员人数、并核实身份。强制隔离戒毒所应当审查以下收治法律文书及凭证是否符合法定要求:

一是《强制隔离戒毒人员决定书》;

二是《强制隔离戒毒人员信息表》;

三是对 HIV 病毒检测呈阳性的戒毒人员,负责投送的公安机关还应提供 HIV 抗体确认报告单、告知记录、近期的 CD4 检测单和抗病毒治疗的病历资料等。

四是在公安机关强制隔离戒毒期间的相关考核或评议材料;

五是吸毒人员信息输入管控系统。

上述法律文书不齐全或记载有误的,由投(转)送机关负责补充齐全或者作出更正后再收治。戒毒人员信息未录入管控系统的,暂不予收治。

(1)《强制隔离戒毒人员决定书》

××市公安局××分局强制隔离戒毒决定书

×公(×)强戒决字〔2012〕第××号

被强制隔离戒毒人员:张某某　性别:男　出生日期:1976 年 10 月 16 日

身份证种类及号码:居民身份证×××××19761016×××

户籍所在地址:浙江省宁波市海曙区××路××小区××幢××单元××室

现住址:浙江省杭州市西湖区××路××小区××××幢××单元××室

工作单位:杭州市××文化传播有限公司(已辞退)

现查明 2012 年 7 月 7 日 14 时 54 分,××市公安局××分局××派出所接到群众报警,在××区××镇××路××大酒店内 3012 房间抓获吸毒嫌疑人张某某,经提取张某某的尿样进行人体含毒反应检测,结果为吗啡类呈阳性。经询问,张某某陈述了 2012 年 7 月 5 日在该房间内采取注射的方式吸食海洛因的违法事实。另查明,嫌疑人张某某在 2006 年因复吸毒被处劳动教养 2 年,在浙江省十里坪劳教所服教;2008 年因复吸毒被处劳动教养 2 年,在浙江省戒毒劳教所服教。

以上事实有张某某的陈述和申辩、现场检测报告书、人体含毒反应检测结果、提取笔录、照片及张某某的违法犯罪前科记录复印件等证据为证。

根据《中华人民共和国禁毒法》第三十八条第二款及第四十七条第一款之规定,我局决定对其强制隔离戒毒二年(自2012 年 7 月 8 日至2014 年 7 月 7 日止)。

如不服本决定,可在接到本决定书之日起六十日内向 ××市公安局或者××市人民政府 申请行政复议,或者在三个月内向 ××市人民政府或者张某某所在地人民法院 提起行政诉讼。 强制隔离戒毒所名称:××市强制隔离戒毒所 地址:××市××区××路××号　　　　　　　　　　　　　　　　2012 年 7 月 8 日 接受人员(签名):郭某某　陈某某 2012 年 7 月 8 日 被强制隔离戒毒人(签名并按捺指纹):＿＿＿＿＿＿＿＿ 2012 年 7 月 8 日
此件一式三份,被强制隔离戒毒人员、强制隔离戒毒所各一份,一份附卷,将决定书复印件送达被强制隔离戒毒人员家属,所在单位和户籍所在地公安派出所。 注:该戒毒人员拒绝签字 经办人:李某某　欧某某 2012 年 7 月 8 日

(2)《强制隔离戒毒人员信息表》

已在《强制隔离戒毒人员入所登记表》这一项目中的示例中有所体现,现省略。

(3)HIV 抗体确认报告单

HIV 抗体检测确认报告
REPORT OF HIV ANTIBODY CONFIRMATORY TESTING

秘密 SPECIMEN　　　　　　　　　　　　　　　　　　　　　　　编号:××××××

送检单位 FROM		××市公安局戒毒所		送检日期 DATE		2011 年 11 月 1 日
送检标本 SPECIMEN		血浆		送检人群 GROUP		吸毒人员
姓名 NAME	王××	性别 SEX	男	年龄 AGE	36 岁	职业 OCCUPATTON　无
国籍或民族 NATIONALITY		中国		地址 ADDRESS		现住:不详 户籍:不详
检测方法 METHOD		检测日期 DATE		检测结果 RESULTS		
第一次酶标(送检单位检测)		2011 年 10 月 15 日		呈阳性反应		
第二次酶标		2011 年 10 月 22 日		呈阳性反应		
免疫印迹法带型 WESTERN BLOT BANDS		2011 年 10 月 21 日		gp160gp120p66p51gp41p39p31p24p17		
结论 CONCLUSION		HIV−1 抗体阳性				
检测人 OPERAT OR	陈某某	签发人 HEAD	方某某	报告日期 DATE		2011 年 10 月 23 日
确认单位或实验室 ××市疾病预防控制中心艾滋病确证实验室						

(4)CD4 检测单

CD4T 淋巴细胞检测报告单

注意保密　　　　　　　　　　　　　　　　　　　　样品编号：No××××××

委托单位	××市公安局戒毒所		委托日期		2011 年 11 月 1 日		
样品名称	血液	样品量		3mil	样品性状		液体
姓名	王××	性别		男	年龄	36 岁	职业	无
婚姻状况	未婚	国籍/民族		中国/汉	文化程度		初中
身份证号	××××××××× ××××××××		地址		不详		
检测部门	××市疾病预防控制中心艾滋病确证实验室						
检测依据	《艾滋病和艾滋病病毒感染诊断标准》WS293－2008						
检测方法	流式细胞仪 平台法	试剂	BD	检测日期	2011 年 10 月 21 日		

检测结果		绝对数（个/ul）	百分数（%）
	CD3+	1991	
	CD3+CD4+	555	
	CD3+CD8+	1386	
	CD3+CD4+/CD3-		28
	CD3+CD8+/CD3+		70
	CD3+CD4+CD8+/CD3+		3

备注	因受检方相关信息由委托方提供，本检测报告仅对该编号的样品负责　样品编号：××××××××××			
检测人	陈某某	签发人	方某某	报告日期	2011 年 10 月 21 日

（检验报告专用章）

　　根据《浙江强制隔离戒毒人员严重疾病认定标准（试行）》（浙公通字〔2009〕(36)号)文件的规定"艾滋病病毒（HIV）检测呈阳性、CD4 ≦ 200/微升者"可以确定为严重疾病，应直接呈报所外就医或是变更戒毒措施，不再收治或是转送。

(5)公安机关强制隔离戒毒期间的相关考核或评议材料等执法文书

××市强制隔离戒毒所强制隔离戒毒人员考核情况汇总表

姓名	王某某	性别	男	出生年月	1976 年 10 月 23 日
入所时间	2010 年 7 月 8 日	考核起始时间		2010 年 7 月 8 日至 2010 年 9 月 30 日	

考核时间	基础分	加分	扣分	合计得分	累计得分	扣分原因
2010 年 7 月	10			10	10	
2010 年 8 月	10			10	20	
2010 年 9 月	10			10	30	
考核积分	30 分			分管民警		叶某某
戒毒人员意见	王某（签名）	大队意见		已审核杨某某	所领导意见	徐某某

3. 变更收治执行地点的执法文书

(1)适用范围及相关依据

为规范浙江省戒毒人员的收治工作,同时考虑到各强制隔离戒毒所的收治能力、警力配置和场所分布等具体情况,省局按照就近、就便以及有利于戒毒人员教育矫治和安置帮教的原则,对戒毒人员收治区域进行了划片分类,但是在具体实施中考虑到一些实际情况,并进一步优化该部分戒毒人员的戒毒成效,在收治中或是在强制隔离戒毒期限内,部分戒毒人员的执行地点需变更执行;或在同一单位,由于教育矫治工作的需要,该戒毒人员会在不同大队、中队之间进行流转,这也是变更执行地点的一种常见情况。(还有一种情况是该戒毒人员在强制隔离戒毒期限内,发现戒毒人员患有《浙江省强制隔离戒毒人员严重疾病认定标准(试行)》规定的严重疾病的,符合所外就医条件的,对确实不宜在强制隔离戒毒场所继续执行强制隔离戒毒的戒毒人员,强制隔离戒毒所在呈报省局审批后,将该戒毒人员另行处理,原决定机关在收到"另行处理通知书"后三日内,依照不同情形做出处理(具体详见《日常管理类执法文书》这一章节中《强制隔离戒毒人员另行处理审批表》、《提请强制隔离戒毒人员另行处理通知书》的内容))

依据一:《强制隔离戒毒人员管理工作办法(试行)》第一章第七条规定:"变更强制隔离戒毒人员收治执行地点时,须报上报机关批准。"

依据二:《浙江省司法行政系统强制隔离戒毒管理工作执法细则(试行)》《浙劳教〔2009〕110号》第三章第十四条规定:"变更强制隔离戒毒人员收治执行地点的,须经省劳动教养管理局批准。"

依据三:《浙江省强制隔离戒毒工作执法指南(试行)》第二章第十九条规定:"收治戒毒人员地区范围应严格按照省局规定执行,变更戒毒人员收治执行地点的,须经省局批准。"

(2)文书制作

①涉及所与所之间的变更执行地点的执法文书,由省局管理处制作,为两联填空式文书,主要是将戒毒人员的调出的单位和调入的单位填写详细,以及调动戒毒人员的姓名和数量及基本情况填写清楚即可。

A. 受文机关:为调出戒毒人员的单位。

B. 内容摘要:简明扼要地将调遣人员姓名、数量以及基本情况填写清楚即可。

C. 签发人:为分管副局长签发;经办人:为省局管理处经办此事的民警。

D. 存根和正式通知之间要加盖骑缝章以示文书的统一性、庄重性和严肃性。

②涉及所内大队与大队之间变更执行地点的执法文书,由所政管理科制作,为三联填空式文书,制作方式与省局的类似。

(3)文书制作示例

[案例一] 浙江省××强制隔离戒毒所在收治时发现2名戒毒人员有性病,由于该所医疗条件所限,省局决定将这两名戒毒人员调往浙江省×××强制隔离戒毒所(全省医疗条件最好的强制隔离戒毒所,有戒毒人员专门的住院病房,并且在性病治疗方面成效显著)。2012年6月20日,省局管理处作出变更执行地点的要求。

根据案例制作完成一份戒毒人员的调遣通知。

[示例]　《戒毒人员调遣通知》

存根

受文机关：<u>浙江省××强制隔离戒毒所</u>　　　　　　　　浙戒毒管<u>2012</u>调字第<u>××</u>号

内容摘要：为有利于戒毒人员的戒毒治疗和教育矫治工作，现根据规定将戒毒人员金某某、戴某某等贰名戒毒人员调往浙江省×××强制隔离戒毒所，接受强制隔离戒毒。

签发人：张某某　　　　　　经办人：周某某　　　　　时间：2012 年 6 月 20 日

　　　　　　　　　　　　　　　　　　　　　　　　　　　　　　　　　　（骑缝章）

浙江省戒毒管理局调遣戒毒人员通知

<u>浙江省××强制隔离戒毒所</u>：

　　为有利于戒毒人员的戒毒治疗和教育矫治工作，经研究决定将你所戒毒人员<u>金某某</u>、<u>戴某某</u>等<u>贰</u>名戒毒人员调往<u>浙江省×××强制隔离戒毒所</u>，接受戒毒治疗和教育矫治，请做好调遣工作。

　　　　　　　　　　　　　　　　　　　　　　　　　　　　　　　（公章）

　　　　　　　　　　　　　　　　　　　　　　　　　　　　　2012 年 6 月 20 日

　　附：戒毒人员名册
　　抄送：浙江省×××强制隔离戒毒所

　　　　　　　　　　　　　　　　　　　　　　　　浙戒毒管<u>2012</u>调字第<u>××</u>号

　　[案例二]　浙江省××强制隔离戒毒所四大队二中队发现 2 名戒毒人员（徐某某、朱某某）为同案人员，为确保有效管理，维护良好的教育矫治氛围，避免戒毒人员的相互影响，该所政管理科决定将其中一人（朱某某）调往五大队三中队。

　　根据案例制作完成一份戒毒人员的调动通知单。
　　[示例]　《戒毒人员调动通知单》

戒毒人员调动通知单(存根)

　　　　　　　　　　　　　　　　　　　　　　浙×强戒调字〔2012〕××号

<u>四大队</u>：
　　因管理工作以及教育矫治的需要，决定将戒毒人员<u>朱某某</u>从你单位<u>四大队二中队</u>调至本所<u>五大队三中队</u>继续执行强制隔离戒毒工作。

　　签发人：金某　　　　　　经办人：韩某　　　　　时间：2012 年 8 月 10 日

　　　　　　　　　　　　　　　　　　　　　　　　　　　　　　　（骑缝章）

戒毒人员调动通知单(调出)

浙×强戒调字〔2012〕××号

四大队二中队：

　　因管理工作以及教育矫治的需要,决定将你队强制隔离戒毒人员朱某某调至本所五大队三中队继续执行强制隔离戒毒工作。(档案、个人保管物品同时移交,系统考核分截至今日由调出中队录入所政系统,需月底结算以纸质汇总表为准进行移交)

时间:2012 年 8 月 10 日

(所政管理科公章)

戒毒人员调动通知单(调入)

浙×强戒调字〔2012〕××号

五大队三中队：

　　因管理工作以及教育矫治的需要,决定将四大队二中队强制隔离戒毒人员朱某某调至你队继续执行强制隔离戒毒工作。(档案、个人保管物品同时移交,系统考核分截至今日由调出中队录入所政系统,需月底结算以纸质汇总表为准进行移交)

时间:2012 年 8 月 10 日

(所政管理科公章)

---

4. 违禁物品处置方面的执法文书

　　为进一步加强对违禁物品的管理,防止各类违禁物品进入戒毒场所,维护正常管教秩序,确保场所持续安全稳定,场所内对违禁物品的查处始终保持着高压态势,对于在入所收治期间查获的违禁物品则根据相关法律规定[《强制隔离戒毒人员管理工作办法(试行)》、《浙江省司法行政系统强制隔离戒毒管理工作执法细则(试行)》、《浙江省强制隔离戒毒工作执法指南(试行)》(2011 年版)和《浙江省劳教(戒毒)场所违禁物品管理及处理规定(试行)》]进行处置。

　　《强制隔离戒毒人员管理工作办法(试行)》(司劳教字〔2009〕15 号)第一章第五条规定:"强制隔离戒毒所应当对强制隔离戒毒人员携带的物品进行检查,收缴违禁品。对本人不宜持有的物品进行登记,由强制隔离戒毒所代管或交其指定的亲属领回。"

　　《浙江省司法行政系统强制隔离戒毒管理工作执法细则(试行)》(浙劳教〔2009〕110 号)第三章第十一条规定:"强制隔离戒毒所应对戒毒人员携带的物品进行安全检查,收缴违禁品;对其他不宜持有的财物、证件等进行登记,经本人签名,由强制隔离戒毒所代管或由公安机关承办单位带回送其家属代管。"

　　《浙江省强制隔离戒毒工作执法指南(试行)》(2011 年版)第二章第十一条规定:"强制隔离戒毒所负责对戒毒人员的人身和携带物品进行安全检查。"第十二条第三款规定:"违禁物品予以没收或扣留,按照《浙江省劳教(戒毒)场所违禁物品管理及处理规定(试行)》处理。"

　　《浙江省劳教(戒毒)场所违禁物品管理及处理规定(试行)》(浙劳教〔2010〕67 号)第五

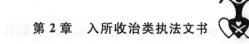

条规定:"在劳教(戒毒)人员收容、收治过程中发现的违禁物品,应当严格收缴,属于劳教(戒毒)人员个人的财物和身份凭证,由场所统一封存保管,交其亲属带回或解教、解除时归还本人。"第八条规定"对检查出来的违禁物品,警察个人不得私自处理,一律上缴所政管理科并由专人统一进行登记管理,责任部门要查明来源。查获的违禁物品可能涉及犯罪的,应及时移送公安机关。"

　　根据上述法律规定,一般强制隔离戒毒场所对违禁物品的处置为收缴或是场所统一保管,其采取的执法文书的格式和制作方法与对戒毒人员物品保管的执法文书相类似,在此就不再赘述了,详见《戒毒人员物品代管三联单》、《戒毒人员贵重物品登记及移交清单》。

第3章　诊断评估类执法文书

如何体现出强制隔离戒毒工作的特色？如何科学、准确、有效地体现出不同戒毒人员区别对待的政策和管理模式？如何有效地判定戒毒人员在强制隔离戒毒期限内的教育矫治情况以及戒毒成效？如何采取定性与定量的数据来说明戒毒人员在强制隔离戒毒期限内的毒瘾戒除情况？诊断评估工作是解决上述这些问题的关键，其在强制隔离戒毒工作中是一个非常重要环节，它不仅仅是对戒毒人员生理、心理、认知、行为、家庭和社会功能等方面状况进行综合考核的一个重要的工作平台，更是客观地评价戒毒人员戒毒效果，并以此提出提前解除、按期解除或者延长强制隔离戒毒期限意见的一项考证数据，同时它也是区别于以往戒毒模式最为显著的一个方面。

3.1　诊断评估的概述

根据科学戒治的工作流程，浙江省形成了具有浙江特色的"三期四段"戒毒模式，在这一工作模式下，对戒毒人员按照生理脱毒期、身体康复期和戒毒巩固期进行分期管理，区别对待。每期完成后予以评议一次。生理脱毒期以三个月为一个周期，身体康复期以六个月为一个周期，戒毒巩固期以三个月为一个周期。在生理脱毒期满三个月后，从生理脱毒情况和行为矫治考核两方面对戒毒人员进行戒毒效果评议。在身体康复期满六个月后，从体质改善情况和行为矫治考核两方面对戒毒人员进行戒毒效果评议。在戒毒巩固期满三个月后，从心理脱瘾情况和行为矫治考核两方面对戒毒人员进行效果评议。这些阶段的评议是对戒毒人员三期戒毒工作完成情况的一个阶段性的评判，经过"三期"戒毒过程后，对戒毒人员的执行强制隔离戒毒满一年，由戒毒人员本人提出申请，戒毒场所应给予诊断评估，从而确定其是否可以提前解除强制隔离戒毒。一年期评估后没有达到要求的戒毒人员继续进入到为期三个月的戒毒巩固期，在三个月后，即执行强制隔离戒毒满一年三个月，完成三期戒毒流程，经戒毒人员本人申请，可以给予诊断评估，从而确定其是否可以提前解除强制隔离戒毒。一年三个月期评估后没有达到要求的继续进入到为期三个月的戒毒巩固期，即执行强制隔离戒毒满一年六个月，完成三期戒毒流程，经戒毒人员本人申请，可给予诊断评估，从而确定其是否可以提前解除强制隔离戒毒。一年六个月期评估后没有达到要求的继续进入到三个月的戒毒巩固期，执行强制隔离戒毒满一年六个月后，完成三期戒毒流程，经戒毒人员本人申请，可以给予诊断评估，从而确定其是否可以提前解除强制隔离戒毒。对不符合执行满一年六个月提前解除条件的，仍应继续组织戒毒人员进行心理脱瘾训练、体能康复训练以及日常行为矫治考核，戒毒人员可按月提出诊断评估申请，评估内容主要为执行强制隔离戒毒期间的行为矫治考核情况。执行强制隔离戒毒两年期满前一个月，应给予诊断评估。达到戒毒康复效果的，强制隔离戒毒所应当按期解除强制隔离戒毒。戒毒人员在强制隔离所内未达到戒毒康复效果或者有严重违纪违规行为的，在两年期满前一个月，经诊断评估符合延长强制隔离戒毒期限情形的,强制隔离戒毒所完成相应执法文书的制作、审批后送往强制隔离戒毒决定机关决定延长强制隔离戒毒期限(浙江省由地市级公安机关审批决定)。戒毒人员在执行被延长强制隔离戒毒期限内,再次发生重大违纪违规行为,经诊断评估符合延长期限条件的,应再次提请延长期限,执行强制隔离戒毒总期限最长不超过三年。

对戒毒人员的诊断评估由大(中)队或相关部门提出意见,并填写《戒毒人员诊断评估表》,经戒毒人员诊断评估工作委员会办公室初审,由法制部门审核后报戒毒人员诊断评估工作委员会审定。

经诊断评估,按期解除强制隔离戒毒的由强制隔离戒毒所审批;提前九个月以内解除强制隔离戒毒的由强制隔离戒毒所提请强制隔离戒毒决定机关审批(浙江省由地市级公安机关审批决定);提前一年解除强制隔离戒毒或延长强制隔离戒毒限期的由强制隔离戒毒所报省级主管部门审核同意后(地市强制隔离戒毒所还需报市级主管部门审核),再提请强制隔离戒毒决定机关审批(浙江省由地市级公安机关审批决定)。

3.2　诊断评估的内容

诊断评估内容包含"三期"的戒毒效果评议、"三期"后的年段评估和附加项,其中附加项目有:①具有立功表现的;②自愿接受强制隔离戒毒的;③具有国家认可的中级以上技术等级证书或相应技术职称的。

3.3　诊断评估执法文书的种类

在诊断评估过程中主要涉及以下执法文书:《戒毒人员基本情况登记表》、《戒毒人员(入所)体检表》、《戒毒人员诊断评估表(第(×)次)》、《生理脱毒期戒毒效果评议表》、《生理脱毒指标登记表》、《生理脱毒期行为矫治考核情况汇总表》、《月份计分考核表》、《身体康复期戒毒效果评议表》、《体能改善情况测试登记表》、《身体康复期行为矫治考核情况汇总表》、《戒毒巩固期戒毒效果评议表》、《心理脱瘾情况测试登记表》、《戒毒巩固期行为矫治考核情况汇总表》等执法文书。

由于戒毒场所信息化工程的推进,目前各强制隔离戒毒场所在诊断评估过程中已经将诊断评估的各类执法文书植入局域网内的所政系统中,为此各类执法文书制作过程大多已经采取了计算机数据录入,微机自动化生成的运行工作模式,民警只要操作一下电脑,并根据电脑的对话框完成数据的填写,最后由计算机自动出具、打印各类评估表格,大大减轻了基层管教民警的工作压力。但从实践看,通过计算机录入所形成的执法文书虽然可以节省警力和精力,但是许多民警在完成之后对于该文书的制作并没有把握制作执法文书的"精髓",只是充当了一个数据录入员的角色,对于该执法文书的制作宗旨和制作规范并没有理解;其二,在实际工作中遇到突然停电或是计算机运行系统出现故障,则仍然需要民警采取手工的方式进行制作和填写;其三,计算机微机系统的编程过程也是由民警将各项执法文书的制作规范和要领进行微机化编写成计算机语言从而实现计算机运行程序,所以我们只有亲自制作一份详细、系统的诊断评估执法文书,才能真正理解、熟悉和掌握诊断评估这一工作。

3.3.1 "三期"评议执法文书制作

（1）生理脱毒期戒毒效果评议表

①适用范围及相关依据

《××省司法行政系统强制隔离戒毒诊断评估工作实施细则（试行）》第十八条规定："强制隔离戒毒所通过对戒毒人员采取急性生理脱毒治疗、稽延性戒断症状治疗、躯体疾病诊治和行为矫治等戒毒工作，实施生理脱毒。对处于生理脱毒期的戒毒人员从生理脱毒情况和行为矫治考核两方面进行戒毒效果评议。"第十九条规定："生理脱毒情况分为'脱毒'和'未脱毒'两种"。第二十条规定："生理脱毒情况鉴定为'脱毒'的，必须同时符合以下五项指标：A.停止使用控制或缓解戒断症状药物；B.急性戒断症状完全消除，或仅残留少量轻度戒断症状；C.尿检阴性（尿吗啡检测或其他类毒品的检测），同时排除体内存有其他替代药物；D.未出现明显稽延性戒断症状；E.吸食合成毒品人员未出现精神幻想等症状。不符合本细则第二十条标准之一的，生理脱毒情况鉴定为'未脱毒'。根据上述规定开展生理脱毒期的评议工作。"

②文书制作及注意事项

A.文书制作

a.在生理脱毒期间完成生理、心理、毒瘾等基本信息的采集，形成该戒毒人员当前毒瘾程度的基本数据。

b.从生理脱毒情况和行为矫治考核两方面对戒毒人员进行戒毒效果评议，并按要求填写《生理脱毒期戒毒效果评议表》中评议内容栏目。

c.对戒毒人员生理脱毒期戒毒效果评议结果分为"A"和"B"两类：同时满足生理脱毒指标为"脱毒"和期内行为矫治考核无一次性扣10分（或累计扣20分）以上，且累计分达到140分以上的，评议结果为"A"；否则，评议结果均为"B"。

d.通过对上述内容的分析评议，最终得出戒毒人员生理脱毒期的戒毒效果情况，完成《生理脱毒期戒毒效果评议表》的填写。

B.注意事项

a.数据收集过程一定要准确以及相关数据的收集和填写录入民警必须亲自完成，不得使用戒毒人员班组长代为收集、填写。

b.生理脱毒指标为"脱毒"的，必须同时符合五项指标：一是停止使用控制或缓解戒断症状药物；二是急性戒断症状完全消除，或仅残留少量轻度戒断症状；三是尿检阴性（尿吗啡检测或其他类毒品的检测），同时排除体内存有其他替代药物；四是未出现明显稽延性戒断症状；五是吸食新型毒品人员未出现精神幻想等症状。

c.经过生理脱毒期的评议，其生理脱毒情况为"未脱毒"或在此期间尿检呈阳性的，重新进入生理脱毒期执行脱毒治疗工作。

③文书制作示例

A.生理脱毒情况由所内医院具有医学资质的医务民警填写，在"医生签名"一栏签上自己的姓名，同时要加盖医院的公章。

B.行为矫治考核由戒毒人员所在大（中）队民警根据《浙江司法行政系统强制隔离戒毒人员行为矫治考核办法》进行考核，并将每月的考核数据填写在《月计分考核表》中，将三个月的考核成绩汇总后一并填写在行为矫治考核一栏中。

C.各个部门在完成审批后各部门的负责人均要签字,并加盖本部门的公章。

D.大(中)队一栏中不可采用不规范的简称写法,如×大×中;姓名栏为被诊断评估的戒毒人员姓名。

[示例]　《生理脱毒期戒毒效果评议表》

生理脱毒期戒毒效果评议表

大(中)队:八大队一中队　　　　　　　　　　　　　　　　　　　　　　姓名:李某某

评议内容	生理脱毒情况	项目	结果	医师签名
		是否已停止使用控制或缓解戒断症状药物	是	叶某某
		急性戒断症状是否完全消除,或仅残留少量轻度戒断症状	是	
		尿检结果是否阴性	是	
		是否出现明显稽延性戒断症状	否	
		吸食合成毒品人员是否出现精神幻想等症状	否	
	行为矫治考核	本期内该戒毒人员获得(奖励)__分,受到(惩罚)__分;累计加109分,累计扣__分(单次最高扣分为__分),本期内该戒毒人员应加(扣)109分。		
大(中)队意见		鉴于上述检测和考核结果,建议确定为　B　级,妥否,请审批。 负责人签名:张某某　　2010 年 9 月 26 日		
生活卫生科(医院)意见		拟同意本期戒毒效果评议结果为"B"级。 负责人签名:于某某　　2010 年 9 月 26 日		
所政管理科意见		同意本期戒毒效果评议结果为"B"级。 负责人签名:周某某　　2010 年 9 月 26 日		
备注				

(2)身体康复期戒毒效果评议表

①适用范围及相关依据

《××省司法行政系统强制隔离戒毒诊断评估工作实施细则(试行)》第二十三条规定:"强制隔离戒毒所对完成生理脱毒治疗的戒毒人员开展身体康复治疗,组织体能恢复训练(按年龄、性别及身体状况分不同层次进行),接受各类教育,参加适度康复劳动,实现体能的基本恢复。对处于身体康复期的戒毒人员从体质改善和行为矫治考核两方面进行戒毒效果评议。"第二十四条规定:"对戒毒人员体质改善情况的认定,应当在对多次体能测试的成绩进行综合分析的基础上做出,分为'改善'和'未改善'两种。"推广使用专门仪器设备测定戒毒人员体能指标,测定结果作为评判戒毒人员体质是否改善的依据。根据上述规定开展身体康复期的评议工作。"

②文书制作及注意事项

A.文书制作

a.在完成生理脱毒后,进入身体康复期。在身体康复期内完成各项体能康复训练以及体质变化情况的数据采集。

　　b.在身体康复期内,应组织戒毒人员进行体能恢复训练(按年龄、性别及身体状况分层次进行),接受各类教育,参加适度康复劳动,实施体能基本恢复。

　　c.在身体康复期满六个月后,从体质改善情况和行为矫治考核两方面对戒毒人员进行戒毒效果评议,并按要求填写《身体康复期戒毒效果评议表》中评议内容栏目。

　　d.对戒毒人员身体康复期戒毒效果评议结果分为“A”和“B”两类。同时满足体质改善效果为“改善”和本期内行为矫治考核无一次性扣10分或累计扣30分以上,且累计分达到330分以上的,评议结果为“A”;否则评议结果均为“B”。

　　e.体质改善由两方面组成。(1)生理指标:一般项目的变化、疾病的康复情况、稽延性戒断症状的改善情况等。(2)体能指标:力量训练(俯卧撑或仰卧起坐)、协调性训练(单腿深蹲起立、闭眼单脚站立、踢毽子、跳绳、50米折返跑等可选择一项)和耐力训练(慢跑)等是否渐趋提高。

　　f.通过对上述内容的分析评议,最终得出戒毒人员身体康复期的戒毒效果情况,完成《身体康复期戒毒效果评议表》的填写。

　　②文书制作示例

　　A.数据收集一定要准确、及时,同时不得使用戒毒人员班组长参与相关数据的收集、整理和录入。

　　B.生理指标情况由所内医院医生和负责体能测试的民警填写,在“评议民警签名”一栏签上自己的姓名,同时要加盖所属单位的公章。

　　C.体能指标需要附上《体能测试记录表》或《人体成分分析仪》中的数据指标或检测报告单据作为为证据。

　　D.行为矫治考核由戒毒人员所在大(中)队民警根据《浙江司法行政系统强制隔离戒毒人员行为矫治考核办法》进行考核,并将每月的考核数据填写在《月计分考核表》中,将六个月的考核成绩汇总后一并填写在行为矫治考核一栏中。

　　E.各个部门在完成审批后负责人均要签字,并加盖本部门的公章。

　　[示例一]　《身体康复期戒毒效果评议表》

身体康复期戒毒效果评议表

大(中)队:八大队一中队　　　　　　　　　　　　　　　　　　　姓名:李某某

			项目	结果	评议民警
评议内容	体质改善情况	生理指标	身体是否渐趋康复(疾病等)	是	叶某某
			稽延性戒断症是否渐渐改善	是	
		体能指标	力量训练(是否渐趋提高)	是	楼某某
			协调性训练(是否渐趋提高)	是	
			耐力训练(是否渐趋提高)	是	
	行为矫治考核	本期内该戒毒人员获得(奖励)330分,受到(惩罚)　/　;累计加330分,累计扣　/　分(单次最高扣分为　/　分),本期内该戒毒人员应加(扣)330分。			

续表

大（中）队意见	鉴于上述检测和考核结果,建议确定为　B　级,妥否,请审批。 　　　　　　　　　　负责人签名:张某某　2010 年 9 月 26 日
生活卫生科（医院）意见	拟同意本期戒毒效果评议结果为"B"级。 　　　　　　　　　　负责人签名:于某某　2010 年 9 月 26 日
所政管理科意见	同意本期戒毒效果评议结果为"B"级。 　　　　　　　　　　负责人签名:周某某　2010 年 9 月 26 日
备注	

［示例二］　《体能测试记录表》

体能测试记录表

个人情况	姓名	李某某	年龄	33 岁	入所时间	2010 年 8 月 15 日
测试时间＼项目	（俯卧撑或仰卧起坐）力量训练成绩		（单腿深蹲起立、闭眼单脚站立、踢毽子、跳绳、50 米折返跑等）协调训练成绩			（800 米慢跑）耐力训练成绩
2010 年 8 月 20 日	11 次/分		56 次/分			5 分 56 秒
2010 年 10 月 30 日	19 次/分		66 次/分			5 分 52 秒
2010 年 12 月 25 日	25 次/分		81 次/分			5 分 15 秒
2011 年 2 月 21 日	27 次/分		85 次/分			5 分 3 秒
2011 年 3 月 25 日	28 次/分		87 次/分			5 分 3 秒
结论（提升、保持、下降）	提升		提升			提升

［示例三］　《人体成分分析仪检测情况》

（注:该检测情况报告系由人体成分分析仪自动生成,由于人体成分分析仪的生产厂家以及型号不同,其形成的检测报告格式也不尽相同,本文所采用的是中体同方体育科技有限公司生产的 BCA-1A 型人体成分分析仪出具的检测报告单据。）

BCA-1A 人体成份分析报告
Body Compositon Analyzing Report

ID: 1　姓名:　年龄: 31　性别: ☑男 □女
身高: 181.0 cm　检测时间: 2012-11-27 11:09

身体成份

	测试值	肌肉	去脂体重	体重
水 分(kg)	41.8	53.6	57.3	68.8
蛋白质(kg)	11.8			
骨质重(kg)	3.6			
脂 肪(kg)	11.5			

基本分析

	低标准	正常	超标准	
体重	60 70 80 90	100	110 120 130 140 150	68.8 %kg
肌肉量	60 70 80 90	100	110 120 130 140 150	53.6 %kg
骨骼肌	60 70 80	90 100	110 120 130 140 150	38.3 %kg
体脂百分比(PBF)	男 0 5 10 15 女 8 13 18 23	20 25 30 35 40 33 43 48		16.7 %%
腰臀比(WHR)	男 0.75 0.80 0.85 女 0.60 0.65 0.70	0.90 0.95 0.80 0.85	1.00 1.05 1.10 1.15 0.90 0.95	0.82
骨质重	60 70 80 90	100	110 120 130 140 150	3.6 %kg
体质指数(BMI)	9 12 15 18	21 24	27 30 33 36	21.0

节段分析

节段肌肉

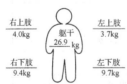

右上肢 4.0kg　躯干 26.9 kg　左上肢 3.7kg
右下肢 9.4kg　左下肢 9.7kg

节段脂肪

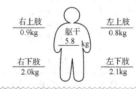

右上肢 0.9kg　躯干 5.8 kg　左上肢 0.8kg
右下肢 2.0kg　左下肢 2.1kg

健康评估

78.3 分

体重管理

体重	68.8 kg	☑正常 □偏低 □超重
标准体重	73.9 kg	
控制体重	0.0 kg	
脂肪控制量	0.0 kg	
肌肉控制量	5.3 kg	

肥胖分析

体脂百分比 16.7 %

□低　☑正常　□超重
□肥胖　□重度肥胖

综合评估

	正常	弱/缺乏	发达/过量
肌肉	□正常	☑弱	□发达
脂肪	□正常	☑缺乏	□过量
蛋白质	☑正常	□缺乏	
骨质	☑正常	□缺乏	

基础代谢 (BMR) 1826.6 Kcal

运动建议

个人体重×某项运动每小时消耗热量
=运动1小时消耗的热量

个人体重×某项运动每小时消耗热量
×运动时间（分钟)/60
=运动消耗的热量

利用上述公式及数据，可以帮助您了解运动过程中消耗热量的多少，配合饮食，有效控制体重。

自行车 7.8kcal	跳绳 10kcal	长跑 12.7kcal	游泳 10.9kcal
篮球 7.8kcal	足球 10kcal	乒乓球 6.3kcal	羽毛球 6.9kcal
哑铃 6.9kcal	高尔夫 4.8kcal	保龄球 3.1kcal	慢跑 10kcal

注意事项

对一向没有运动习惯的人而言，目标要低，起步要慢；在开始涉及剧烈运动的新计划前，确保本身没有心脏病或其他健康问题；慢性疾病患者，必须先咨询医生意见。

增进健康的适宜运动量

年龄	20～	30～	40～	50～	60～
每周练习时间	180min	170min	160min	150min	140min
目标心律	130bpm	125bpm	120bpm	115bpm	110bpm

上表提供了不同年龄运动量的平均时间，仅供参考，使用此表时请根据您的体质状况、目的控制自己的运动时间和运动量。

人体体质指标测试报告

序号	项目	测试值	分值
1	握力测试(人体前臂和手部肌肉力量测试)		
2	肺活量测试(肺的容积和扩张能力测试)		
3	台阶测试(心肺功能适应水平测试)		

备注:1.本报告浙江省强制隔离戒毒所诊断评估中心出具,仅作诊断评估之用。

　　2.本报告仅记录测试值,对照相应项目对照表的分值仅作参考。

　　3.本报告与《人体成人分析报告》的被试对象为同一戒毒人员。

测试民警(签名、签章):_____　　测试日期:_____年_____月_____日

- -

1.握力测试

年龄	分值				
	1分	2分	3分	4分	5分
20~24 岁	29.6~36.9	37.0~43.5	43.6~49.2	49.3~56.3	>56.3
25~29 岁	32.6~38.3	38.4~44.8	44.9~50.4	50.5~57.6	>57.6
30~34 岁	32.2~38.0	38.1~44.9	45.0~50.6	50.7~57.6	>57.6
35~39 岁	31.3~37.2	37.3~44.4	44.5~50.2	50.3~57.7	>57.7
40~44 岁	30.6~36.4	36.5~43.4	43.5~49.5	49.6~56.7	>56.7
45~49 岁	29.2~35.4	35.5~42.4	42.5~48.5	48.6~55.4	>55.4
50~54 岁	27.2~32.7	32.8~40.3	40.4~46.3	46.4~53.2	>53.2
55~59 岁	25.9~31.4	31.5~38.5	38.6~43.9	44.0~50.7	>50.7

2.肺活量测试

年龄	分值				
	1分	2分	3分	4分	5分
20~24 岁	2369~2847	2848~3464	3465~3984	3985~4634	>4634
25~29 岁	2326~2849	2850~3459	3460~3969	3970~4624	>4624
30~34 岁	2240~2749	2750~3344	3345~3874	3875~4544	>4544
35~39 岁	2135~2619	2620~3209	3210~3739	3740~4349	>4349
40~44 岁	2007~2449	2450~3084	3085~3599	3600~4223	>4223
45~49 岁	1990~2307	2308~2964	2965~3464	3465~4099	>4099
50~54 岁	1770~2164	2165~2779	2780~3254	3255~3914	>3914
55~59 岁	1669~2059	2060~2644	2645~3124	3125~3769	>3769

3.台阶测试

年龄	分值				
	1分	2分	3分	4分	5分
20~24 岁	42.1~46.1	46.2~52.0	52.1~58.0	58.1~67.6	>67.6
25~29 岁	42.1~46.1	46.2~51.9	52.0~58.3	58.4~68.1	>68.1
30~34 岁	41.4~46.1	46.2~52.2	52.3~58.3	58.4~68.1	>68.1
35~39 岁	41.3~46.1	46.2~52.2	52.3~58.7	58.8~68.1	>68.1
40~44 岁	37.8~46.5	46.6~53.5	53.6~59.9	60.0~70.2	>70.2
45~49 岁	35.5~46.3	46.4~53.5	53.6~60.3	60.4~70.2	>70.2
50~54 岁	31.5~45.8	45.9~53.5	53.6~59.9	60.0~69.7	>69.7
55~59 岁	29.9~44.7	44.8~53.2	53.3~59.9	60.0~69.7	>69.7

说明:以上测试标准参考于《国民体质测定标准手册》(成年人部分)

（3）戒毒巩固期戒毒效果评议表

①适用范围及相关依据

《××省司法行政系统强制隔离戒毒诊断评估工作实施细则（试行）》第二十七条规定："强制隔离戒毒所对已完成生理脱毒治疗和体能康复训练的戒毒人员开展戒毒巩固工作，对其加强心理脱瘾训练。对处于戒毒巩固期的戒毒人员从心理脱瘾情况和行为矫治考核两方面进行戒毒效果评议。"第二十九条规定："戒毒人员心理脱瘾情况测试项目有：A.拒毒能力测试：戒毒人员在戒毒巩固期必须参加拒毒能力训练。本期末应进行拒毒能力测试（或毒品渴求问卷调查），综合分析测试（或调查）结果，做出评议。B.心理量表测试：戒毒人员入所后应当参加人格或心理症状等方面的测试（选择一至两个量表测试）。通过心理量表测试取得较为科学且可以量化的心理学数据，并根据其康复期与巩固期的测试数据进行对比、分析，作出评议，指导心理脱瘾工作。量表可以包含：艾森克个性测验量表（EPQ）、卡特尔16项人格因素评定量表（16PF）以及90项症状量表（SCL-90）、抑郁量表（SDS）、焦虑量表（SAS）等。C.毒品认知程度测试：主要包括对毒品危害性的认知、法制观念、人生观和道德观等方面的情况。本期末要求戒毒人员写出对毒品危害性的认知和回归计划等文字材料，根据其每次认知测试成绩、平时表现和书面材料等方面的要素，做出评议。"

②文书制作及注意事项

A.文书制作

a.在巩固期内强化对毒品危害性、吸毒违法性的认知程度以及对自身回归社会后的心理调试，着重强化心理脱瘾训练以及相关数据的采集。

b.对戒毒人员心理脱瘾情况的界定是在对其多次测试的结果进行综合分析的基础上做出的，分为"通过"和"未通过"两种。戒毒人员心理脱瘾情况测试项目有：拒毒能力测试、人格特征测试以及毒品认知程度测试。

c.在戒毒巩固期满三个月后，从心理脱瘾情况和行为矫治考核两方面对戒毒人员进行效果评议。

d.对戒毒人员戒毒巩固期戒毒效果评议结果分为"A"和"B"两类。同时满足心理脱瘾情况界定结果为"通过"以及本期内行为矫治考核无一次性扣20分（或累计扣30分）以上，且累计分达到160分以上的，评议结果为"A"，否则评议结果均为"B"。

e.通过对上述内容的分析评议，最终得出戒毒人员戒毒巩固期的戒毒效果情况，完成《戒毒巩固期戒毒效果评议表》的填写。

B.注意事项

a.数据收集一定要准确、及时，不得使用戒毒人员班组长参与相关数据的收集、整理和录入。

b.戒毒巩固期指标为"通过"，必须有心理脱毒的相关数值报告，报告中的各项指标是否渐趋提高。

c.指标未通过的重新进入戒毒巩固期执行戒毒巩固工作。

d.在此期间尿检呈阳性的，重新进入生理脱毒期执行脱毒治疗工作。

③文书制作示例

A.心理脱瘾情况由所内医院医生或负责诊断评估工作的民警填写，在"评议民警签名"一栏签上自己的姓名，同时要加盖所属单位的公章。

B. 行为矫治考核由戒毒人员所在大（中）队民警根据《浙江司法行政系统强制隔离戒毒人员行为矫治考核办法》进行考核，并将每月的考核数据填写在《月计分考核表》中，将三个月的考核成绩汇总后一并填写在行为矫治考核一栏中。

C. 各个部门在完成审批后负责人均要签字，并加盖本部门的公章。

[示例一]　《戒毒巩固期戒毒效果评议表》

戒毒巩固期戒毒效果评议表

大（中）队：八大队一中队　　　　　　　　　　　　　　　　　　　　　　　　姓　名：李某某

评议内容	心理脱瘾情况	项目	结果	评议民警
		拒毒能力测试	一般	王某某
		心理量表测试	一般	
		毒品认知程度测试	一般	
	行为矫治考核	本期内该戒毒人员获得（奖励）__/__分，受到（惩罚）__/__分；累计加__/__分，累计扣48分（单次最高扣分为__/__分），本期内该戒毒人员应加（扣）48分。		
大（中）队意见	鉴于上述检测和考核结果，建议确定为__B__级，妥否，请审批。 　　　　　　　　　负责人签名：张某某　2011 年 6 月 26 日			
教育矫治科（教育教研中心）意见	拟同意本期戒毒效果评议结果为"B"级。 　　　　　　　　　负责人签名：于某某　2011 年 6 月 26 日			
所政管理科意见	同意本期戒毒效果评议结果为"B"级。 　　　　　　　　　负责人签名：周某某　2011 年 6 月 26 日			
备注				

[示例二]《心理脱瘾情况测试登记表》

心理脱瘾情况测试登记表

单位:八大队一中队　　戒毒人员姓名:李某某　　时间:2011 年 6 月 26 日

序号	项目	结果分析
1	拒毒能力测试	对该戒毒人员使用"海洛因渴求问卷"调查的方法对其进行拒毒能力测试和毒品渴求的调查,经过两次测试,该戒毒人员无海洛因渴求症状。
2	心理量表测试	对该戒毒人员采用艾森克个性测试量表(EPQ 量表),对照该人员康复期和巩固期的测试数据及相关测试分析报告分析,该戒毒人员人格特征正常,未检出特殊气质的类型。(测试报告附后)
3	毒品认知程度测试	通过对该戒毒人员的日常教育矫治工作,该戒毒人员在 2011 年第一学期全所戒毒法制教育统考中获得了 85 分的成绩;其撰写的毒品危害性的认知和下一步回归计划小结中,认真仔细,剖析到位,特别是对自我吸毒的危害性有了较为深刻的认识,且该戒毒人员的法制观念、人生观、道德观也较之入所前有了较大程度的提高。
所诊断评估中心意见		通过上述三项测试的情况,该名戒毒人员在抗拒毒能力、人格特征、毒品认知程度方面均为通过,说明该戒毒人员在心理脱瘾情况的测试过程中结果良好,其心理脱瘾情况界定为"通过"。经所诊断评估中心对该戒毒人员进行体能康复和心理脱瘾情况测定,认定该戒毒人员拒毒能力为一般。 负责人:王某某 2011 年 6 月 26 日
备注		

3.3.2　年段评估

(1)《诊断评估工作手册》、《戒毒人员诊断评估表》(满 1 年)

①适用范围及相关依据

《××省司法行政系统强制隔离戒毒诊断评估工作实施细则(试行)》第三十一条规定:"执行强制隔离戒毒满一年,应给予诊断评估。吸食、注射阿片类毒品成瘾,属首次接受强制性戒毒措施,由本人提出申请,经市级公安机关批准参加社区药物维持治疗;或吸食、注射合成毒品成瘾,属首次接受强制性戒毒措施,且完成三期戒毒流程,并符合下列条件之一的戒毒人员,可提请提前解除强制隔离戒毒。A.各期戒毒效果评议结果均为"A"的;B.两期戒毒效果评议结果为"A",且行为矫治考核无受惩罚记录,并符合附加项条件(具有立功表现的;自愿接受强制隔离戒毒的;具有国家认可的中级以上技术等级证书或相应技术职称的)之一的。"

②文书制作及注意事项

A.文书制作

a.制作《诊断评估工作手册——封面》,需填写戒毒人员的所在大(中)队、姓名、手册编号、制作日期等项内容,并注明第几次评估,标明制作单位如浙江省××强制隔离戒毒所。

b.制作《诊断评估工作手册——目录》,包括戒毒人员基本情况表、戒毒人员(入所)体检表、戒毒人员诊断评估表、"三期"戒毒效果评议表和计分考核表等内容。

c.制作《戒毒人员诊断评估表》,在"满一年后诊断评估"处打钩,如实填写"三期"时"戒毒效果评议结果、行为矫治考核累积分、行为矫治考核累积扣分和受惩罚次数"等项情况。

d.不符合执行满 1 年提前解除条件的,应继续执行以三个月为周期的戒毒巩固期。对其进行心理脱瘾情况测试及体能检测数据的采集,并将相关数据与前一期戒毒巩固期的数据进行比对分析,具体操作方法和内容与一年期内"戒毒巩固期戒毒效果评议"相同。

B. 注意事项

a.经本次诊断评估,认为该戒毒人员已符合提前解除强制隔离戒毒条件,还需在原执法文书的基础上再增加三项执法文书,即《小组评议表》、《民管会评议表》、《民警鉴定》这三项内容。

b.各项考核必须有相应的报告或考核数据进行佐证。

③文书制作示例

[示例一]　《诊断评估工作手册——封面》

戒毒人员诊断评估手册
（第 1 次）

单位：<u>××强制隔离戒毒所四大队三中队</u>
姓名：<u>　　陆某某　　</u>
编号：<u>　　Q2×××　　</u>
日期：<u>　2011 年 8 月 16 日　</u>

浙江省×××强制隔离戒毒所制

[示例二]　《诊断评估工作手册——目录》

目　录	
序号	项目
1	戒毒人员入所登记表
2	戒毒人员（入所）体检表
3	戒毒人员诊断评估表
4	生理脱毒期戒毒效果评议表
5	计分考核表
6	身体康复期戒毒效果评议表
7	计分考核表
8	戒毒巩固期戒毒效果评议表
9	计分考核表

[示例三]　《诊断评估工作手册——戒毒人员基本情况登记表》

戒毒人员入所登记表（略），详见本书"第二章入所收治类执法文书（四）《强制隔离戒毒人员入所登记表》章节"内容。

[示例四]　《诊断评估工作手册——戒毒人员（入所）体检表》

戒毒人员（入所）体检表（略），详见本书"第二章入所收治类执法文书（一）《戒毒人员（入所）体检表》"内容。

[示例五]　《诊断评估工作手册——戒毒人员诊断评估表》

戒毒人员诊断评估表

（第1次）

单位：四大队三中队 2011 年 08 月 16 日

姓　名	陆某某	身份证号码	5321301984042915××		
户籍地住址	云南省威信县彭家湾村第78组		入所时间	2010 年 8 月 27 日	
强制隔离戒毒期限	自 2010 年 08 月 17 日起 至 2012 年 08 月 16 日止		决定机关	嘉兴市公安局 南湖分局	
			呈报时间	2011 年 08 月 16 日	

评估项目	√满一年后诊断评估　　　　　　□满一年三个月诊断评估 □满一年六个月诊断评估　　　　□满一年九个月后诊断评估 □二年期满前诊断评估　　　　　□延长戒毒期限期满前诊断评估

内　容	期　数	戒毒效果 评议结果	行为矫治 考核累计分	行为矫治考 核累计扣分	受惩罚次数
	1	A	128	无	
	2	A	330	无	
	3	B	145	无	
	4				
	5				
	6				
	7				
	8				
	9				
	10				
	小计	2A1B	加 603 分	扣 0 分	
	合计	2A1B	合计加 603 分		

附加项条件	

大（中）队意见	该戒毒人员已经执行强制隔离戒毒一年，完成三期戒毒流程，三期戒毒效果评议为"2A1B"，行为矫治考核累积分 603 分，行为矫治考核无受惩罚记录，根据《××省司法行政系统强制隔离戒毒诊断评估工作实施细则（试行）》第三十一条之规定，该戒毒人员本次诊断评估结果为"未达到戒毒康复良好"的标准，建议继续执行强制隔离戒毒，妥否，请审批。 　　　　　　　　　　　　　　　　　负责人签名：杜某某 　　　　　　　　　　　　　　　　　2011 年 8 月 16 日（公章）
戒毒人员诊断评估工作委员会办公室意见	根据该名戒毒人员体能、生物反馈测试的结论，结合其在诊断评估期内的行为矫治考核结果，我们认为该戒毒人员未达到戒毒康复效果良好的标准，建议继续执行强制隔离戒毒，妥否，请审批。 　　　　　　　　　　　　　　　　　负责人签名：周某某 　　　　　　　　　　　　　　　　　2011 年 8 月 16 日（公章）

续表

法制部门 审核意见	经对该戒毒人员诊断评估工作程序、适用依据、执法环节等方面的审核,符合有关规定,本次诊断评估结果为"未达到戒毒康复效果良好的标准"。 负责人签名:徐某某 2011 年 8 月 16 日(公章)
戒毒人员诊断评估工作委员会意见	经戒毒人员诊断评估工作委员会集体合议,同意继续执行强制隔离戒毒。 负责人签名:黄某某 2011 年 9 月 10 日(公章)
备 注	

[示例六] 《诊断评估工作手册——生理脱毒期戒毒效果评议表》

生理脱毒期戒毒效果评议表

大(中)队:四大队三中队   姓 名:陆某某

		项目	结果	医师签名
评议内容	生理脱毒情况	是否已停止使用控制或缓解戒断症状药物	是	叶某某
		急性戒断症状是否完全消除,或仅残留少量轻度戒断症状	是	
		尿检结果是否阴性	是	
		是否出现明显稽延性戒断症状	否	
		吸食合成毒品人员是否出现精神幻想等症状	否	
	行为矫治考核	本期内该戒毒人员获得(奖励)__128__分;受到(惩罚)_/_分;累计加128分,累计扣 _/_ 分(单次最高扣分为 _/_ 分),本期内该戒毒人员应加(扣)128分。		
大(中)队意见	鉴于上述检测和考核结果,建议确定为 __A__ 级,妥否,请审批。 负责人签名:杜某某 2010 年 11 月 16 日			
生活卫生科(医院)意见	拟同意本期戒毒效果评议结果为"A"级。 负责人签名:于某某 2010 年 11 月 16 日			
所政管理科意见	同意本期戒毒效果评议结果为"A"级。 负责人签名:周某某 2010 年 11 月 16 日			
备 注				

[示例七]　《诊断评估工作手册——月度计分考核表(正面)》

(8 月份)计分考核表

大(中)队:四大队三中队　　　　　　　　　　　　　　　戒毒人员姓名:陆某某

日期	加分	扣分	奖励	惩罚	备注
2010 年 7 月 26 日					
2010 年 7 月 27 日					
2010 年 7 月 28 日					
2010 年 7 月 29 日					
2010 年 7 月 30 日					
2010 年 7 月 31 日					
2010 年 8 月 1 日					
2010 年 8 月 2 日					
2010 年 8 月 3 日					
2010 年 8 月 4 日					
2010 年 8 月 5 日					
2010 年 8 月 6 日					
2010 年 8 月 7 日					
2010 年 8 月 8 日					
2010 年 8 月 9 日					
2010 年 8 月 10 日					
2010 年 8 月 11 日					
2010 年 8 月 12 日					
2010 年 8 月 13 日					
2010 年 8 月 14 日					
2010 年 8 月 15 日					
2010 年 8 月 16 日					
2010 年 8 月 17 日					
2010 年 8 月 18 日					
2010 年 8 月 19 日					
2010 年 8 月 20 日					
2010 年 8 月 21 日					
2010 年 8 月 22 日					
2010 年 8 月 23 日					
2010 年 8 月 24 日					
2010 年 8 月 25 日	30				
合计	30	0			

1.加(扣)分栏目应填写具体数目,探视、采取保护性约束措施等应注明情况;

2.本月累计:加 30 分

3.戒毒人员本人签名:陆某某　　2010 年 8 月 25 日

4.分管民警签名:周某某　　2010 年 8 月 25 日

《诊断评估工作手册——月度计分考核表(背面)》

加扣分及其他奖惩事实理由记录表项目		
日期 ＼ 项目	加、扣分具体事实及依据	分管民警
2010 年 8 月 25 日	该戒毒人员本月超额完成习艺任务,根据《浙江省司法系统强制隔离戒毒人员行为矫治考核办法》,第十三条第一款之规定 加 15 分	周某某
2010 年 8 月 25 日	该戒毒人员所在中队被评为月度和谐中队,根据《浙江省司法系统强制隔离戒毒人员行为矫治考核办法》,第九条第八款之规定 加 10 分	周某某
2010 年 8 月 25 日	该戒毒人员所在小组,在本月 6 日参加全省《法律常识》统考中,成绩达到 92 分,根据《浙江省司法系统强制隔离戒毒人员行为矫治考核办法》,第九条第五款之规定 加 5 分	周某某
	该戒毒人员在 8 月份共计有效分 30 分。	

由于每月的月度计分考核表相同,其他月份计分考核表不再赘述。
[示例八]《诊断评估工作手册——身体康复期戒毒效果评议表》

身体康复期戒毒效果评议表

大(中)队：四大队三中队　　　　　　　　　　　　　　　　　　　　　　姓名：陆某某

			项目	结果	评议民警
评议内容	体质改善情况	生理指标	身体是否渐趋康复(疾病等)	是	叶某某
			稽延性戒断症是否渐渐改善	是	
		体能指标	力量训练(是否渐趋提高)	是	陶某某
			协调性训练(是否渐趋提高)	是	
			耐力训练(是否渐趋提高)	是	
	行为矫治考核	本期内该戒毒人员获得(奖励)330 分,受到(处罚) ／ 分;累计加 330 分,累计扣 ／ 分(单次最高扣分为 ／ 分),本期内该戒毒人员应加(扣) 330 分。				
大(中)队意见	鉴于上述检测和考核结果,建议确定为 A ,妥否,请审批。 负责人签名:杜某某 2011 年 3 月 26 日(公章)				
生活卫生科(医院)意见	拟同意西藏戒毒效果评议结果为"A"级。 负责人签名:于某某 2011 年 3 月 26 日(公章)				
所政管理科意见	同意本期戒毒效果评议结果为"A"级。 负责人签名:周某某 2011 年 3 月 26 日(公章)				
备注					

[示例九] 《诊断评估工作手册——体能测试记录表》

体能测试记录表

姓名	陆某某	年龄	27 岁	入所时间	2010 年 8 月 17 日
项目 测试时间	力量训练成绩俯卧撑		协调训练成绩立定跳远	耐力训练成绩 800 米慢跑	
2010 年 8 月 20 日	28 次/分		2 米	5 分 56 秒	
2010 年 10 月 30 日	29 次/分		2 米 23	5 分 52 秒	
2010 年 12 月 25 日	30 次/分		2 米 23	5 分 15 秒	
2011 年 2 月 21 日	32 次/分		2 米 25	5 分 3 秒	
2011 年 3 月 25 日	32 次/分		2 米 27	5 分 3 秒	
结论 (提升、保持、下降)	提升		提升	提升	

2010 年 11 月至 2011 年 5 月份计分考核表(略)

[示例十]《诊断评估工作手册——戒毒巩固期戒毒效果评议表》

戒毒巩固期戒毒效果评议表

大(中)队:四大队三中队　　　　　　　　　　　　　　　姓 名:陆某某

<table>
<tr><td rowspan="4">评议内容</td><td rowspan="3">心理脱瘾情况</td><td>项目</td><td>结果</td><td>评议民警</td></tr>
<tr><td>拒毒能力测试</td><td>一般</td><td rowspan="3">王某某</td></tr>
<tr><td>心理量表测试</td><td>一般</td></tr>
<tr><td>毒品认知程度测试</td><td>一般</td></tr>
<tr><td colspan="3" style="display:none"></td></tr>
</table>

<table>
<tr><td>评议内容</td><td>心理脱瘾情况</td><td>项目</td><td>结果</td><td>评议民警</td></tr>
<tr><td rowspan="3"></td><td rowspan="3">心理脱瘾情况</td><td>拒毒能力测试</td><td>一般</td><td rowspan="3">王某某</td></tr>
<tr><td>心理量表测试</td><td>一般</td></tr>
<tr><td>毒品认知程度测试</td><td>一般</td></tr>
<tr><td></td><td>行为矫治考核</td><td colspan="3">本期内该戒毒人员获得(奖励)145 分,受到(惩罚)__/__分;累计加__/__分,累计扣145 分(单次最高扣分为__/__分),本期内该戒毒人员应加(扣)145 分。</td></tr>
<tr><td colspan="2">大(中)队意见</td><td colspan="3">鉴于上述检测和考核结果,建议确定为__B__级,妥否,请审批。

　　　　　　　　　　　　　　负责人签名:杜某某
　　　　　　　　　　　　　　2011 年 8 月 16 日(公章)</td></tr>
<tr><td colspan="2">教育矫治科(心理矫治中心)意见</td><td colspan="3">拟同意本期戒毒效果评议结果为"B"级。

　　　　　　　　　　　　　　负责人签名:于某某
　　　　　　　　　　　　　　2011 年 8 月 17 日(公章)</td></tr>
<tr><td colspan="2">所政管理科意见</td><td colspan="3">同意本期戒毒效果评议结果为"B"级。

　　　　　　　　　　　　　　负责人签名:周某某
　　　　　　　　　　　　　　2011 年 8 月 17 日(公章)</td></tr>
</table>

[示例十一]　《诊断评估工作手册——心理脱瘾情况测试登记表》

心理脱瘾情况测试登记表

单位：四大队三中队　　　　戒毒人员姓名：陆某某　　　　时间：2011 年 8 月 16 日

序号	项目	结果分析
1	拒毒能力测试	对该戒毒人员使用"海洛因渴求问卷"调查的方法对其进行拒毒能力测试和毒品渴求的调查，经过两次测试情况对比，该戒毒人员无海洛因渴求症状。
2	心理量表测试	对该戒毒人员采取使用艾森克个性测试量表（EPQ 量表），对照该人员康复期和巩固期的测试数据及相关测试分析报告分析，该戒毒人员人格特征正常，未检出特殊气质的类型。（测试报告附后）
3	毒品认知程度测试	通过对该戒毒人员的日常教育矫治工作，该戒毒人员在 2011 年第一学期全所戒毒法制教育统考中获得了 85 分的成绩；其撰写的毒品危害性的认知和下一步回归计划小结中，认真仔细，剖析到位，特别是对自我吸毒的危害性有了较为深刻的认识，且该戒毒人员的法制观念、人生观、道德观也较之入所前有了较大程度的提高。
所诊断评估中心意见		通过上述三项测试的情况，该名戒毒人员在抗拒毒能力、人格特征、毒品认知程度方面均为通过，说明该戒毒人员在心理脱瘾情况的测试过程中结果良好，其心理脱瘾情况界定为"通过"。经所诊断评估中心对该戒毒人员进行体能康复和心理脱瘾情况测定，认定该戒毒人员拒毒能力为一般。 负责人：王某某 2011 年 8 月 17 日

　　"海洛因渴求调查问卷"为心理测试量表中一项测试内容，由于不同的测试系统所形成的报告不尽相同，且大多数戒毒场所均已开展心理测试这项业务技能，为此《海洛因渴求调查问卷》表格在此省略。

[示例十二]《诊断评估工作手册——戒毒人员生理指标检查表》

戒毒人员生理指标检查表

大(中)队:四大队三中队

姓名	陆某某	性别	男	出生年月	1984 年 4 月	民族	汉族
曾用名	无	职业	无业	文化程度	小学	婚否	已婚
强制隔离戒毒期限	自 2010 年 08 月 17 日起 至 2012 年 08 月 16 日止			入所时间	2010 年 8 月 17 日		
序号	检测项目	生理脱毒期		身体康复期		戒毒巩固期	
1	体重测试(kg)	64.5		66.3		66.9	
2	握力测试(kg)	39.3		44.4		46.2	
3	肺活量测试(mil)	3461		3684		3823	
4	台阶测试(分值)	78.2		82.5		92.3	
5	健康评估(分值)	76		81		85	
备注							

生物反馈测试报告(略);

心理测试报告(略);

人体成份分析报告(略);

戒毒人员对毒品的认知和下一步的矫治计划(略)。

[示例十三]《小组评议表》

小组评议表

被评议人	陆某某	评议内容	提前解除强制隔离戒毒
同意签名	张某　李某某　王某某　徐某某　罗某某　朱某　南某某 范某　蒋某某　余某某　敖某某　黄某某　赵某 注:小组评议过程中需要戒毒人员签名的均需该戒毒人员在签名后按捺本人手印。		
不同意签名	无		
弃权签名	无		
评议结果	本组实有 14 人,其中同意 13 人,不同意 0 人,弃权 0 人。 评议结果: 　　　　　　同意 备注:其中陆某某自己不参加小组评议。		

小组长签名:蒋某某

[示例十四]《民管会评议表》

民管会评议表

被评议人	陆某某	所在队组	四大队三中队九组
强制隔离戒毒期限	自 2010 年 08 月 17 日起 至 2012 年 08 月 16 日止	评议内容	提前解除 强制隔离戒毒
民管会参加人员	郑某某　张某某　周某某　王某某　徐某某　罗某某 祝　某　南某某　范　某　蒋某某　余某某　黄某某　赵　某 注:民管会成员评议过程中需要戒毒人员民管会成员签名的均需戒毒人员在签名后按捺本人手印。		
事实理由	戒毒人员陆某某,在强制隔离戒毒期内,表现良好,能积极接受民警的管理教育,较好地完成各类矫治任务,积极参加学习,在强制隔离戒毒期内未发生过违纪违规现象,在学习期间努力学习,取得了较好的学习成绩,通过了所部组织的三期戒毒评估评议,目前身体状况良好,心态健康,符合相关提前强制隔离戒毒的规定。		
评议结果	拟同意对该戒毒人员做出的提前解除强制隔离戒毒。 　　　　　　　　　　民管会主任:郑某某　　　　记录人:王某某		

[示例十五]《民警鉴定》

民警鉴定

一、基本情况

姓名:陆某某;性别:男;出生年月日:1984 年 4 月 29 日,身份证号:×××××××××××××;民族:汉;文化程度:初中;住址:云南省威信县彭家湾村第 78 组;强制隔离戒毒期限:自 2010 年 08 月 17 日起至 2012 年 08 月 16 日止。

二、现实表现情况

该戒毒人员在接受强制隔离戒毒期内,能够充分认识到吸毒的危害性,对自身所犯的罪有了较为深刻的认识;积极接受民警的管理和教育,较好都完成了各项教育矫治任务,努力学习习艺技能,未发生过违纪违规事件,行为矫治良好,在所部组织的"三期"戒毒效果评议中均能顺利过关,显示出其已经完成了生理脱毒、身体康复,在戒毒巩固期内通过测试和问卷调查,其拒毒能力良好,目前身体状况良好,心态阳光,积极面对生活,兴趣健康,其家庭也较为支持其戒毒的行为。

三、鉴定情况:

经过一年六个月的强制隔离戒毒,该戒毒人员的考核结果为 4A1B,总分 948 分,符合《浙江省司法行政系统强制隔离戒毒诊断评估工作实施细则(试行)》(浙劳教〔2011〕24 号)第三十三条第一款之规定。经中队合议,对该戒毒人员在强制隔离戒毒期间的表现鉴定为较好。

　　　　　　　　　　　　　　　　　　四大队三中队　孙某某　何某某

　　　　　　　　　　　　　　　　　　　　　　　2012 年 2 月 16 日

（2）《戒毒人员诊断评估表》（满一年三个月）

①适用范围及相关依据

《××省司法行政系统强制隔离戒毒诊断评估工作实施细则（试行）》第三十二条规定："执行强制隔离戒毒满一年三个月，完成三期戒毒流程，经戒毒人员本人申请，可以给予诊断评估。吸食、注射阿片类毒品成瘾，属接受 2 次以内强制性戒毒措施，由本人提出申请，经市级公安机关批准参加社区药物维持治疗；或吸食、注射合成毒品成瘾，属接受 2 次以内强制性戒毒措施，且符合下列条件之一的戒毒人员，可提请提前解除强制隔离戒毒。A. 三期以上戒毒效果评议结果为"A"，行为矫治考核累计分达到 720 分以上；B. 两期以上戒毒效果评议结果为"A"，行为矫治考核无受惩罚记录，累计分达到 680 分以上，且符合附加项条件之一的。"

②文书制作及注意事项

A. 文书制作

a. 满一年三个月诊断评估是在该戒毒人员一年期内未能达到"戒毒康复效果良好"的标准，而继续执行一个周期的戒毒巩固期后对其开展的诊断评估。文书制作仅需要在原先一年期满的文书基础上，再行制作一份《戒毒人员诊断评估表（第 2 次）》和一份《戒毒巩固期戒毒效果评议表》即可。

b. 《戒毒人员诊断评估表（第 2 次）》和《戒毒巩固期戒毒效果评议表》可参照满一年期诊断评估执法文书表格。

c. 不符合执行满一年三个月提前解除条件的，应继续执行以三个月为周期的戒毒巩固期。对其进行心理脱瘾情况测试及体能检测数据的采集，并将相关数据与前戒毒巩固期的数据进行比对分析，具体操作方法和内容与一年期内"戒毒巩固期戒毒效果评议"相同，并填写第 2 个戒毒巩固期效果评议表。

B. 注意事项

a. 满一年三个月的诊断评估并非必须要给予评估，诊断评估委员会根据其本人申请情况以及实际情况决定是否评估。

b. 各项考核必须要有相应的报告或考核数据给予证实。

c. 不符合执行满一年三个月提前解除条件的，应继续执行以三个月为周期的戒毒巩固期。

③文书制作示例

此处示例样式省略。

（3）《戒毒人员诊断评估表》（满一年六个月）

①适用范围及相关依据

《××省司法行政系统强制隔离戒毒诊断评估工作实施细则（试行）》第三十三条规定："执行强制隔离戒毒满一年六个月，完成三期戒毒流程，经戒毒人员本人申请，可以给予诊断评估。吸食、注射阿片类毒品成瘾，属接受 2 次以内强制性戒毒措施；或吸食、注射阿片类毒品成瘾，属接受 3 次以内强制性戒毒措施，由本人提出申请，经市级公安机关批准参加社区药物维持治疗或本人自愿参加指定地点戒毒康复治疗；或吸食、注射合成毒品成瘾，属接受 3 次以内强制性戒毒措施，且符合下列条件之一的戒毒人员，可提请提前解除强制隔离戒毒。A. 三期以上戒毒效果评议结果为'A'，且行为矫治考核累计分达到 850 分以上的；

B.两期以上戒毒效果评议结果为'A',行为矫治考核累计分达到810分以上,且符合附加项条件之一的。"

②文书制作及注意事项

A.文书制作

a.满一年六个月诊断评估是该戒毒人员在一年三个月期内未能达到"戒毒康复效果良好"的标准,而继续执行一个周期的戒毒巩固期后对其开展的诊断评估。文书制作仅需要在原先一年三个月期满的文书基础上,再行制作一份《戒毒人员诊断评估表(第2次)》和一份《戒毒巩固期戒毒效果评议表》即可。

b.《戒毒人员诊断评估表(第2次)》和《戒毒巩固期戒毒效果评议表》可参照满一年期诊断评估执法文书表格。

c.不符合执行满一年六个月提前解除条件的,应继续执行以三个月为周期的戒毒巩固期,对其进行心理脱瘾情况测试及体能检测数据的采集,并将相关数据与前戒毒巩固期的数据进行比对分析,具体操作方法和内容与一年期内"戒毒巩固期戒毒效果评议"相同,并填写第2次戒毒巩固期效果评议表。

B.注意事项

a.满一年六个月诊断评估的并非必须要给予其评估,所诊断评估委员会根据其本人申请情况以及其实际情况决定是否评估;

b.各项考核必须要有相应的报告或是考核数据给予证实。

③文书制作示例

该戒毒人员如果通过了本次的评估,文书案例制作如下:

一年期评估文书(略);

一年三个月评估文书(略);

一年六个月评估文书。

[示例一]　《戒毒人员诊断评估表(第2次)》

戒毒人员诊断评估表
(第2次)

单位:四大队三中队　　　　　　　　　　　　　　　　2012 年 02 月 16 日

姓　　名	陆某某	身份证号码	532130198404291533
户籍地住址	云南省威信县彭家湾村第78组	入所时间	2010 年 8 月 17 日
强制隔离戒毒期限	自 2010 年 08 月 17 日起	决定机关	嘉兴市公安局南湖分局
	至 2012 年 08 月 16 日止	呈报时间	2011 年 08 月 16 日
评估项目	□满一年后诊断评估　　　□满一年三个月诊断评估 √满一年六个月诊断评估　□满一年九个月后诊断评估 □二年期满前诊断评估　　□延长戒毒期限期满前诊断评估		

内容	期　数	戒毒效果评议结果	行为矫治考核累计分	行为矫治考核累计扣分	受惩罚次数
	1	A	128	无	
	2	A	330	无	

续表

3	B	145	无	
4	B	175	无	
5	A	170	无	
6				
7				
8				
9				
10				
小计	3A2B	加 948 分	扣 0 分	
合计	3A2B	合计加 948 分		
附加项条件				

大(中)队意见	该戒毒人员已经执行强制隔离戒毒一年,完成三期戒毒流程,三期戒毒效果评议为"2A1B",行为矫治考核累积分 603 分,行为矫治考核无受惩罚记录,根据《××省司法行政系统强制隔离戒毒诊断评估工作实施细则(试行)》第三十一条之规定,该戒毒人员本次诊断评估结果为"未达到戒毒康复良好"的标准,建议继续执行强制隔离戒毒,妥否,请审批。 　　　　　　　　　　　　　　　　　　负责人签名:杜某某 　　　　　　　　　　　　　　　　　　2012 年 2 月 16 日(公章)
戒毒人员诊断评估工作委员会办公室意见	根据该名戒毒人员体能、生物反馈测试的结论,结合其在诊断评估期内的行为矫治考核结果,我们认为该戒毒人员未达到戒毒康复效果良好的标准,建议继续执行强制隔离戒毒,妥否,请审批。 　　　　　　　　　　　　　　　　　　负责人签名:周某某 　　　　　　　　　　　　　　　　　　2012 年 2 月 16 日(公章)
法制部门审核意见	经对该戒毒人员诊断评估工作程序、适用依据、执法环节等方面的审核,符合有关规定,本次诊断评估结果为"未达到戒毒康复效果良好的标准"。 　　　　　　　　　　　　　　　　　　负责人签名:徐某某 　　　　　　　　　　　　　　　　　　2011 年 3 月 16 日(公章)
戒毒人员诊断评估工作委员会意见	经戒毒人员诊断评估工作委员会集体合议,同意继续执行强制隔离戒毒。 　　　　　　　　　　　　　　　　　　负责人签名:黄某某 　　　　　　　　　　　　　　　　　　2011 年 3 月 10 日(公章)
备　注	

《戒毒巩固期戒毒效果评议表》(略);

《心理脱瘾情况测试登记表》(略);

月份计分考核表(略);

生物反馈测试报告(略);

心理测试报告(略);

人体成分分析报告(略);

戒毒人员对毒品的认知和下一步的矫治计划(略)。

(4)《戒毒人员诊断评估表》(满一年九个月)

①适用范围及相关依据

《××省司法行政系统强制隔离戒毒诊断评估工作实施细则(试行)》第三十四条规定:"执行强制隔离戒毒满一年九个月,完成三期戒毒流程,经戒毒人员本人申请,可以给予诊断评估。满一年九个月提前解除强制隔离戒毒考核上的要求,包括行为矫治考核无受惩罚记录,累计扣分低于80分,累计分达到900分以上的;或是行为矫治考核无受惩罚记录,累计扣分低于80分,累计分达到850分以上,且符合附加项条件之一的。"

②文书制作及注意事项

A.文书制作

a.满一年九个月诊断评估是在该戒毒人员在满一年六个月未能达到"戒毒康复效果良好"的标准,而继续执行强制隔离戒毒一个周期的戒毒巩固期后对其开展的诊断评估。文书制作仅需要在原先一年六个月期满的文书基础上,制作一份《戒毒人员诊断评估表(第2次)》和一份《戒毒巩固期戒毒效果评议表》即可。

b.《戒毒人员诊断评估表(第2次)》和《戒毒巩固期戒毒效果评议表》可参照满一年期诊断评估执法文书表格。

c.对不符合满一年九个月提前解除条件的,应制作第4个戒毒巩固期戒毒效果评比表,同时仍应继续组织戒毒人员进行心理脱瘾训练、体能康复训练以及日常行为矫治考核,戒毒人员可按月提出诊断评估申请,评估内容主要为执行强制隔离戒毒期间的行为矫治考核情况。

B.注意事项

a.满一年九个月诊断评估的并非必须给予评估,诊断评估委员会根据本人申请情况以及实际情况决定是否评估。

b.各项考核必须要有相应的报告或考核数据给予证实。

d.文书制作示例

文书制作示例此处省略。

(5)《戒毒人员诊断评估表》(满一年十个月、一年十一个月)

《××省司法行政系统强制隔离戒毒诊断评估工作实施细则(试行)》第三十四条第二款规定:"执行强制隔离戒毒满一年十个月,且行为矫治考核累计扣分低于100分,累计分达到700分以上的,可提请提前解除强制隔离戒毒。"其文书制作类同于一年九个月的诊断评估,仅需要在原先一年九个月期满的文书基础上,制作一份《戒毒人员诊断评估表(第2次)》和一份《月度计分考核表》即可,文书制作示例此处省略。

《××省司法行政系统强制隔离戒毒诊断评估工作实施细则(试行)》第三十四条第三款规定:"执行强制隔离戒毒满一年十一个月,且行为矫治考核累计分达到550分以上的,可提请提前解除强制隔离戒毒。"其文书制作类同于一年十个月的诊断评估,仅需要在原先一年十个月期满的文书基础上,再行制作一份《戒毒人员诊断评估表(第2次)》和另一份《月度计分考核表》,文书制作示例此处省略。

(6)《戒毒人员诊断评估表》(满两年)

①适用范围及相关依据

根据《××省司法行政系统强制隔离戒毒诊断评估工作实施细则(试行)》第三十五条之规定,完成"三期"戒毒流程且执行强制隔离戒毒满两年前一周的戒毒人员,应当给予诊断评估。

②文书制作及注意事项

A.文书制作

a.文书制作仅需在一年十一个月期满的文书基础上,重新制作一份《戒毒人员诊断评估表(第2次)》和第5个戒毒巩固期戒毒效果评议表,执法文书可参照满一年期诊断评估表格。

b.经诊断评估,未达到戒毒康复效果的,应当提请延长强制隔离戒毒期限。

c.提请延长强制隔离戒毒的期限,应当根据诊断评估结果,分别为三个月、六个月、九个月或者一年。

d.对延长戒毒期限的戒毒人员,期满前应再次开展诊断评估。

B.注意事项

a.达到戒毒康复效果的,应当按期解除强制隔离戒毒措施。

b.各期行为矫治考核累计扣分300分以上的,可提请延长强制隔离戒毒期限三个月;各期行为矫治考核累计扣分450分以上的,可提请延长强制隔离戒毒期限六个月;各期行为矫治考核累计扣分600分以上的,可提请延长强制隔离戒毒期限九个月;强制隔离戒毒期间(含外出探视期间)有吸食毒品等行为,或强制隔离戒毒期间有擅自离所或者请假外出探视未按期回归被追回的,应提请延长强制隔离戒毒期限九个月;情节特别严重的可提请延长强制隔离戒毒期限一年;构成犯罪的,移交司法机关处理。

c.执行强制隔离戒毒延长期间,因严重违规违纪受到警告以上惩罚的,视为未达到戒毒康复效果,可再次提请延长强制隔离戒毒期限,延长强制隔离戒毒期限累计不能超过一年。

d.各项考核必须有相应的报告或是考核数据给予证实。

③文书制作示例

两年期满的诊断评估是在该戒毒人员在满一年十一个月期内未能达到"戒毒康复效果良好"的标准,而继续执行强制隔离戒毒的期限后对其开展的诊断评估。文书制作示例此处省略。

办理延长强制隔离戒毒期限的文书,其具体内容在第4章所政管理类执法文书中"延长强制隔离戒毒期限"这一项中有所体现。

第 4 章　所政管理类执法文书

　　民警在管理戒毒人员期间使用频率最高、与戒毒人员息息相关的就是所政管理类文书，大到场所的安全稳定，小到戒毒人员的一言一行，所政管理类文书可以说是贯穿戒毒人员在强制隔离戒毒期内的最为重要也是最为常见的文书。可以毫不夸张地讲，所政管理类执法文书贯穿了强制隔离戒毒的全过程，确保了场所的安全稳定，规范了强制隔离戒毒场所的秩序，维护了戒毒人员的各项合法权益，也使得戒毒人员在强制隔离戒毒期内各项矫治成效有据可查。

　　所政管理类执法文书主要涉及日常管理业务、考核奖惩、所外就医、延期、解除、出所等多项内容。

4.1　相关文书种类

　　在这一环节中主要涉及《安全检查登记簿》、《尿检登记表》、《亲情电话登记簿》、《邮件收发登记簿》、《戒毒人员拨打境外电话审批表》、《强制隔离戒毒人员探视审批表》、《强制隔离戒毒人员外出探视证明书》、《境外人员来所探访强制隔离戒毒人员审批表》、《强制隔离戒毒人员探视审批表》、《强制隔离戒毒人员外出探视证明书》、《使用保护性约束措施审批表》、《警械使用审批表》、《强制隔离戒毒人员所外就医审批表》、《强制隔离戒毒人员所外就医证明书》、《强制隔离戒毒人员另行处理审批表》、《提请强制隔离戒毒人员另行处理通知书》、《强制隔离戒毒人员奖惩审批表》、《提前解除强制隔离戒毒审批表》、《提请提前解除强制隔离戒毒意见书》、《延长强制隔离戒毒期限审批表》、《提请延长强制隔离戒毒期限意见书》、《解除强制隔离戒毒证明书》、《解除强制隔离戒毒通知书》、《出所通知单》等文书。

4.2　所政管理类文书详解

4.2.1　安全检查登记簿

（1）适用范围及相关依据

　　依据一：《强制隔离戒毒人员管理工作办法（试行）》（司劳教字〔2009〕15 号）第三章第十二条规定："强制隔离戒毒所应当经常进行安全检查，收缴违禁物品，及时消除安全隐患。"

　　依据二：《浙江省司法行政系统强制隔离戒毒管理工作执法细则（试行）》（浙劳教〔2009〕110 号）第五章第十七条规定："强制隔离戒毒所安全管理的重点是防止戒毒人员逃跑、非正常死亡、所内犯罪、所内吸毒等安全事故，防止外部人员袭扰和破坏。"第二十条规定："警戒护卫组织应当加强对所区巡逻、检查，防止戒毒人员获取和藏匿毒品、注射器、现金、通讯工具等违禁品……"第二十一条规定："强制隔离戒毒所大（中）队应加强对戒毒人员学习、生活、劳动现场的管理力度，实行民警直接管理，严格执行值班带班制度，及时处理各类问题和突发事件。"

依据三：《浙江省强制隔离戒毒工作执法指南（试行）》第七章第五十九条规定："强制隔离戒毒所大（中）队应加强对戒毒人员学习、生活、劳动现场的管理力度，实行民警直接管理，严格执行值班带班制度，及时处理各类问题和突发事件。"

上述法律法规要求民警经常进行安全检查，收缴违禁物品，及时消除安全隐患，同时对重点时段，如起床、就寝、就餐和凌晨时段进行重点管控，认真落实民警直接管理制度；对重要地点，如厕所、盥洗室、浴室、晾衣间、门窗、栅栏、用电设施、易燃易爆物品保管库房等，加强巡查和监控设施的建设配置。

（2）文书制作及注意事项

①文书制作

A. 此登记簿使用范围为：所部、大（中）队。

B. 检查时间为本次检查的时间，在年月日后要填写具体的时间段，如2012年1月12日上午9时10分至12时32分。

C. 受检单位：为本次接受安全检查的大（中）队。

D. 检查人员：根据不同的检查级别，所需的民警数量以及各部门的参与情况也是不尽相同的。所部的检查一般由分管所领导带队，所政管理科负责组织实施，对全所的收治单位进行检查；大（中）队的检查一般由大（中）队分管领导带队，对本大（中）队的所属各单位进行检查；这是强制隔离戒毒场所最为基础的检查形式，大（中）队的检查至少要3名以上民警参与，其中需一名大（中）队领导。安全检查事关场所的安全稳定，条件允许时全体民警应全部参与。

E. 记录人：参与本次安检的民警记录。

F. 安全检查记录应包含以下三项内容：检查范围、检查情况、处理情况（含：隐患处理情况、违禁物品处理情况、相关人员处理情况）。

G. 对相关人员的处理结果不能及时作出的，可以填写检查单位对相关人员的处理建议。

H. 同一次安全检查记录多页纸张的，只需在第一页最上面填写检查时间、受检单位、检查人员、记录人等基本信息即可。

②注意事项

A. 日常的安全检查必须采取定期与不定期相结合的方式，切勿让戒毒人员掌握安全检查的规律。

B. 安全检查前夕要做好保密工作，切勿泄漏检查的相关信息。

C. 检查记录一定要真实可信，如遇到重大的安全隐患，可附相关的影像资料。

D. 安全检查内容填写要细致，不可语句笼统，如"在宿舍区内发现缝衣针若干"等，应该填写为"在戒毒人员宿舍区第三组，第六号铺位的竹席下发现缝衣针四根，其中三根为断针"。

E. 在安检过程中必须"清场"，无关人员不得进入到安全检查的区域，特别是戒毒人员不能出现在安检区域，同时在安检过程中需民警亲自安检，不得使用戒毒人员参与安检。

（3）文书制作示例

[示例]《安全检查登记簿》

安全检查登记簿

检查时间	2012 年 1 月 12 日上午 9 时 10 分至 12 时 32 分	受检单位	一大队五中队
检查人员	金某、盛某某、韩某某、方某、沈某某、李某某	记录人	李某某

一、检查范围：一大队五中队戒毒人员习艺区、宿舍区

二、检查情况：

1. 中队长韩某某带领民警金某某、对习艺区的仓库进行安检，未发现有违禁物品，但存在仓库物品堆放不整齐，仓库内原材料和成品有混淆情况，存在安全隐患，要求立即整改；

2. 民警盛某某、方某某，对戒毒人员宿舍区的小组内进行安全检查，在第二小组发现自制竹筷一双，其余未发现违禁物品，对竹筷的所有者以及如何带入宿舍区进行调查；

3. 民警沈某某、李某某，对戒毒人员宿舍的洗漱间、卫生间、保管室进行安全检查，未发现违禁物品，但存在垃圾桶未及时清理干净，有戒毒人员将鞋子放置在开水桶上晾晒，卫生间小便池未冲洗干净等情况，对此要求立即整改。

三、处理意见：

1. 对于在宿舍区第二小组发现的自制竹筷一事进行调查，发现是戒毒人员童某某所有，其自称用不惯戒毒人员食堂的勺子，为此在习艺车间的垃圾桶中将废弃的竹制扫帚柄制作成竹筷一双，带入宿舍，为此根据《××省司法行政系统强制隔离戒毒人员行为矫治考核办法》第八条第八款给予扣10 分处理；

2. 对于仓库中发现的物品堆放不整齐，原材料和成品有混淆现象的情况，要求负责仓库管理的民警责成仓库戒毒人员立即整改；

3. 对于在洗漱间存在垃圾桶未及时清理干净，有戒毒人员将鞋子放置在开水桶上晾晒，和卫生间小便池未冲洗干净等情况，要求负责洗漱间和卫生间环境卫生的戒毒人员立即整改；

4. 继续做好安全清所工作，消除存在的安全隐患。

4.2.2　尿检记录

（1）适用范围及相关依据

依据一：《强制隔离戒毒人员管理工作办法（试行）》（司劳教字〔2009〕15 号）第三章第十五条规定："强制隔离戒毒所应当定期对强制隔离戒毒人员进行尿检。对探视、所外就医回所的强制隔离戒毒人员应当进行尿检。"

依据二：《浙江省司法行政系统强制隔离戒毒管理工作执法细则（试行）》（浙劳教〔2009〕110 号）第五章第二十四条、《浙江省强制隔离戒毒工作执法指南（试行）》第七章第六十二条均设有"强制隔离戒毒所应当每月对戒毒人员进行尿检抽查。对探视、所外就医回所的戒毒人员必须进行尿检和安全检查"的条款。

（2）文书制作及注意事项

①文书制作

A. 此登记簿使用范围为：所部医院或所政管理科。

B. 受检单位：接受尿检的大（中）队。

C. 检查时间：本次进行尿液检查的时间，需要有具体的年月日以及检查的时间段。

D. 参与检查人员：所政管理科和所医院组织相关人员参加。

E. 检测试剂：必须是本次检查所采用的检验试剂，需要填写全名，如有外文名称要中外名对照，同时还要将本次所使用的检测试剂的批号等记录在册。

F.受检单位和人数:受检单位随机抽取,抽取的人数不得少于受检单位总人数的15%(其中戒毒人员班组长等不少于5%)。

G.检查结果:对参与本次抽检的戒毒人员的检测情况进行表述,如果发现阳性的,则要记录该名阳性戒毒人员的姓名、所在大(中)队。

H.医院意见:对本次尿检所用试剂、操作程序、操作规范是否正确以及检验结果进行评述。

I.所政管理科意见:对本次检测情况进行评述。

J.备注:对出现阳性人员的后续检测情况进行表述。

②注意事项

A.检查记录一定要真实可信。

B.填写要细致,不可语句笼统,如"发现有一例阳性"等,应该表述为"经三次检测发现×大队戒毒人员委某尿样均呈阳性"。

C.在安检过程中需民警亲自尿检,不可使用戒毒人员参与尿检工作。

D.参加检测的医务人员不少于2人。

E.对于首次尿检过程中出现的"阳性"情况,要调整检测人员和检测试剂重新检测后再作结论。(由于服用某些药物也会出现尿样呈阳性的情况,为此最终要通过血液检测的方法进一步确认。)

(3)文书制作示例

[示例] 《尿检登记表》

×××强制隔离戒毒所尿检登记表

受检单位:一 大队　　　　　　　　　　　　　　检查日期:2012 年6 月4 日

参与检查人员	生活卫生科:朱某某　　医院:徐某某、张某某　　所政管理科:陈某某		
检测试剂	所政用试剂的名称: 中文:(冰毒、大麻、摇头丸、吗啡、K 粉)五合一检测试剂; 英文:(MET/THC/MDMA/MOP/KET)5DRUG PANEL(URINE) 批号:LOT200909312 MFG:05－2009 EXP:04－2011		被检查人数
受检单位 及人员	一组	××,×××,××,××,×××,××,××,×××,×××,×××	10 人
	二组	××,×××,××,××,×××,××,××,×××,×××,×××	10 人
	三组	××,×××,××,××,×××,××,××,×××,×××,×××	10 人
	…组	××,×××,××,××,×××,××,××,×××,×××,×××	10 人
检查结果	上述 40 人冰毒、大麻、摇头丸、吗啡、K 粉检测结果为阴性。 　　　　　　　　　　　　　　　　　　检查人:张某某　吴某某		
医院意见	现场医务检验人员使用检测试剂有效,检测方法正确,操作程序无误,同意检测结果。 　　　　　　　　　　　　　　　　　　　　　　负责人:徐某某		
所政管理科意见	同意医院检测结果。 　　　　　　　　　　　　　　　　　　　　　　负责人:姚某某		
备注			

4.2.3　亲情电话登记簿

(1)适用范围及相关依据

依据一:《强制隔离戒毒人员管理工作办法(试行)》(司劳教字〔2009〕15 号)第四章第十九条规定:"强制隔离戒毒人员经所在大(中)队批准,可以使用强制隔离戒毒所指定电话与配偶、亲属通话……强制隔离戒毒人员不得持有或使用移动通讯设备。"

依据二:《浙江省司法行政系统强制隔离戒毒管理工作执法细则(试行)》(浙劳教〔2009〕110 号)第六章第三十一条规定:"戒毒人员经所在大(中)队批准,可以使用强制隔离戒毒所指定电话与配偶、亲属通话。戒毒人员与国外、境外配偶、亲属通话,须经强制隔离戒毒所批准。""戒毒人员不得持有或使用移动通讯设备。"第三十二条规定:"戒毒人员在入所、调整队别和解除强制隔离戒毒前,大(中)队应当及时安排戒毒人员以通信、电话等方式告知其配偶、亲属。"第三十三条规定:"戒毒人员申请通电话必须严格遵守强制隔离戒毒所相关规定。如违反管理规定,管理人员可以阻止通话。"

依据三:《浙江省强制隔离戒毒工作执法指南(试行)》第八章第六十九条规定:"强制隔离戒毒所对戒毒人员使用亲情电话应当按照以下要求进行管理:①通话对象仅限于戒毒人员的配偶、亲属;②认真核查确认戒毒人员配偶、亲属的身份和电话号码;③经所在大(中)队批准……"

(2)文书制作及注意事项

①文书制作

A.登记簿使用范围:大(中)队。

B.被通话人关系(姓名):一般为父母、配偶、子女、直系亲属以及三代以内的旁系血亲。

C.通话计时:戒毒人员每次原则上不得超过 15 分钟。

D.备注:主要记载该戒毒人员在拨打亲情电话期间的情绪变化或通话过程中出现的异常情况。

②注意事项

A.戒毒人员申请通电话必须严格遵守强制隔离戒毒所相关规定。如违反管理规定,管理民警可以阻止通话。

B.通话期间一般采用普通话,严禁使用外语或是隐语,如果遇到采用当地方言进行交流的,一般可采用同一地区的民警进行监听。

C.如有亲情电话管理系统的单位可由电脑系统进行登记,不需民警和戒毒人员签名,每月按台账要求整理一次,汇总后备查。对有涉及场所安全隐患的通话要采取技术手段予以保留。

D.通话时间一般控制在 15 分钟内,如遇特殊情况可以适当延长,但最多不得超过 30 分钟。

③文书制作示例

[示例]　《亲情电话登记簿》

亲情电话登记簿								
序号	日期	与被通话人关系	被通话人姓名	所拨电话号码	通话时长	戒毒人员签名	管理民警签名	备注
1	2012年3月3日	夫妻	章某某	0577—×××××	15分钟	季某某	韩某某	
2	2012年3月3日	母亲	何某某	0574—×××××	6分钟23秒	张某某	韩某某	
3	2012年3月3日	女儿	陈某某	188××××××	14分钟5秒	陈某某	韩某某	
4	…	…	…	…	…	…	…	

4.2.4　邮件收发登记簿

（1）适用范围及相关依据

依据一：《强制隔离戒毒人员管理工作办法（试行）》（司劳教字〔2009〕15号）第四章第十七条规定："强制隔离戒毒所来往邮件应当接受工作人员的检查，防止夹带毒品和其他违禁品。实施检查时，应当有强制隔离戒毒人员本人和两名以上工作人员同时在场。"第十八条规定："强制隔离戒毒人员来往邮件由大（中）队统一登记、收发。"

依据二：《浙江省司法行政系统强制隔离戒毒管理工作执法细则（试行）》（浙劳教〔2009〕110号）第六章第二十八条规定："强制隔离戒毒所应对戒毒人员的信件进行严格检查，防止夹带毒品和其他违禁品。在检查信件时，应当依法保护戒毒人员的通信自由和通信秘密，有两名以上工作人员同时在场。"第二十九条规定："戒毒人员来往信件由大（中）队统一登记、收发；对来自境外的信件由管理部门登记、检查后发放。"第三十条规定："戒毒人员在强制隔离戒毒期间，原则上不予接受物品和邮包。强制隔离戒毒所对家属探访时携带的物品应劝导其带回，对寄送的邮包按寄送地址退回。"

依据三：《浙江省强制隔离戒毒工作执法指南（试行）》第八章第六十六条规定："戒毒人员写给强制隔离戒毒所的上级机关和司法机关的信件不受检查，可以挂号寄出，挂号凭证留存备查；戒毒人员写给强制隔离戒毒所所领导、纪检部门或人民检察院的信件不受检查；戒毒人员与他人的信件来往应当接受强制隔离戒毒所严格检查，防止夹带毒品和其他违禁物品。民警在检查信件时，应当依法保护戒毒人员的通信自由和通信秘密，有戒毒人员本人和两名以上民警同时在场。"第六十八条规定："戒毒人员在强制隔离戒毒期间，原则上不予接受物品和邮包。强制隔离戒毒所对家属探访时携带的物品应劝导其带回，对寄送的邮包按寄送地址退回。"

（2）文书制作及注意事项

①文书制作

A. 登记簿使用范围为大（中）队。

B. 所有来往邮件（指信件和快递函件等）均应登记，原则上不予接受物品和邮包。

C. 一般情况下，各大（中）队在具体执行过程中为了工作方便，将邮件"收"和"发"分为两本分别进行登记。

D. 对方地址栏应按照信封内容如实填写。

E. 经办人为本次办理邮件收发的民警。

F. 备注:主要记载该信件是否被扣留,以及扣留的原因。

②注意事项

A. 强制隔离戒毒所应对戒毒人员的信件进行严格检查,防止夹带毒品和其他违禁品。在检查信件时,应当依法保护戒毒人员的通信自由和通信秘密,有两名以上工作人员同时在场。

B. 戒毒人员来往信件由大(中)队统一登记、收发。

C. 戒毒人员的快递信件或是快递业务也参照这一工作要求执行。

③文书制作示例

[示例] 邮件收发登记簿

强制隔离戒毒人员收到邮件登记簿

单位:八大队三中队

时间	姓名	与寄件人关系	寄件人姓名	对方详细地址	戒毒人员签名	经办人	备注
2012 年 1 月 9 日	甘某某	兄妹	甘某某	广东省东莞市长安镇中路某某号	甘某某	沈某某	
2012 年 1 月 11 日	陈某某	女儿	陈某	甘肃陇西县西街某某某大酒店餐饮组	陈某某	沈某某	
2012 年 2 月 7 日	梁某某	朋友	谭某某	湖州德清武康县 921—1—2 信箱	梁某某	沈某某	
…	…	…	…	…	…	…	

强制隔离戒毒人员发出邮件登记簿

单位:六大队六中队

时间	姓名	与收件人关系	收件人姓名	对方详细地址	戒毒人员签名	经办人	备注
2012 年 2 月 2 日	马某某	表姐	简某某	宁波余姚市安山桥某某某橡胶厂	马某某	曹某某	
2012 年 2 月 21 日	陈某某	朋友	邓某某	淳安县公安局看守所	陈某某	曹某某	
2012 年 3 月 28 日	何某某	朋友	吴某某	杭州下沙 1910 信箱	何某某	曹某某	
…	…	…	…	…	…	…	

4.2.5 戒毒人员拨打境外电话审批表

（1）适用范围及相关依据

依据一：《强制隔离戒毒人员管理工作办法（试行）》（司劳教字〔2009〕15 号）第四章第十九条规定："……强制隔离戒毒人员与国外、境外配偶、亲属通话，须经强制隔离戒毒所批准。强制隔离戒毒人员不得持有或使用移动通讯设备。"

依据二：《浙江省司法行政系统强制隔离戒毒管理工作执法细则（试行）》（浙劳教〔2009〕110 号）第六章第三十一条规定："……戒毒人员与国外、境外配偶、亲属通话，须经强制隔离戒毒所批准。""戒毒人员不得持有或使用移动通讯设备。"第三十二条规定："戒毒人员在入所、调整队别和解除强制隔离戒毒前，大（中）队应当及时安排戒毒人员以通信、电话等方式告知其配偶、亲属。"第三十三条规定："戒毒人员申请通电话必须严格遵守强制隔离戒毒所相关规定。如违反管理规定，管理人员可以阻止通话。"

依据三：《浙江省强制隔离戒毒工作执法指南（试行）》第八章第六十九条规定："强制隔离戒毒所对戒毒人员使用亲情电话应当按照以下要求进行管理：……戒毒人员与国外、境外配偶、亲属通话，须由戒毒人员本人提出书面申请，大（中）队初审后报强制隔离戒毒所管理部门审核，由强制隔离戒毒所批准后方可进行。"第七十条规定："戒毒人员在入所、调整队别和解除强制隔离戒毒前，大（中）队应当及时安排戒毒人员以通信、电话等方式告知其配偶、亲属。"第七十一条规定："戒毒人员申请通电话必须严格遵守强制隔离戒毒所相关规定。如违反管理规定，管理人员可以阻止通话。"

（2）文书制作及注意事项

①文书制作

A. 境外是泛指港、澳、台等地区以及中国以外的国家。

B. 单位为申请拨打境外电话的戒毒人员所在的单位，要写全称，如某某强制隔离戒毒所某大队某中队。

C. 姓名为申请拨打境外电话的戒毒人员。

D. 通话事由为阐述该戒毒人员为何要与这名境外人员联系的事实依据，该事实依据要合法、合情、合理，事实清晰，情况属实，依据充分，不能笼统地写作"思念亲人"等词句。

E. 受话人及国别为受话人的姓名以及当前其所具有的国籍情况。

F. 关系为戒毒人员和受话人的关系，一般仅限于父母、配偶、子女、直系亲属以及三代以内的旁系血亲。

G. 大（中）队意见为对本次拨打境外电话，大（中）队要根据现有的法律法规做出是否给予拨打境外电话的建议意见。

H. 管理部门意见为对大（中）队提出的建议进行调查，并给出下一步的意见。

I. 强制隔离戒毒所意见为最终确定是否同意该戒毒人员拨打境外电话。

J. 部门在签署意见后要加盖相应的公章。

②注意事项

A. 戒毒人员申请通电话必须严格遵守强制隔离戒毒所相关规定。如违反管理规定，管理民警可以阻止通话。

B. 在通话期间一般采用普通话，严禁使用外语或是隐语，如果遇到当地方言的，一般采用同一地区的民警进行监听。

C.通话时间一般控制在 30 分钟内。

③文书制作示例

[示例]《强制隔离戒毒人员拨打境外电话审批表》

强制隔离戒毒人员拨打境外电话审批表

单位：××强制隔离戒毒所一大队一中队

姓　名	朱某某	性　别	男	出生日期	1980 年 3 月 16 日
通话事由	询问随其兄在一起的父亲的身体情况,同时汇报自己在戒毒期限的表现和所取得的成绩。		受话人及国别		朱某某,法国籍
受话号码	0033154689720×××		关系		兄弟
大（中）队意见	该戒毒人员确有一个兄弟长期在法国经商,在 2012 年 3 月入籍法国。在 2012 年 4 月将其父亲一并接到法国布列塔尼地区医院治疗心脏植入起搏器手术,目前手术已经完成,该戒毒人员十分想念父亲,且该戒毒人员入所以来表现良好,未有违纪违规情况发生,已经通过了"三期"戒毒程序。根据《强制隔离戒毒人员管理工作办法（试行）》（司劳教字〔2009〕15 号）第四章第十九条之规定,建议给予其与境外的兄弟通话一次,当否,请批示。 负责人签名：黄某某 2012 年 5 月 12 日				
管理部门意见	根据《强制隔离戒毒人员管理工作办法（试行）》（司劳教字〔2009〕15 号）第四章第十九条之规定,对该戒毒人员的申请进行调查,其情况属实,且符合法律规定,建议给予戒毒人员朱某某与其法国籍兄弟通话一次,时间控制在三十分钟之内,现场民警要做好监听工作,当否,请批示。 负责人签名（盖章）：杨某某 2012 年 5 月 16 日				
强制隔离戒毒所意见	同意朱某某与境外的兄弟通话一次,请现场民警做好监听。 负责人签名（盖章）：胡某某 2012 年 5 月 16 日				
备注					

4.2.6　戒毒人员探视审批表

(1)适用范围及相关依据

依据一:《强制隔离戒毒人员管理工作办法（试行）》（司劳教字〔2009〕15 号）第六章第二十六条规定:"强制隔离戒毒人员经强制隔离戒毒场所批准,可以探视其配偶、直系亲属。"第二十九条规定:"探视由大（中）队填写《强制隔离戒毒人员探视审批表》,经强制隔离戒毒所管理部门审核后,报强制隔离戒毒所批准。"

依据二:《浙江省司法行政系统强制隔离戒毒执法细则（试行）》（浙劳教〔2009〕110 号）

第八章第三十八条规定:"戒毒人员经强制隔离戒毒所批准,可以外出探视配偶、直系亲属。"第三十九条规定:"探视分为奖励型和因事型两种:①奖励型探视必须具备以下条件:A. 在强制隔离戒毒所内执行一年以上,表现较好的;B. 与家庭关系一直较好,有配偶、直系亲属探视且帮教措施能够落实,签订担保书的。②因事型探视必须具备以下条件:A. 戒毒人员配偶、直系亲属病危、死亡或有其他特殊情况,确需本人回家亲自处理的;B. 有医疗单位(县级以上医院)的诊断证明或病危通知书、死亡证明,当地公安机关(派出所或上级机关)和原单位(就读学校、街道社区乡镇)出具的证明材料,证明材料中应当说明探视者与被探视者的关系和探视理由;C. 其他证明材料。"第四十条规定:"探视次数及时间:①奖励型探视:戒治期间内享受 1～2 次,每次不得超过 5 日(不含路途)。②因事型探视:本省戒毒人员一般控制在 24 小时内,安排管理人员专程陪同。""对探视归所的戒毒人员,除严格进行身体检查外,还应当尿检。对违反规定的戒毒人员,取消探视资格;情节严重的,应当依法处理。"第四十一条规定:"戒毒人员有下列情形之一的,不予探视:①处于急性脱毒期的;②正在单独管理或接受保护性约束措施的;③经大(中)队合议表现鉴定为差或有危险倾向的;④其他不宜办理探视的。"第四十二条规定:"探视由戒毒人员本人提出书面申请,经大(中)队审核同意后,填写审批表,逐级报强制隔离戒毒所批准,发放《强制隔离戒毒人员探视证明》。戒毒人员外出探视费用自理。""探视人员逾期不归的,强制隔离戒毒所应当立即告之当地公安机关。"第四十三条规定:"由于治安形势的需要和上级部门的规定,强制隔离戒毒所可以做出暂时停止或限制强制隔离戒毒人员探视的规定。"

依据三:《浙江省强制隔离戒毒工作执法指南(试行)》第十章第七十九条规定:"戒毒人员经强制隔离戒毒所批准,可以外出探视配偶、直系亲属。"第八十条规定:"探视分为奖励型和因事型两种:①奖励型探视必须同时具备以下条件:A. 在强制隔离戒毒所内执行一年以上,表现较好;B. 与家庭关系一直较好,有配偶、直系亲属探视且帮教措施能够落实,签订担保书。②因事型探视必须具备以下条件:A. 戒毒人员配偶、直系亲属病危、死亡或有其他特殊情况,确需本人回家亲自处理;B. 有医疗单位(县级以上医院)的诊断证明或病危通知书、死亡证明,当地公安机关(派出所)和原单位(或就读学校、街道社区乡镇)出具的证明材料,证明材料中应当说明探视者与被探视者的关系和探视理由;C. 探视区域限于本省范围。"第八十一条规定:"探视次数及时间:①奖励型探视:戒治期间内享受 1～2 次,每次不得超过 5 日(不含路途);②因事型探视:一般控制在 24 小时内,安排管理人员专程陪同。"第八十二规定:"戒毒人员有下列情形之一的,不予探视:①处于急性脱毒期的;②正在单独管理或接受保护性约束措施的;③经大(中)队合议,鉴定为表现差或有危险倾向的;④其他不宜办理探视的。"第八十三条规定:"强制隔离戒毒所批准戒毒人员外出探视应当按照以下要求和程序办理。①由戒毒人员本人提出书面申请。②经大(中)队审核同意,上报强制隔离戒毒所管理部门。③强制隔离戒毒所管理部门审查相关证明材料是否符合规定。④强制隔离戒毒所管理部门通知大(中)队填写《强制隔离戒毒人员探视审批表》,并附相关证明材料,经管理部门审核,报所分管领导审批,发放《强制隔离戒毒人员外出探视证明书》。⑤对因事型外出探视的戒毒人员,强制隔离戒毒所管理部门或大(中)队应当派遣警车遣送,途中戴铐;大(中)队指派 2 名以上民警随同,因路途、交通或其他原因不能当日返回的,随同民警应及时向大队报告,大队向强制隔离戒毒所管理部门报告,当晚将戒毒人员就近寄押于当地的戒毒所、劳教所或看守所。⑥对批准探视的戒毒人员,离所前大(中)队民警必须进行一次专门的离所前教育,并告知以下内容:A.已经批准的探视时间;B.戒毒人员在外期间必须遵守下列纪律:a.自觉遵守国家的法律、法规和社区的规章制度,不得吸食毒品;b.主动接受社会各级组织的监督;c.遵守社会公德,讲究文明礼貌;d.遵守社会秩序,不进入各类娱乐场所;e.积极参加各种公益活动,多做好事;f.不准到公安机关、单位或公共场所闹事或威胁他人;g.不得离开居住地,如确有必要离开的必须向当地派出所和街道、社区(村委会)请假,经同意后方可离开;h.在探视期内,每天都要与所在中队的民警电话联系,汇报本人各方面情况,除不可抗力的情况外,一律按期归队。对无正当理由和当地公安机关证明而逾期不归的,采取强制措施令其归队并给予相应处罚,一年内不得再探视;C.批准的假期计入强制隔离戒毒期限,逾期未归期间不计入强制隔离戒毒期限;D.戒毒人员外出探视费用自理。⑦对探视归所的戒毒人员,应及时登记回所时间,并由所在大(中)队逐级汇报至所分管领导或值班所领导;戒毒人员归所后除严格进行安全检查外,还应当尿检,对违反规定的戒毒人员,取消探视资格;情节严重的,应当依法处理。⑧探视人员逾期不归的,强制隔离戒毒所应当立即告知当地公安机关,并勒令或采取强制措施使其归所。"第八十四条规定:"由于治安形势的需要和上级部门的规定,强制隔离戒毒所可以做出暂时停止或限制强制隔离戒毒人员探视的规定。"

(2)文书制作及注意事项

①文书制作

A.单位为提出戒毒人员探视建议的大(中)队全称,如某某强制隔离戒毒所三大队二中队,不可就简写成某大某中。

B.表中其余戒毒人员的基本信息均可在"信息表"中查询,如果信息表中该信息没有,可以通过个别谈话获取该信息。

C.探视地址一定要填写详尽,在城市的一定要填写具体的街道门牌号码,或是社区、小区单元住户的号码;在农村的要具体填写到村组一级。

D.探视时间要填写具体的日期,以及具体的时间段,从几点几分开始至几点几分结束。

E.申请理由必须事实清晰,法律法规依据充分,要根据探视的几个条件进行综合的填写,并提出拟定的外出时间等。

F.大(中)队意见为根据申请的理由结合法律依据,给出大(中)队关于外出探视的意见,并确定外出探视的具体时间。

G.管理部门意见为对大(中)队上报的材料进行审核,对于外出探视的后续工作进一步提出意见。

H.强制隔离戒毒所意见为最终作出是否允许外出探视的决定。

I.各部门在签署意见后要加盖相应的公章。

②注意事项

A.奖励型探视必须具备以下条件:一是在强制隔离戒毒所内执行一年以上,表现较好的;二是与家庭关系一直较好,有配偶、直系亲属探视且帮教措施能够落实,签订担保书的。

B.因事型探视必须具备以下条件:一是戒毒人员配偶、直系亲属病危、死亡或有其他特殊情况,确需本人回家亲自处理的;二是有医疗单位(县级以上医院)的诊断证明或病危通知书、死亡证明,当地公安机关(派出所)和原单位(就读学校、街道社区乡镇)

出具的证明材料,证明材料中应当说明探视者与被探视者的关系和探视理由;三是其他相关的证明材料。

C.探视次数及时间:

奖励型探视:戒治期间内享受 1~2 次,每次不得超过 5 日(不含路途)。

因事型探视:本省戒毒人员一般控制在 24 小时内,安排管理人员专程陪同。

D.对探视归所的戒毒人员,除严格进行身体检查外,还应当进行尿检。对违反规定的戒毒人员,取消探视资格;情节严重的,应当依法处理。

E.戒毒人员有下列情形之一的,不予探视:一是处于急性脱毒期的;二是正在单独管理或接受保护性约束措施的;三是经大(中)队合议表现鉴定为差或有危险倾向的;四是其他不宜办理探视的。

F.探视预期不归的,强制隔离戒毒所应当及时告知当地公安机关。

③文书制作示例

[示例]《强制隔离戒毒人员探视审批表》

强制隔离戒毒人员探视审批表

单位:××强制隔离戒毒所三大队二中队

姓名	王某某	性别	男	出生日期	1976 年 3 月	民族		汉族
户籍所在地		宁波慈溪市××镇××街道		身份证号码		330216××××××××		
现住址		宁波慈溪市××镇 ××街道××号		原单位或 就读学校		慈溪市××物流公司(已开除)		
强制隔离 戒毒期限		自 2010 年 11 月 12 日起 至 2012 年 11 月 11 日止		探视地址		宁波慈溪市××镇××街道××号		
				探视时间		2012 年 5 月 25 日 8:00 至 17:00		
申请理由		2012 年 5 月 23 日,该戒毒人员母亲张某某由于病毒性感冒并发肺炎入院,当晚医院下达了病危通知书,该戒毒人员为其家中唯一的儿子,其亲属希望在其母亲病危之际能够见到最后一面。且该戒毒人员已经完成了"三期"戒毒,日常表现良好,至今未发生任何违纪违规事件,建议外出探视一次,外出探视费用自理,探视时间拟定在 2012 年 5 月 25 日,时间控制在 12 小时内。 　　当否,请批示。						
大(中)队 意见		情况属实,戒毒人员王某某的母亲张某某病危有宁波市××医院(县级以上医院)的诊断证明和病危通知书,当地公安派出所以及街道社区出具的证明材料,根据《强制隔离戒毒人员管理工作办法(试行)》(司劳教字〔2009〕15 号)第六章第 26、27、28、29 条以及《浙江省司法行政系统强制隔离戒毒执法细则(试行)》(浙劳教〔2009〕110 号)第八章第 39、40、42 条之规定,同意戒毒人员朱某某外出探视一次,中队拟派出 2 名民警专程陪同,外出探视拟定在 5 月 25 日 8:00 至 17:00。 　　当否,请批示。 　　　　　　　　　　　　　　　　　负责人签名:毛某某 　　　　　　　　　　　　　　　　　　　　2012 年 5 月 24 日						

续表

管理部门意见	经调查,三大队二中队上报的戒毒人员王某某申请的外出探视事宜,事实清晰,法律依据充分,同意其外出探视,时间拟定在 5 月 25 日 8:00 至 17:00。民警要加强戒毒人员在路途中的包夹监控,对探视归所的戒毒人员,除严格进行身体检查外,还应当作尿检。 当否,请批示。 　　　　　　　　　　　　负责人签名(盖章):张某某 　　　　　　　　　　　　2012 年 5 月 24 日
强制隔离戒毒所意见	同意管理部门的意见,允许戒毒人员王某某外出探视一次,时间定在 5 月25 日 8:00 至 17:00 由所里派车辆接送,民警要做好现场管理和教育工作,按时回所,回所后做好安检工作。 　　　　　　　　　　　　负责人签名(盖章):林某某 　　　　　　　　　　　　2012 年 5 月 24 日
备注	1.宁波市××医院(县级以上医院)的诊断证明和病危通知书; 2.戒毒人员王某某所属街道派出所以及街道社区出具的证明材料; 3.戒毒人员王某某入所以来表现情况(民警鉴定材料)。

4.2.7　强制隔离戒毒人员外出探视证明书

《强制隔离戒毒人员外出探视证明书》是该戒毒人员外出探视期间证明其身份的填空式法律文书。

(1)适用范围及相关依据

与《强制隔离戒毒人员探视审批表》相同,详见《强制隔离戒毒人员探视审批表》适用范围即相关依据这一章节内容。

(2)文书制作

①文号的制作:

A.括号内填写该戒毒人员所在场所的简称文号,如"浙(×戒)外探证";

B.中括号内填写当年的年份,如"〔2012〕";

C.第几号,则是指第几份外出探视证明书,按照制作该文书的前后序列填写即可,如"第 25 号"。

②文书中正文部分参照《强制隔离戒毒人员探视审批表》中的内容填写即可,在填写原因一栏目时要言简意赅,主题突出;批准单位为原《强制隔离戒毒人员探视审批表》中的最终审批单位。

③该文书为一式三份,即戒毒人员本人一份、留档二份(留档一份要求本人签名)。

(3)文书制作示例

[示例]　《强制隔离戒毒人员外出探视证明书》

强制隔离戒毒人员外出探视证明书

浙（×戒）外探证字〔2012〕第 25 号

　　兹证明 __王某某__ ,(■男/□女), __1976__ 年 __3__ 月 __12__ 日出生,因吸食毒品被决定强制隔离戒毒两年,于 __2010__ 年 __12__ 月 __9__ 日起在我所执行强制隔离戒毒。现因 __母亲病危__ ,经 __××强制隔离戒毒所__ 批准,予以外出探视,时间期限从 __2012__ 年 __5__ 月 __25__ 日起至 __2012__ 年 __5__ 月 __25__ 日止。

特此证明。

　　　　　　　　　　　　　　　　　　　　（强制隔离戒毒所公章）

　　　　　　　　　　　　　　　　　　　　　2012 年 5 月 24 日

一式三份:戒毒人员本人一份、留档二份(留档一份要求本人签名)。

4.2.8　境外人员来所探访强制隔离戒毒人员审批表

（1）适用范围及相关依据

依据一:《强制隔离戒毒人员管理工作办法(试行)》(司劳教字〔2009〕15 号)第五章第二十条规定:"强制隔离戒毒人员的配偶、直系亲属和所在单位或就读学校的工作人员可以到强制隔离戒毒所探访强制隔离戒毒人员。因特殊情况,其他人员要求探访的,须经强制隔离戒毒所批准。"第二十二条规定:"国外、境外配偶、直系亲属探访强制隔离戒毒人员,须经强制隔离戒毒所的省级主管机关批准。"

依据二:浙江省司法行政系统强制隔离戒毒管理工作执法细则(试行)(浙劳教〔2009〕110 号)第七章第三十四条规定:"戒毒人员的配偶、直系亲属和所在单位或就读学校的工作人员可以到强制隔离戒毒所探访强制隔离戒毒人员。因特殊情况,其他人员要求探访的,须经强制隔离戒毒所批准。来所探访每名戒毒人员每月原则上不准超过 2 次,每次最多不超过 3 人,每次探访时间控制在半小时以内。"第三十六条规定:" 探访的程序及规定:①第一次探访时,亲属或相关人员应持有公民身份证、户口本或所在单位出具的介绍信等证明本人与被探访人关系的证件,在规定的探访日期来所,经探访管理人员核对确认,办理探访证和探访手续。以后凭探访证和身份证在规定日期办理探访手续。②探访应由探访管理值班人员通知戒毒人员所在大(中)队,由大(中)队管理人员带戒毒人员在探访室或指定地点进行,并记入《探访登记簿》。③探访日期根据强制隔离戒毒所的统一规定,由戒毒人员以电话或信函形式通知亲属或相关人员。④国外、境外亲属来所探访,必须持身份证明及其他证明与探视人关系的有关证件,经省级主管机关批准。探访时应有管理人员在场,交谈中不得使用隐语或外国语,违者停止探访。⑤探访时,亲属或相关人员应协助做好帮教规劝工作,不准谈论不利于其戒毒的言论。未经批准不得照相、录音、录像或使用移动通讯设备。⑥探访人员送给戒毒人员的日常生活用品应当在强制隔离戒毒所设置的超市或商店购买。戒毒人员不得接受探访者的现金,探访款由探访者自行从银行系统存入戒毒人员本人"一卡通"账户,账号在入所队办理并由戒毒人员通知其家属,新入所未及时办理"一卡通"的戒毒人员,亲属可以"三联单"形式存入财务科(由会计人员经办)。大(中)队管理人员和探访管理值班人员一律不得经手现金。"第三十七条规定:"不得探访,拒绝或终止探访的规定:①有下列情形之一,不得探访,特殊情况须经管理部门审核,报所领导批准:A.戒毒人员正在实施保护性约束措施或单独管理的;B.政法机关通知暂停探访的;C.戒毒人员正在接受审查或呈报逮捕的;D. 戒毒人员因管理需要被停止探访的;E. 根据上级指示或形势的需要,做出暂时停止或限制戒毒人员探访的;F. 非探访日要求探访的。②有以下情况之一的,管理人员可以拒绝或终止探访:A. 前来探访的人员未携带任何证件,或携带的证件不能证明其身份及其同戒毒人员关系的;B. 在探访时使用隐语、外国语或串通案情、订立攻守同盟,劝阻无效的;C. 以往探访时曾有不利于戒毒人员接受戒毒治疗言行的;D. 违反规定不听劝阻的。"

依据三:《浙江省强制隔离戒毒工作执法指南(试行)》第九章第七十二条规定:"戒毒人员的配偶、直系亲属和所在单位或就读学校的工作人员可以到强制隔离戒毒所探访戒毒人员。因特殊情况,其他人员要求探访的,须经强制隔离戒毒所批准。来所探访每名戒毒人员每月原则上不准超过2次,每次最多不超过3人,每次探访时间控制在半小时以内。"第七十四条规定:"……国外、境外亲属来所探访,必须持身份证明及其他证明与探视人关系的有关证件,到强制隔离戒毒所办理探访申请,强制隔离戒毒所管理部门审核相关证件无异后,通知大(中)队填写《境外人员来所探访强制隔离戒毒人员审批表》并逐级报批,最后经省局批准后方可安排探访。探访时应有管理人员在场,交谈中不得使用隐语或外国语,违者停止探访……"第七十五条规定:"有下列情形之一的,强制隔离戒毒所可以拒绝或终止探访:①有下列情形之一,不得探访,特殊情况须经管理部门审核,报所领导批准:A. 戒毒人员正在被采取保护性约束措施或单独管理的;B. 政法机关通知暂停探访的;C. 戒毒人员正在接受审查或提请逮捕的;D. 戒毒人员因管理需要被停止探访的;E. 根据上级指示或形势需要,做出暂时停止或限制戒毒人员探访的;F. 非探访日要求探访的。②有下列情形之一的,管理人员可以拒绝或终止探访:A. 前来探访的人员未携带任何证件,或携带的证件不能证明其身份及其同戒毒人员关系的;B. 在探访时使用隐语、外国语或串通案情、订立攻守同盟,劝阻无效的;C. 以往探访时曾有不利于戒毒人员接受戒毒治疗言行的;D. 违反规定不听劝阻的。"

(2)文书制作

①姓名为在强制隔离戒毒所内需要探访的戒毒人员姓名。

②探访事由为境外人员探访该戒毒人员的事实依据,该事实依据要合法、合情、合理,事实清晰,依据充分,不能笼统地写"联系亲人,帮教等词句"。

③双方关系为戒毒人员和探访人的关系,一般仅限于父母、配偶、子女、直系亲属以及三代以内的旁系血亲,或所在单位、就读学校的工作人员等。

④大(中)队意见为大(中)队要根据现有的法律法规对本次探访做出是否同意的初步意见。

⑤管理部门意见为对大(中)队提出的建议进行调查审核,并给出下一步的意见。

⑥强制隔离戒毒所意见为对业务部门提出的建议进行再次的调查,并上报省局批准。

⑦市司法局意见为如果该名被境外人员探视的戒毒人员所属单位为地市强制隔离戒毒所则还需要通过市司法局业务部门报批,如是省属强制隔离戒毒所,则直接报送省局。

⑧省戒毒管理局意见为最终是否同意境外人员来所探访戒毒人员。

⑨各部门在签署意见后要加盖对应的公章。

(3)注意事项

①国外、境外亲属来所探访,必须持身份证明及其他证明与探视人关系的有关证件,到强制隔离戒毒所办理探访申请,强制隔离戒毒所管理部门审核相关证件无异后,通知大(中)队填写《境外人员来所探访强制隔离戒毒人员审批表》并逐级报批,最后经省局批准后方可

安排探访。探访时应有管理人员在场,交谈中不得使用隐语或外国语,违者停止探访。

②探视的次数和时间要填写清楚。

(4)文书制作示例

[示例]　境外人员来所探访强制隔离戒毒人员审批表

境外人员来所探访强制隔离戒毒人员审批表

单位:××强制隔离戒毒所一大队一中队

姓　名	倪某某	性　别	男	出生日期	1980 年 11 月
探访事由	探访人员为其姐姐(在 2010 年 11 月加入罗马尼亚国籍)这次回国探亲,得知其弟弟因吸食毒品被执行强制隔离戒毒,在回罗马尼亚前要求探访一次。			双方关系	姐弟
探访人姓名	倪某	性　别	女	国籍	罗马尼亚籍
大(中)队意见	该戒毒人员确有一个姐姐倪某,2008 年 3 月前往罗马尼亚布加勒斯特经商,并于 2010 年 11 月与罗马尼亚商人特奥多西耶结婚,于当月入籍罗马尼亚(详见其护照);其在 2012 年 5 月 12 日回国探亲时得知其弟倪某某因吸食毒品被强制隔离戒毒(我所于 2011 年 3 月 11 日收治倪某某),倪某 5 月 18 日签证到期即将返回罗马尼亚,想在回去之前探访其弟。 　　戒毒人员倪某某入所以来表现良好,未有违纪违规情况发生,已经通过了"三期"戒毒程序。根据《强制隔离戒毒人员管理工作办法(试行)》(司劳教字〔2009〕15 号)第七章第三十六条第二款之规定,建议给予其探访一次,当否,请批示。 　　　　　　　　　　　　　　　　　　负责人签名:何某某 　　　　　　　　　　　　　　　　　　2012 年 5 月 15 日					
管理部门意见	根据《强制隔离戒毒人员管理工作办法(试行)》(司劳教字〔2009〕15 号)第七章第三十六条第二款之规定,对该戒毒人员的申请进行调查,情况属实,建议给予戒毒人员倪某某与其罗马尼亚籍姐姐探访一次,时间控制在 30 分钟之内,探视交谈中不得使用隐语或外国语,违者停止探访,现场民警做好监听工作。当否,请批示。 　　　　　　　　　　　　　　　　负责人签名(盖章):林某某 　　　　　　　　　　　　　　　　2012 年 5 月 15 日					
强制隔离戒毒所意见	同意倪某某与境外的姐姐探访一次,时间控制在 30 分钟之内,请省局审批。 　　　　　　　　　　　　　　　　负责人签名(盖章):吴某某 　　　　　　　　　　　　　　　　2012 年 5 月 15 日					
市司法局意见	(由于该所为省属所,故不需经过市司法局审批这一环节,此栏空白) 　　　　　　　　　　　　　　　　负责人签名(盖章): 　　　　　　　　　　　　　　　　　　年　　月　　日					
省戒毒管理局意见	同意给予戒毒人员倪某某与境外的姐姐探访一次。 　　　　　　　　　　　　　　　　负责人签名(盖章):皮某某 　　　　　　　　　　　　　　　　2012 年 5 月 16 日					
备注	1.倪某的护照复印件; 2.倪某某所在街道派出所出具其姐弟关系的相关证明材料; 3.倪某某入所以来表现情况的民警鉴定材料。					

知识拓展

1.办理探访民警应当做好以下工作：

(1)认真审核戒毒人员与前来探访人员之间的关系。要求探访人员提供探访证明，即居民身份证、探访卡(首次探访需提供关系证明)、护照、军(警)官证等足以证明本人身份与被探访人关系的证件，并对其提供的证件进行查验，确认是戒毒人员的配偶、直系亲属和所在单位或就读学校的工作人员方可办理探访。

(2)符合探访条件的或准予探访的人员，已办理探访卡的应在电脑系统中予以登记，属初次探访的则给予办理探访卡，并进行登记。

(3)对不符合探访条件的不予探访。暂停探访的情形应及时向要求探访的人员做好解释工作，讲明原因。如有特殊情况需要探访的，应向本大队值班领导汇报，经分管所领导批准后，方可探访。

2.探访室等候区域管理人员应当做好以下工作：

(1)认真核对来所探访人员身份、人数，告知探访人员按相应探访次序号码在探访等候区域等候。

(2)探访人员要求存入现金的，应告知其可向戒毒人员本人询问银行账号，并在国内各地相关银行办理存款手续或告知交探访款的地点以及经办部门。

(3)告知探访人员日用品、食品等物品应在强制隔离戒毒所内超市或商店购买，其购买的物品不得当面交给戒毒人员，应开具提(送)货三联单。

(4)向探访人员宣传强制隔离戒毒工作的相关制度、政策，并告知探访人员应遵守强制隔离戒毒所探访工作相关规定，若违规经民警劝阻后无效的，将取消探访。

3.探访室探访区域管理人员应做好以下工作：

(1)有序安排探访人员进入探访室探访，安排戒毒人员按指定位置就座。

(2)重点控制对象的探访通话经所政管理科批准可以进行监听与录音。

(3)随时清点戒毒人员人数，对探访现场进行巡查、督促，监控探访情况，维持秩序，发现异常要及时处置。

(4)认真准确地回答戒毒人员亲属有关探访及强制隔离戒毒等方面的提问，做好规劝和沟通工作。

(5)发现被探访的戒毒人员或探访人员有违反规定行为，经劝阻无效的，应中止探访。

(6)控制单次探访时间，探访完毕的戒毒人员由中队民警带回，并做好探访情况登记和信息反馈。

4.2.9　使用保护性约束措施审批表

(1)适用范围及相关依据

依据一：《强制隔离戒毒人员管理工作办法(试行)》(司劳教字〔2009〕15号)第七章第三十二条规定："强制隔离戒毒所对出现急性戒断症状或者可能发生自伤、自残情形的强制隔离戒毒人员，可以使用束缚服(椅、床)。"第三十八条规定："对强制隔离戒毒人员使用保护性约束措施，应由大(中)队填写《使用保护性约束措施审批表》，经强制隔离戒毒所管理部门审核，报强制隔离戒毒所批准。在紧急情况下，可先行采取措施，并及时补办审批手续。束缚服(椅、床)

应当间隔使用。一次单独管理的时间不得超过 5 日。"第三十九条规定:"被停止使用保护性约束措施时,承办工作人员应在《使用保护性约束措施审批表》上签名并注明解除日期。"

依据二:《浙江省司法行政系统强制隔离戒毒管理工作执法细则(试行)》(浙劳教〔2009〕110 号)第九章第四十四条规定:"强制隔离戒毒所对出现急性戒断症状或者可能发生自伤、自残及实施其他危险行为的戒毒人员可以使用束缚带(服)、缚带椅(床)、单独管理等保护性约束措施。使用保护性约束措施应当防止造成戒毒人员的人身伤害。"第四十六条规定:"对戒毒人员采取保护性约束措施,由大(中)队填写审批表,经强制隔离戒毒所管理部门审核,报强制隔离戒毒所批准。在紧急情况下,可先采取措施,并在 24 小时内补办审批手续。束缚带(服)、缚带椅(床)应当间隔使用。一次单独管理时间一般不得超过 5 日。特殊情况,如因毒瘾发作或有现行危险正在隔离调查等,保护性约束措施的结束时间由强制隔离戒毒所视危险隐患消除为止。"第四十七条规定:"对被单独管理的戒毒人员必须进行人身和物品检查,严禁将危险物品和违禁品带入单独管理室。"第五十一条规定:"被停止使用保护性约束措施时,承办工作人员应在《使用保护性约束措施审批表》上签名并注明解除时间。"

依据三:《浙江省强制隔离戒毒工作执法指南(试行)》第十一章第八十六条规定:"戒毒人员有急性戒断症状或者可能发生自伤、自残及实施其他危险行为的可以使用束缚带(服、椅、床),使用保护性约束措施应当防止造成戒毒人员的人身伤害。"第八十七条规定:"戒毒人员有下列情形之一的,应当进行单独管理:①涉嫌违法犯罪,需移送公安、检察机关审查处理的;②在所内涉嫌违法、违纪和犯罪,需要隔离审查的;③有行凶或预谋行凶行为的;④煽动闹事和聚众斗殴的;⑤侮辱、攻击管理人员情节恶劣的;⑥以患有艾滋病或其他传染性疾病为由威胁或攻击他人,可能造成后果的;⑦公开不服管理,拒绝参加习艺劳动,性质恶劣的;⑧因吸食毒品,导致精神异常可能出现其他危险的;⑨有其他危险行为的。"

(2)文书制作及注意事项

①文书制作

A.单位为使用保护性约束措施戒毒人员的所在单位,要具体到大中队,如某某强制隔离戒毒所四大队五中队,不可填写某大某中。

B.时间为办理使用保护性约束措施的日期,要具体到年月日,不能只是填写年月或是月日等简略写法。

C.戒毒人员基本情况可以从《信息表》中获取。

D.申请使用保护性约束措施种类为选择方式,即采取四选一的方式,即在"束缚服"、"束缚椅"、"束缚床"、"单独管理"四种选项中根据本次具体的工作要求,选择其中一项,并在其方框内打钩或是将方框涂黑,不可多选或不选。

E.大(中)队申请使用理由要事实清晰,法律法规依据充分,必须根据现实发生的事件,进行有重点的概述,依据相应法律条款拟定的保护性约束措施的时间和期限,并由该戒毒人员所在大(中)队领导签名确认。

F.管理部门意见要根据大(中)队上报的情况进行调查,同时审核依据的法律法规是否适用,并就大(中)队提出的保护性约束的时间和期限建议进行审核,管理部门领导签名确认。

G.强制隔离戒毒所意见为最终对采取保护性约束措施的种类和期限进行决定,并就做好保护性约束工作提出相应的工作意见,所分管领导签名确认。

H.使用时间为保护性约束措施采取的时间和结束的时间,均要详细到几时几分,且执行民警均要签名确认。

I. 备注为采用保护性约束措施的相关旁证材料,如询问笔录、旁证材料以及相关的影像资料。

J. 各部门在签署意见后要加盖相应的公章。

②注意事项

A. 民警在日常的执法工作中绝对不能过度使用保护性约束措施,特别是不能将保护性约束措施作为惩罚戒毒人员的常态手段和方法。

B. 使用束缚服(椅、床)应当防止造成戒毒人员人身伤害,束缚带(服)、缚带椅(床)应当间隔使用,执行需要2名以上管理民警在场。单独管理时间每次不得超过5日。

C. 在紧急情况下,可以先电话请示分管所领导,获得允许后采取措施,并在24小时内补办审批手续。

D. 具体执行保护性约束措施采取的时间和结束的时间,均要详细到几时几分,同时要对照审批单中审批的种类和期限是否有误差。

E. 在具体执行过程中要根据戒毒人员的悔改表现或是急性戒断症状的病情发展情况,对执行的保护性约束措施的时间进行相应的调整,具体执行时间可以比原先审批的时间缩短,但绝对不允许超期情况的发生。

(3)文书制作示例

[示例]《使用保护性约束措施审批表》

使用保护性约束措施审批表

单位:××强制隔离戒毒所四大队五中队					2012年6月2日
姓名	李某某	性　别	男	出生日期	1980年11月
籍贯	温州鹿城	决定机关	温州市公安局鹿城分局	入所日期	2011年12月3日
申请使用保护性约束措施种类		1.束缚服□　2.束缚椅□		3.束缚床□　4.单独管理■	
大(中)队申请使用理由	2012年6月2日上午9:25分,该戒毒人员在习艺车间内与同组戒毒人员张某某发生争执,随即拿起缝纫机上的剪刀(有铁链相连),向戒毒人员张某某刺去,后经民警及时阻止,未发生严重后果,但是该戒毒人员仍不思悔改,在收工回宿舍的路上又一次挣脱包夹人员,当众殴打戒毒人员张某某,后被现场执勤民警及时制止。且该戒毒人员自入所以来一直表现不好,已经有过2次扣分记录。 　　根据《强制隔离戒毒人员管理工作办法(试行)》(司劳教字〔2009〕15号)第七章第三十三条第三款,《浙江省司法行政系统强制隔离戒毒管理工作执法细则(试行)》(浙劳教〔2009〕110号)第九章第四十五条第三款之规定,建议给予戒毒人员李某某采取约束性、预防性、强制性的单独管理,管理期限3天,从2012年6月3日8:00至2012年6月6日8:00止。 　　当否,请批示。 　　　　　　　　　　　　　　　　　　　　　负责人签名:刘某某 　　　　　　　　　　　　　　　　　　　　　2012年6月2日				

续表

管理部门意见	据查,四大队五中队戒毒人员李某某打架一事,事实清晰,情况属实,中队依据法律法规充分,建议给予戒毒人员李某某采取约束性、预防性、强制性的单独管理,管理期限 3 天,从 2012 年 6 月 3 日 8:00 至 2012 年 6 月 6 日 8:00 止。 当否,请批示。 负责人签名(盖章):周某某 2012 年 6 月 2 日
强制隔离戒毒所意见	同意给予戒毒人员李某某采取单独管理,管理期限 3 天,从 2012 年 6 月 3 日 8:00 至 2012 年 6 月 6 日 8:00 止。中队民警要做好包夹和日常的教育矫治工作。 负责人签名(盖章):黄某某 2012 年 6 月 2 日
使用时间	自 2012 年 6 月 3 日 8 时开始　　执行人签名:胡某某、张某某 自 2012 年 6 月 6 日 8 时解除　　执行人签名:胡某某、张某某
备　注	1.关于李某某、张某某的询问笔录; 2.旁证材料; 3.现场监控视频材料。

4.2.10　警械使用审批表

(1)适用范围及相关依据

依据一:《中华人民共和国人民警察使用警械和武器条例》第一章第二条规定:"人民警察制止违法犯罪行为,可以采取强制手段;根据需要,可以依照本条例的规定使用警械;使用警械不能制止,或者不使用武器制止,可能发生严重危害后果的,可以依照本条例的规定使用武器。"第二章第七条第五款规定:"以暴力方法抗拒或者阻碍人民警察依法履行职责的"。

依据二:《浙江省司法行政系统强制隔离戒毒管理工作执法细则(试行)》(浙劳教〔2009〕110 号)第十章第五十四条规定:"强制隔离戒毒所警察在执行公务中,遇有戒毒人员行凶、抢夺警察武器或者威胁值勤警察生命安全等违法犯罪行为,非使用警械和武器不能制止时,可按《中华人民共和国人民警察使用警械和武器条例》使用警械和武器。警械是指人民警察按照规定装备的警棍、催泪弹、高压水枪、特种防暴枪、手铐、脚镣、警绳等警用器械;武器,是指人民警察按照规定装备的枪支、弹药等致命性警用武器。"

依据三:《浙江省强制隔离戒毒工作执法指南(试行)》第十二章第九十三条规定:"强制隔离戒毒所民警在执行公务中,遇有戒毒人员行凶、抢夺民警武器或者威胁值勤民警生命安全等违法犯罪行为,经警告无效,非使用武器不能制止时,可按《中华人民共和国人民警察使用警械和武器条例》使用武器。"

(2)文书制作及注意事项

①文书制作

A.单位为要求使用警械的单位,要具体到大中队,如某某强制隔离戒毒所五大队一中队,不可填写某大某中。

B.时间为办理使用警械的日期,要详细到年月日。

C.戒毒人员基本情况可以从"信息表"中获取。

D.大(中)队申请使用理由需事实清晰,法律法规依据充分,要根据现实发生的事件对照法规条款是否符合采用警械的条件,进行简明扼要概括性的填写,并依据相应的法律条款拟定使用何种警械以及使用的时间和期限,由本次使用警械单位的大(中)队领导签名确认。

E.管理部门意见为根据大(中)队上报的情况进行调查,同时调查依据法律法规是否适用,并就大(中)队提出的使用警械种类以及使用时间和期限的建议进行审核,管理部门领导签名确认。

F.强制隔离戒毒所意见为最终对于使用警械的种类以及使用的时间和期限进行决定,并就做好使用警械提出相应的后续工作意见,由所分管领导签名确认。

G.使用时间为警械使用的时间和结束的时间,均要详细到几时几分,且执行人均要签名确认。

H.备注为使用警械的相关旁证材料,如询问笔录、民警鉴定以及影像资料。

I.各部门在签署意见后要加盖相应的公章。

②注意事项

A.在使用警械的过程中要合乎现场的要求,不得存在过度使用的情况,特别是约束性警械的使用不得故意造成人身伤害。

B.在紧急情况下,可以先电话请示分管领导,获得允许后采取措施,并在 24 小时内补办审批手续。

C.具体执行过程中要严格按照《警械使用审批表》中规定的警械,严禁超出审批表的范围使用其他警械或采用非制式警械;在具体操作过程中要严格按照此类警械的使用规范,正确使用;严禁无关人员使用警械;警械在使用完毕后要及时归还;严禁将警械作为日常执法询问过程中的"辅助工具"。

D.执行时需要 2 名以上管理民警签名确认。

(3)文书制作示例

[示例]《警械使用审批表》

警械使用审批表

单位:×× 强制隔离戒毒所五大队					2012 年 5 月 26 日
姓名	兰某某	性　别	男	出生日期	1983 年 5 月
籍贯	贵州织金	决定机关	宁波市公安局江北分局	入所日期	2012 年 5 月 3 日
大(中)队申请使用理由	戒毒人员兰某某于 2012 年 5 月 3 日被我所收治,在收治体检过程中发现其血液检查 HIV 呈阳性,为此将其血液样本送往××市疾病预防控制中心进行确诊检查。5 月 25 日,××市疾病预防控制中心将检测报告以及确证报告送达我所,根据浙江省关于艾滋病病毒携带戒毒人员统一在××市强制隔离戒毒所集中收治戒毒矫治的工作纪要,我们拟将戒毒人员兰某某于 5 月 28 日送往该所执行强制隔离戒毒,为确保押送途中的安全,根据《××省司法行政系统强制隔离戒毒管理工作执法细则(试行)》(浙劳教〔2009〕110 号)第十章第五十五条第四款之规定,建议给予戒毒人员兰某某戴手铐前往。 　当否,请批示。 　　　　　　　　　　　　　　　　　负责人签名:邱某某 　　　　　　　　　　　　　　　　　2012 年 5 月 26 日				

续表

管理部门意见	情况属实,五大队上报事宜事实清楚,法律法规依据充分,为确保押送途中的安全,建议使用手铐。使用时间为 5 月 28 日,具体使用时间在 8:30 分至 10:25 分 　　　　　　　　　　　　　　　　负责人签名(盖章):周某某 　　　　　　　　　　　　　　　　　　　　　2012 年 5 月 26 日
强制隔离戒毒所意见	为确保押解途中安全,同意使用警械手铐,时间为 5 月 28 日,具体使用时间大约在 8:30 分至 10:25 分,现场执勤民警在使用过程中要注意戒毒人员的生理变化。 　　　　　　　　　　　　　　　　负责人签名(盖章):黄某某 　　　　　　　　　　　　　　　　　　　　　2012 年 5 月 26 日
使用时间	自 2012 年 5 月 28 日 8:30 时开始　　　执行人签名:徐某某 、胡某某 自 2012 年 5 月 28 日 10:11 时解除　　　执行人签名:徐某某 、胡某某
备　　注	1.戒毒人员兰某某艾滋病检测报告单; 2.戒毒人员兰某某艾滋病病毒携带者确诊报告; 3.调道戒毒人员通知。

知识拓展

1.强制隔离戒毒所警察在执行公务中,遇有下列情节之一的,可以使用警械:

(1)驱逐性、制服性警械的使用(主要指警棍、催泪喷射器、网枪、特种防暴枪等)

①追截逃跑戒毒人员,遇到抵抗的;

②处理戒毒人员行凶、聚众斗殴、结伙斗殴、暴动骚乱事件等,警告无效的;

③受到戒毒人员暴力袭击,需要自卫的;

④强行冲越民警为履行职责设置的警戒线的;

⑤以暴力方法抗拒或者阻碍民警依法履行职责的;

⑥危害公共安全、场所秩序和公民人身安全的其他行为,需要当场制止的;

⑦在处置 HIV 戒毒人员、疑似患有精神类疾病戒毒人员违纪事件遇到抵抗,需保护自身安全的;

⑧法律、法规规定可以使用警械的其他情形。

⑨驱逐性、制服性警械的使用,应当以制止违法犯罪行为为限度。当违法犯罪行为得到制止时,应当立即停止使用。

(2)约束性警械的使用(主要指手铐、脚镣、警绳等)

①有强行逃跑、行凶、自杀、自伤或者其他危险行为的;

②有严重破坏场所设施或其他国家财产行为被单独管理的;

③在执行单独管理中表现恶劣的;

④在押解途中的;

⑤法律、法规规定可以使用警械的其他情形。

⑥约束性警械的使用不得故意造成人身伤害。

2.强制隔离戒毒所应当按照以下程序使用警械：

(1)大(中)队民警追截逃跑戒毒人员,遇到抵抗的;处理戒毒人员行凶、聚众斗殴、结伙斗殴、暴动骚乱事件等,警告无效的;受到戒毒人员暴力袭击,需要自卫的;强行冲越民警为履行职责设置的警戒线的;以暴力方法抗拒或者阻碍民警依法履行职责的;危害公共安全、场所秩序和公民人身安全的其他行为,需要当场制止的;在处置 HIV 戒毒人员、疑似患有精神类疾病戒毒人员违纪事件遇到抵抗,需保护自身安全的;法律、法规规定可以使用警械的其他情形时,经警告无效的可以先行使用驱逐性、制服性警械,但以有效制止为限度。事发时应电话请示所分管领导或值班所领导同意后方可使用,事后应当在 24 小时内补填《警械使用审批表》,办理报批及备案手续。对继续顽抗的可以使用手铐、警绳等约束性器械。

(2)上述情形制止无效或者遇到强行逃跑、行凶、自杀、自伤或者其他危险行为的;有严重破坏场所设施或其他国家财行为被单独管理的;在执行单独管理中表现恶劣的;在押解途中的;法律、法规规定可以使用警械的其他情形,经警告无效的,可以使用约束性警械,并及时填写《警械使用审批表》,逐级报大队、管理部门审核,所领导审批后使用,《警械使用审批表》由所管理部门备案。遇有紧急情况,经警告无效,可以先电话请示所分管领导或值班所领导同意后方可使用,事后应当在 24 小时内补填《警械使用审批表》,办理报批及备案手续。

(3)停止使用约束性警械时,大(中)队执行民警应在《警械使用审批表》上签名并注明具体时间。

4.2.11　强制隔离戒毒人员所外就医审批表

(1)适用范围及相关依据

依据一:《强制隔离戒毒人员管理工作办法(试行)》(司劳教字〔2009〕15 号)第九章第四十六条规定:"强制隔离戒毒人员患有严重疾病,强制隔离戒毒所不具备治疗条件的,地方县级以上医院无法治愈的,可以办理所外就医(法律、法规另有规定的除外)。"第四十七条规定:"强制隔离戒毒人员办理所外就医,须由指定的地方县级以上医院出具诊断证明,亲属、原工作单位或就读学校提出书面申请并同意担保。"

依据二:《浙江省司法行政系统强制隔离戒毒管理工作执法细则(试行)》(浙劳教〔2009〕110 号)第十二章第六十五条规定:"强制隔离戒毒所发现戒毒人员病情危急的,不及时治疗可能有生命危险或者身体健康严重损害的,应立即书面呈报省戒毒管理局批准(同时报省禁毒办备案),先行办理戒毒人员出所手续,同时应依照浙公通字〔2009〕36 号《关于印发〈浙江省强制隔离戒毒人员严重疾病认定标准(试行)〉的通知》第四条的规定,及时补办相关手续。"第六十六条规定:"戒毒人员患有严重疾病,强制隔离戒毒所或本系统医院不具备治疗条件的,应送地方县级以上医院治疗。"第六十七条规定:"戒毒人员患有严重疾病,且符合《浙江省强制隔离戒毒人员严重疾病认定标准(试行)》的,经地方县级以上医院出具相应诊断证明后,可以办理所外就医手续(法律、法规另有规定的除外)。"

依据三:《浙江省强制隔离戒毒工作执法指南(试行)》第十五章第一百零五条规定:"戒毒人员患有严重疾病,且基本符合《浙江省强制隔离戒毒人员严重疾病认定标准(试行)》相关条款的,强制隔离戒毒所医疗机构又不具备医疗条件,经县级以上医院出具相应诊断证明后,可以办理所外就医手续(法律、法规另有规定的除外)。所外就医时间每次原则上为1~3个月。"

(2)文书制作及注意事项

①文书制作

A.单位为要求所外就医戒毒人员所在的单位,要具体到大中队,如某某强制隔离戒毒所三大队一中队,不可简化为某大某中。

B.表中戒毒人员的基本信息均可在"信息表"中查询,如信息表中没有则可以通过询问戒毒人员获得。强制隔离戒毒期限变更情况有就如实填写,没有变更的则填写无。家庭主要成员为父母等直系亲属,成家后主要为妻子(妻子离异要注明)、子女等直系亲属。

C.所医务部门意见为所医务部门要根据戒毒人员的具体病情,结合戒毒人员病史及指定县级以上医疗部门的诊断报告,并对照所外就医的相关规定给出是否所外就医的意见和期限,所内医院负责人签字确认。

D.大(中)队意见为根据申请的理由以及相关的法律依据,拟定出大(中)队关于所外就医的意见和期限,中队领导签字确认。

E.管理部门意见为所政管理科对上报的材料进行审核,同时对所依据的法律法规的适用性进行审核,提出关于所外就医的意见和期限,管理部门领导签字确认。

F.强制隔离戒毒所意见为对所管理部门上报的材料进行审核,给出关于所外就医的意见和期限,分管所领导签字确认。

G.市司法局意见为如果该所为地市强制隔离戒毒所,还需上报市司法局审批;如果是省属强制隔离戒毒所则直接上报省局,此项可以不填。

H.省戒毒管理局管理处意见为根据省属所或市司法局上报的材料进行审核,做出是否所外就医的决定以及相应的期限的意见,局管理处领导签字确认。

I.省戒毒管理局意见为最终作出是否允许所外就医决定,分管局领导签字确认。

J.各部门在签署意见后要加盖相应的公章。

②注意事项

A.强制隔离戒毒所发现戒毒人员病情危急的,不及时治疗可能有生命危险或者身体健康严重损害的,应立即书面呈报省劳动教养管理(戒毒)局批准(同时应报省禁毒办备案),先行办理戒毒人员出所手续,同时应依照浙公通字〔2009〕36号《关于印发〈浙江省强制隔离戒毒人员严重疾病认定标准(试行)〉的通知》第四条的规定,及时补办相关手续。

B.戒毒人员所患的病情和病症必须符合《浙江省强制隔离戒毒人员严重疾病认定标准(试行)》的。

C.须有县级以上医疗部门的诊断报告。

D.强制隔离戒毒所应当及时了解所外就医人员疾病治疗情况,对已经痊愈的及时收回所内执行剩余期限;期限已到未痊愈的可以续办所外就医手续;对到期的所外就医人员应当通知回所进行诊断评估。

E.所外就医期限要填写具体详细,不能笼统地填写一个月或是几个月,要从何年何月何日开始到何年何月何日为止。

③文书制作示例

[示例]《强制隔离戒毒人员所外就医审批表》(正面)

强制隔离戒毒人员所外就医审批表

单位:××强制隔离戒毒所三大队一中队

姓名	何某某	性别	男	出生日期	1970 年 3 月	民族	汉族
曾用名	无	职业	经商	文化程度	初中	婚否	离异
户籍所在地	温州永嘉县			身份证号码	330××××××××××××××		
现住址	杭州市上城区××街道××花园×单元×室			决定机关	杭州市公安局萧山分局		
强制隔离戒毒期限				贰年 自 2011 年 10 月 11 日起至 2013 年 10 月 10 日止			
强制隔离戒毒期限变更情况				无			
家庭主要成员	父亲:何某某 退休在家(温州市永嘉县××街道××号) 母亲:章某某 退休在家(温州市永嘉县××街道××号) 妻子:金某(离异,杭州市江干区××街道××小区×单元××室,现杭州市××公司财务) 女儿:金某某(与其妻子离异后,女儿判给女方抚养) 弟弟:何某某 浙江省××职业技术学院 维修系						
所医务部门意见	该戒毒人员于 2012 年 6 月 21 日,上午由于腹部疼痛前来就诊,自述近一周来就感到胃部不适,但其没引起足够重视(该戒毒人员于 2011 年 12 月 15 日入所,在入所体检时有胃病、消化道溃疡史)认为就是普通的胃部不适,也未要求前往所内医院就诊。6 月 21 日早餐时自感腹部急剧疼痛,后拉出黑褐色粪便,就医时脸色蜡黄、心跳加快、出虚汗,后经所内医院粪便化验得知其 HB 数值为 6,系重度出血,随即转往××省人民医院消化道内科进行诊治,6 月 22 日经××省人民医院胃镜检查诊断为"胃溃疡伴出血",需进一步住院治疗。同时,由于本所的医疗条件所限,不具备治疗该疾病的能力。根据《××省强制隔离戒毒人员严重疾病认定标准(试行)》第__×__条第__×__款之规定,建议该戒毒人员所外就医一个月。 负责人签名:包某某 2012 年 6 月 22 日						

《强制隔离戒毒人员所外就医审批表》(背面)

大(中)队意见	经队务会研究,并参考医务部门提出的治疗方案和治疗时间,建议何某某所外就医一个月,时间从2012年6月23日至2012年7月22日,请审批。 负责人签名:刘某某 2012年6月22日
管理部门意见	经调查,戒毒人员何某某患病情况属实,事实清晰,依据法律法律法规条款充分,并参考医疗部门提出的治疗方案以及治疗时间,以及本所现行的医疗条件,建议何某某所外就医一个月(2012年6月23日至2012年7月22日),请所领导审批。 负责人签名(盖章):林某某 2012年6月22日
强制隔离戒毒所意见	拟同意何某某所外就医一个月(2012年6月23日至2012年7月22日),请省局审批。 负责人签名(盖章):孙某某 2012年6月22日
市司法局意见	(该所为省属所,故无需市司法局审批) 负责人签名(盖章): 年　月　日
省戒毒管理局管理处意见	拟同意何某某所外就医一个月,时间期限从2012年6月23日起至2012年7月22日止,请局领导审批。 负责人签名(盖章):鲁某某 2012年6月23日
省戒毒管理局意见	同意何某某所外就医一个月,从2012年6月23日起至2012年7月22日止。 负责人签名(盖章):张某某 2012年6月23日
备　注	1.何某某病历卡、病情说明、历次化验单据; 2.某某省人民医院诊断证明; 3.何某某父亲的申请书、保证书。

注:此表一式三份

1.戒毒人员所外就医的,应当按照以下要求和程序办理:

(1)大(中)队根据县级以上医院出具的《医疗诊断证明书》,征求所医疗机构意见。所医疗机构经合议认为病情基本符合《××省强制隔离戒毒人员严重疾病认定标准(试行)》规定条款的,提出所外就医建议。大(中)队根据所医疗机构意见,制作《强制隔离戒毒人员所外就医审批表》,并整理相关案卷材料。案卷材料根据省局×劳教〔2009〕69 号《关于规范××省司法行政系统强制隔离戒毒人员档案管理工作的通知》规定的内容和顺序整理。

(2)大(中)队经合议后将《强制隔离戒毒人员所外就医审批表》和相关案卷材料一并报所政管理科初审,由所法制部门对程序、依据、执行法规条款等执法事项进行审核后,报所诊断评估工作委员会审定,经所领导签署意见后,所政管理科将案卷材料报省局审批。

(3)经省局批准后,所政管理科应当及时制作《强制隔离戒毒人员所外就医证明书》(一式四份),同时通知担保人将所外就医人员接回,并通知户籍所在地公安机关和强制隔离戒毒原决定机关。

(4)大(中)队及时办理戒毒人员相关出所手续,并将《强制隔离戒毒人员所外就医证明书》发给戒毒人员本人,向戒毒人员及其担保人宣布所外就医期间的注意事项。

(5)由担保人签字后,将戒毒人员带离。

(6)强制隔离戒毒所应当及时了解所外就医人员疾病治疗情况,对已经痊愈的及时收回所内执行剩余期限;未痊愈的可以在所外就医期满后继续办理所外就医手续;对到期的所外就医人员应当通知回所进行诊断评估。

2.戒毒人员所外就医所需的案卷材料:

(1)强制隔离戒毒人员所外就医审批表(一式三份);

(2)强制隔离戒毒决定书(原件);

(3)强制隔离戒毒人员信息表(原件);

(4)戒毒人员(入所)体检表;

(5)疾病诊断证明和医院对疾病的处理意见;

(6)病情专题报告(所医务部门出具);

(7)戒毒人员病历及相关的检查、化验报告单原件;

(8)申请报告(保证书);

(9)三级合议表;

(10)公示(以大队的名义公示)

4.2.12　强制隔离戒毒人员所外就医证明书

《强制隔离戒毒人员所外就医证明书》是戒毒人员所外就医过程中证明其身份的填空式的法律文书。

(1)适用范围及相关依据

与《强制隔离戒毒人员所外就医审批表》相同,详见《强制隔离戒毒人员所外就医审批表》适用范围即相关依据这一章节内容。

（2）文书制作

①文号的制作：

A.括号内填写该戒毒人员所在场所的简称文号，如"浙（×戒）外医证"；

B.中括号内填写当年的年份，如〔2011〕；

C.第几号，则是指第几份外出探视证明书，按照制作该文书的前后序列填写即可，如"第44号"。

②文书中正文部分按照审批表填写即可，填写所外就医理由要言简意赅，主题突出，批准单位为《强制隔离戒毒人员所外就医审批表》中的最终审批单位。

③病因要根据指定的地方县级以上医院出具诊断证明中的病因填写。

④时间期限要具体详细，不能笼统地写一个概数，如"半个月"、"一个月"，要填写具体的起始时间段，即从何年何月何日开始到何年何月何日为止。

⑤本文书一式四份，即戒毒人员本人一份、原决定公安机关、户籍所在地派出所各一份、留档一份（留档一份要求本人签名）。

（3）文书制作示例

[示例]《强制隔离戒毒人员所外就医证明书》

强制隔离戒毒人员所外就医证明书

浙（×戒）外医证字〔2012〕第44号

兹证明何某某，（■男/□女），1970年3月10日出生，因吸食毒品被杭州市公安局萧山分局决定强制隔离戒毒两年，于2011年12月15日起在我所执行强制隔离戒毒。执行强制隔离戒毒期间，因患胃溃疡伴出血，经浙江省戒毒管理局批准，予以所外就医，时间期限从2012年6月23日起至2012年7月22日止。

（强制隔离戒毒所印章）

2012年6月23日

一式四份：戒毒人员本人一份、原决定公安机关、户籍所在地派出所各一份、留档一份（留档一份要求本人签名）。

4.2.13 强制隔离戒毒人员另行处理审批表

（1）适用范围及相关依据

依据一：《浙江省强制隔离戒毒人员严重疾病认定标准（试行）》第四条规定："司法行政机关强制隔离戒毒场所在执行强制隔离戒毒期间，发现戒毒人员可能患有《标准》规定的严重疾病的，应当依照本通知第一条的规定进行诊断。对确患有严重疾病，符合所外就医条件的，按照司法部劳教局（戒毒局）《关于印发强制隔离戒毒人员管理工作办法（试行）的通知》（司劳教字〔2009〕15号）执行。对确实不宜继续执行强制隔离戒毒的人员，司法行政机关强制隔离戒毒场所应在呈报省劳教局审批同意后，将《提请强制隔离戒毒人员另行处理通知书》送达作出强制隔离戒毒决定的公安机关。原决定强制隔离戒毒的公安机关应当在收到《提请强制隔离戒毒人员另行处理通知书》三日内，依照不同情形作出处理：对执行强制隔离戒毒期限不满一年的吸毒人员，依法提前解除强制隔离戒毒，并责令其接受社区戒毒；执行强制隔离戒毒期限已满一年的，依法提前解除强制隔离戒毒并责令其接受社区康复。已执行的强制隔离戒毒期限折抵社区戒毒期限，社区康复的期限应重新计算。司法行政机关强制隔离戒毒场所凭公安机关出具的解除强制隔离戒毒文书办理戒毒人员出所手续。"第五条规定:"司法行政机关强制隔离戒毒场所发现戒毒人员病情危急,不及时出所治疗可能有生命危险或者身体健康严重损害的,应立即书面呈报省劳教局,经省劳教局审批同意后(同时应报省禁毒办备案),先行办理戒毒人员出所手续,同时应依照本《通知》第四条的规定,及时补办相关手续。"

依据二:《浙江省司法行政系统强制隔离戒毒管理工作执法细则(试行)》(浙劳教〔2009〕110 号)第十二章第六十三条规定:"对确实不宜继续执行强制隔离戒毒的戒毒人员,强制隔离戒毒场所应呈报省戒毒管理局审批同意后,将《强制隔离戒毒人员另行处理通知书》送达作出强制隔离戒毒决定的公安机关,建议公安机关予以变更执行方式。"第六十四条规定:"变更戒毒措施决定后,强制隔离戒毒所应当通知戒毒人员亲属、原单位或就读学校,及当地公安机关。遇特殊情况,应落实相应的交接工作。"

依据三:《浙江省强制隔离戒毒工作执法指南(试行)》第十五章第一百零八条规定:"强制隔离戒毒所发现戒毒人员病情危急的,不及时出所治疗可能有生命危险或者严重损害身体健康的,应立即书面呈报省局批准(同时由省局报省禁毒办备案),办理戒毒人员先行出所手续,并及时办理变更戒毒措施手续。"第一百一十条规定:"因公安机关建立所外特勤需要办理戒毒人员变更戒毒措施(另行处理)的,应当按照浙公办〔2010〕15 号《关于进一步规范强制隔离戒毒工作有关问题的通知》执行。"第一百一十一条规定:"变更戒毒措施(另行处理)决定后,强制隔离戒毒所应当通知戒毒人员亲属、原单位或就读学校及户籍所在地公安机关。"

(2)文书制作

①单位为要求另行处理戒毒人员所在的单位,要具体到大中队,如某某强制隔离戒毒所四大队一中队,切不可简写成某大某中。

②表中其余戒毒人员的基本信息均可在"信息表"中查询,如果信息表中该信息没有,可以通过询问或是个别谈话获取。强制隔离戒毒期限变更情况为有变更的填写变更情况,没有变更的则填写无。

③家庭主要成员为父母等直系亲属,成家后主要为妻子(妻子离异要注明)、子女等直系亲属。

④事实理由为相关事实情况必须要简明扼要地进行阐述,条理清晰,重点突出,法律依据充分,如果是病情原因要另行处理的情况,所医务部门要根据戒毒人员的具体病情、病史以及指定县级以上医疗部门的诊断报告,结合另行处理的相关规定给出是否另行处理的拟定意见以及期限,所内医院负责人签字确认。

⑤大(中)队意见为根据申请的理由结合法律依据,给出大(中)队关于另行处理的意见和期限,大(中)队领导签字确认。

⑥管理部门意见为对大(中)队上报的材料以及另行处理的意见进行审核,给出关于另行处理的意见和期限,管理部门领导签字确认。

⑦强制隔离戒毒所意见为对所管理部门上报的材料进行审核,给出关于另行处理的意见和期限,分管所领导签字确认。

⑧市司法局意见为如果该所为市属强制隔离戒毒所,还需上报市司法局审批;省属强制隔离戒毒所则直接上报省局。

⑨省戒毒管理局管理处意见为根据省属所或是市司法局上报的材料和所依据的法律规范是否适用进行审核，做出另行处理的意见，局管理处领导签字确认。

⑩省戒毒管理局意见为最终作出是否允许另行处理决定，分管局领导签字确认。

⑪各部门在签署意见后加盖公章。

（3）文书制作示例

[示例]《强制隔离戒毒人员另行处理审批表》（正面）

强制隔离戒毒人员另行处理审批表

单位:××强制隔离戒毒所四大队一中队

姓　　名	曾某某	性别	男	出生日期	1977 年 3 月	民族	汉族
曾用名	曾某	职业	无业	文化程度	初中	婚否	未婚
户籍所在地	杭州余杭			身份证号码	3301××19770307××××		
现住址	杭州市余杭区某某镇某某街道某号			决定机关	杭州市余杭区公安分局		
强制隔离戒毒期限			贰年　自 2011 年 1 月 20 日起至 2013 年 1 月 20 日止				
强制隔离戒毒期限变更情况			无				
家庭主要成员	父亲:曾某某,杭州市余杭区某局某科,现退休在家 母亲:张某某,杭州市余杭区农村信用合作社,2010 年去世 姐姐:曾某某,杭州市四季青个体经商 弟弟:曾某某,杭州市旅游公司驾驶员						
事实理由	该戒毒人员于 2011 年 2 月 18 日入所,入所后一个月后,出现多食,多饮,多尿,体重下降,身体逐渐消瘦,所医院血糖检测数值为 34mmol/L,经饮食控制及药物治疗后,降低血糖效果不明显,后转送至浙江省某某医院检测,诊断为 I 型糖尿病,需要长期注射胰岛素。根据《浙江省强制隔离戒毒人员严重疾病认定标准（试行）》第四条、第五条第一款;《浙江省司法行政系统强制隔离戒毒管理工作执法细则（试行）》（浙劳教〔2009〕110 号）第十二章第六十三条之规定,戒毒人员曾某某已经不宜继续执行强制隔离戒毒。 　　　　　　　　　　　　　　　　　　负责人签名:李某某 　　　　　　　　　　　　　　　　　　　　　2012 年 5 月 25 日						

《强制隔离戒毒人员另行处理审批表》(背面)

大(中)队意见	经队务会研究,结合戒毒人员曾某某的实际情况,并参考医务部门提出的诊断意见,根据《浙江省强制隔离戒毒人员严重疾病认定标准(试行)》第四条、第五条第一款之规定,建议给予戒毒人员曾某某另行处理,请审批。 负责人签名:毛某某 2012 年 5 月 25 日
管理部门意见	经调查,并参考医务部门提出的诊断意见,戒毒人员曾某某另行处理的相关事宜,事实清楚,依据法律法规条款充分,拟同意对曾某某另行处理,请所领导审批。 负责人签名(盖章):陈某某 2012 年 5 月 25 日
强制隔离戒毒所意见	请所管理、医务部门和中队密切关注戒毒人员曾某某的病情变化,拟同意对曾某某另行处理,请司法局审批。 负责人签名(盖章):孙某某 2012 年 5 月 25 日
市司法局意见	同意对曾某某的另行处理,请省局审批。(如果该所为省属所,则无需市司法局审批) 负责人签名(盖章):黄某某 2012 年 5 月 26 日
省戒毒管理局管理处意见	拟同意对曾某某另行处理,请局领导审批。 负责人签名(盖章):董某某 2012 年 5 月 26 日
省戒毒管理局意见	同意曾某某另行处理。 负责人签名(盖章):凌某某 2012 年 5 月 26 日
备　注	1.曾某某病历卡、病情说明、历次化验单据; 2.浙江省××人民医院诊断证明。

注:此表一式三份

知识拓展

1.戒毒人员变更戒毒措施(另行处理)的,应当按照以下要求和程序办理:

(1)所医疗机构根据县级以上医院出具的《医疗诊断证明书》,认为病情符合《浙江省强制隔离戒毒人员严重疾病认定标准(试行)》规定条款的,出具《病情专题报告》,大(中)队根据医务部门的意见提出变更戒毒措施(另行处理)建议,制作《强制隔离戒毒人员另行处理审批表》,并整理相关案卷材料。案卷材料根据省局浙劳戒〔2009〕69 号《关于规范浙江省司法行政系统强制隔离戒毒人员档案管理工作的通知》规定的内容和顺序整理。

（2）大（中）队合议后将《强制隔离戒毒人员另行处理审批表》和相关案卷材料一并报所政管理科初审，由所法制部门对程序、依据、执行条款等执法事项进行审核后报所诊断评估工作委员会审定，经所领导签署意见后，所政管理科将案卷材料报省局审批。

（3）经省局批准后，所政管理科应当及时制作《提请强制隔离戒毒人员另行处理通知书》，并连同《医疗诊断证明书》（复印件）、《强制隔离戒毒人员另行处理审批表》等三项材料寄送至强制隔离戒毒决定机关（浙江为市公安局）审批。

（4）收到公安机关《社区戒毒决定书》或《社区康复决定书》后，及时办理相关出所手续。

2.戒毒人员另行处理所需的案卷材料：

（1）强制隔离戒毒人员另行处理审批表（一式三份）；

（2）强制隔离戒毒决定书（原件）；

（3）强制隔离戒毒人员信息表（原件）；

（4）戒毒人员（入所）体检表；

（5）《医疗诊断证明书》或是疾病诊断证明以及医院对疾病的处理意见；

（6）病情专题报告（所医务部门出具）；

（7）戒毒人员病历及相关的检查、化验报告单原件；

（8）申请报告（保证书）；

（9）三级合议表；

（10）公示（以大队的名义公示）。

3.戒毒人员先行出所的，应当按照以下要求和程序办理：

（1）所医疗机构根据县级以上医院出具的《医疗诊断证明书》，认为病情符合《浙江省强制隔离戒毒人员严重疾病认定标准（试行）》规定条款的，且不及时出所治疗可能有生命危险或者严重损害身体健康的，提出先行出所建议。

（2）大（中）队根据所医疗机构意见，提出先行出所报告，所政管理科初审后，报所领导审核，再报省局审批。

（3）经省局批准后，强制隔离戒毒所及时联系其家属带回继续接受治疗。同时，由大（中）队办理出所相关手续。

（4）戒毒人员先行出所后，强制隔离戒毒所应及时按要求办理变更戒毒措施（另行处理）手续。

4.2.14 提请强制隔离戒毒人员另行处理通知书

《提请强制隔离戒毒人员另行处理通知书》是对不适宜继续执行强制隔离戒毒的戒毒人员，由司法行政系统强制隔离戒毒所经省局审批同意后，送达作出强制隔离戒毒决定的公安机关的法律文书。

（1）适用范围及相关依据

与《强制隔离戒毒人员另行处理审批表》相同，详见《强制隔离戒毒人员另行处理审批表》适用范围即相关依据这一章节内容。

（2）文书制作的方法

①文号的制作：

A.括号内填写该戒毒人员所在场所的简称文号,如"浙(×戒)另字";

B.中括号内填写当年的年份,如"〔2012〕";

C.第几号,则是指第几份提请另行处理通知书,按照制作该文书的前后序列填写即可,如"第 21 号"。

②文书中正文部分即"提请另行处理原因"可以根据审批表中的事实理由填写即可,在填写原因时要言简意赅,主题突出。病因要根据指定的地方县级以上医院出具的诊断证明中的病因情况如实填写。

③承办人为该戒毒人员所在大(中)队的民警;批准人为司法行政机关强制隔离机关最终批准的民警,一般为省局的分管领导。填发人为填发该文书的民警,一般为所政管理科的民警。

(3)文书制作示例

[示例]《提请强制隔离戒毒人员另行处理通知书》

×××强制隔离戒毒所

提请强制隔离戒毒人员另行处理通知书

浙(×戒)另字〔2012〕第 21 号

强制隔离戒毒人员　曾某某　　性别　男　　出生日期1977 年 3 月 7 日

身份证号码:3301××19770307××××

现住址:杭州市余杭区××镇××街道××号

工作单位:××股份有限公司(已解聘)

办案机关:杭州市余杭区公安分局

强制隔离戒毒期限:贰年　自 2011 年 1 月 20 日起至 2013 年 1 月 20 日止

提请另行处理原因:经浙江省××医院检测(县级以上医院),诊断为Ⅰ型糖尿病,需要长期注射胰岛素,根据《浙江省强制隔离戒毒人员严重疾病认定标准(试行)》第四条、第五条第一款;《浙江省司法行政系统强制隔离戒毒管理工作执法细则(试行)》(浙劳教〔2009〕110 号)第十二章第六十三条之规定,戒毒人员曾某某已经不宜继续执行强制隔离戒毒。并经省戒毒局批准,同意另行处理。

承办人:陈某某

批准人:卢某某

填发人:张某某

填发日期:2012 年 5 月 27 日

注:诊断书或证明材料复印件附后

 知识拓展

责令社区戒毒决定书

原决定强制隔离戒毒的公安机关,在收到强制隔离戒毒所《另行处理通知书》或是《提请另行处理通知书》后,对不适宜继续执行强制隔离戒毒的戒毒人员,应当依法作出变更强制隔离戒毒为社区戒毒或是社区康复的决定,其中《责令社区戒毒决定书》是戒毒变更戒毒措施的重要法律文书,也是社区戒毒的执法凭证。

××市公安局(分局)
　　　　　　　　　　　责令社区戒毒决定书

　　　　　　　　　　　　　　　　　　　某某社戒决定[2012]字某某号

　　被责令社区戒毒人：陈某某　性别：男　出生日期：1975 年 12 月 23 日
　　身份证件种类及号码：身份证：×××××19751223××××
　　户籍所在地：浙江温州
　　现住地：浙江省温州市瓯海区××花园××幢××号楼
　　工作单位：××股份有限公司(已被辞退)
　　现查明：2009 年 3 月 15 日，下午 16 时 21 分，陈某某在虹桥镇××宾馆内吸食海洛因，被当地公安机关查获，经尿液检测定性为阳性，2009 年 3 月 17 日，陈某某被执行强制隔离戒毒 2 年，在执行 7 天后，因为陈某某腰椎间盘突出严重，不能起床、用餐、行走、如厕，生活不能自理。
　　根据《浙江省强制隔离戒毒人员严重疾病认定标准(试行)》第九条第五款之规定，我局决定责令其接受社区戒毒叁年(自 2009 年 3 月 21 日至 2012 年 3 月 20 日止)。被责令接受社区戒毒人员应当自收到本决定书之日起七日内持此决定书到社区戒毒执行地报到，否则视为拒绝接受社区戒毒，被责令接受社区戒毒人员在社区戒毒过程中要根据公安机关的要求，定期接受检测。
　　社区戒毒执行地社区名称：××省××市××区××社区
　　地址：××省××市××区××街道××巷××号
　　被责令社区戒毒人(签名)陈某某(捺指纹)
　　　2009 年　3　月　21　日

　　一式三份，被责令接受社区戒毒人，社区戒毒执行地各一份，一份附卷。

4.2.15　强制隔离戒毒人员奖惩审批表

（1）适用范围及相关依据

　　依据一：《强制隔离戒毒人员管理工作办法(试行)》(司劳教字〔2009〕15 号)第十一章第五十六条规定："强制隔离戒毒所应当根据强制隔离戒毒人员的所内表现进行奖惩。"第五十七条"对强制隔离戒毒人员的奖励种类为表扬、嘉奖、记功三种，惩罚种类为警告、严重警告、记过三种。"第五十八条"奖惩由大(中)队提出意见，填写《强制隔离戒毒人员奖惩审批表》，经强制隔离戒毒所管理部门审核，报强制隔离戒毒所批准。"

　　依据二：《浙江省司法行政系统强制隔离戒毒管理工作执法细则(试行)》(浙劳教〔2009〕110 号)第十三章第七十条规定："强制隔离戒毒所应当定期对戒毒人员的戒毒治疗效果进行考核、奖惩和诊断评估。"第七十一条规定："对戒毒人员的考核工作按照《浙江省司法行政系统强制隔离戒毒人员行为矫治考核办法》执行。"

　　依据三：《浙江省强制隔离戒毒工作执法指南(试行)》第十六章第一百一十二条规定："强制隔离戒毒所应当依照法定条件和法定程序定期对戒毒人员的戒毒治疗效果进行考核、奖惩、评议和诊断评估，对有自由裁量范围的奖惩，应当制定合理、规范的裁量标准。"第一百一十三条规定："对戒毒人员的日常考核工作由各强制隔离戒毒所按照《浙江省司法行政系统强制隔离戒毒人员行为矫治考核办法》执行。"第一百一十四条规定："强制隔离戒毒所对戒毒人员的奖励种类为：表扬、嘉奖、记功，惩罚种类为警告、严重警告、记过。"

（2）文书制作及注意事项

①文书制作

A.在制作奖惩审批表时首先应明确是奖励还是惩处以及奖惩的种类，如"强制隔离戒毒人员表扬审批表"或是"强制隔离戒毒人员警告审批表"等。

B.单位为要求奖惩的戒毒人员所在的单位，要具体到大中队，如某某强制隔离戒毒所一大队一中队，不可简写成某大某中。

C.表中其余戒毒人员的基本信息均可在"信息表"中查询，如果"信息表"中没有则可以通过询问或是个别谈话获得。

D.强制隔离戒毒期限变更情况为有变更的填写变更情况，没有变更的则填写无。

E.主要理由为奖惩情况要事实清楚、条理清晰，相关证据材料齐全、确凿，引用相关法律法规准确充分。经办人为经办此事的民警，且需要该民警签字确认。

F.大（中）队意见为根据经办民警的理由陈述，综合相关事实、证据材料，结合相关法律法规依据，拟定出大（中）队关于关于该名戒毒人员奖惩的意见，大（中）队领导签字确认。

G.管理部门意见为对上报的材料进行审核，拟定出该名戒毒人员奖惩的意见，管理部门领导签字确认。

H.强制隔离戒毒所意见为对上报的材料进行审核，给出最终的决定意见，所分管领导签字确认。

I.备注为相关的证据或凭证作为附件，各部门签署意见后需加盖公章。

②注意事项

A.奖惩结果作为诊断评估的重要依据，在制作时要尤其慎重。

B.奖惩决定应当向强制隔离戒毒人员宣布，经本人签名确认后存入档案；拒绝签名的，应当注明情况，不影响奖惩决定的执行。

（3）文书制作示例

[示例]《强制隔离戒毒人员警告审批表》

强制隔离戒毒人员警告审批表

单位：××强制隔离戒毒所一大队一中队　　　　　　　　　2011年5月23日

姓名	陶某某	性别	男	出生日期	1987年3月3日	民族	汉族
曾用名	无	籍贯	浙江嘉善	现住址	浙江省嘉善县××镇××村××号		
决定机关	嘉善县公安局	入所日期	2011年2月25日	建议奖惩种类	警告		
强制隔离戒毒期限	贰年　自2011年2月25日起至2013年2月24日止						
主要理由	2011年5月23日上午10时许，在戒毒人员探访区，戒毒人员陶某某在探访过程中突然情绪失控，用头撞墙，企图用人身伤害来要挟家属，后被现场执勤民警及时制止，鉴于戒毒人员陶某某的行为已经严重违反了法律法规，给场所造成了不良影响，根据《××省司法行政系统强制隔离戒毒人员行为矫治考核办法》第八条第四款第六项之规定，建议给予该戒毒人员警告处理。　　　　　经办民警：刘某某　　2011年5月23日						
大（中）队意见	经2011年5月25日队务会集体讨论研究，一致认为强制隔离戒毒人员陶某某违纪事实成立且清楚，相关证据材料齐全、确凿，根据《××省司法行政系统强制隔离戒毒人员行为矫治考核办法》第八条第四款第六项之规定，给予戒毒人员陶某某警告处理一次。妥否，请批示。　　　　　负责人签字：刘某某　　2011年5月25日（盖章）						

续表

管理部门意见	经审查,戒毒人员陶某某警告事宜,事实清晰,依据规定,建议给予该戒毒人员陶某某警告处理一次。妥否,请批示。 负责人签名:王某某 2011 年 5 月 30 日(盖章)
强制隔离 戒毒所意见	同意戒毒人员陶某某警告处理一次。 负责人签名:徐某某 2011 年 5 月 30 日(盖章)
备注	1.陶某某事件的询问笔录; 2.现场监控的视频资料; 3.民警对陶某某的鉴定; 4.其余戒毒人员的旁证材料。

 **知识拓展**

奖励(惩罚)决定书

×××强制隔离戒毒所

诊断评估工作委员会奖励(惩罚)决定书

浙×戒奖(惩)[2011]65 号

强制隔离戒毒人员陶某某,曾用名 __无__ ,性别 __男__ ,出生年月 __1987 年 3 月 3 日__ 身份证号码×××××19870303×××民族汉族,文化程度初中,2011 年 2 月 25 日因吸食毒品被嘉善县公安(分)局决定强制隔离戒毒两年(2011 年 2 月 25 日起至 2013 年 2 月 24 日止),于 __2011__ 年 __2__ 月 __25__ 日送××省××强制隔离戒毒所执行强制隔离戒毒。

现因2011 年 5 月 23 日上午 10 时许,在戒毒人员探访区,戒毒人员陶某某在探访过程中突然情绪失控,用头撞墙,企图对自己造成人身伤害来要挟家属,根据司法部劳教局(戒毒局)《强制隔离戒毒人员管理工作办法(试行)》第五十七条和《浙江省司法行政系统强制隔离戒毒人员行为矫治考核办法》第八条第四款第六项之规定,决定给予强制隔离戒毒人员陶某某表扬/嘉奖/记功(警告/严重警告/记过)一次。

如不服本决定,可在接到决定书之日起 3 个工作日内以书面形式向强制隔离戒毒所有关部门提出复核申请。

戒毒人员签名: (按捺手印)

该戒毒人员拒绝签名,执行民警张某某、李某某。

2011 年 5 月 30 日

本决定书一式两份,一份留档(需戒毒人员本人签名)、一份送达本人。

1.强制隔离戒毒所对戒毒人员的奖惩工作应当按照下列要求和程序进行:

(1)大(中)队分管民警对戒毒人员的特定事实进行调查取证或审查后向大(中)队分管领导汇报,大(中)队分管领导根据事实和法定条件,决定是否提请给予奖惩;取证或审查应有两名以上民警参加。

(2)大队分管领导决定提请给予奖惩的,由大(中)队分管民警负责收集和制作申报材料,填写《强制隔离戒毒人员奖惩审批表》,并附相关证明材料,形成案卷后提请大(中)队集体合议。

(3)大队集体合议决定提请给予奖惩的,由大队分管领导在《强制隔离戒毒人员奖惩审批表》上签字确认,并由大队管教内勤制作合议表。

(4)大队对奖惩相关案卷材料进行初审后,上报强制隔离戒毒所管理部门审核。

(5)强制隔离戒毒所法制部门对提请的程序、事实依据、使用条款进行执法审核。

(6)管理部门制作所级合议表,一并递交强制隔离戒毒人员诊断评估工作委员会合议。

(7)经合议通过后,由管理部门将案卷材料报所分管领导签署意见。

(8)审批通过后,兑现奖惩结果,将案卷材料存入戒毒人员副档。审批表由管理部门留存一份,并将奖惩决定在大队范围内公示 3 日。

2. 强制隔离戒毒所对戒毒人员奖惩的有关案卷材料应当按照以下内容和顺序整理:

(1)奖励案卷材料的内容和顺序:

①《强制隔离戒毒人员奖惩审批表》;

②日常记分考核表;

③分管民警鉴定;

④本人思想汇报;

⑤人证、物证、书证等相关旁证材料;

⑥小组、民主评议表;

⑦三级合议表;

⑧公示单。

(2)惩罚案卷材料的内容和顺序:

①《强制隔离戒毒人员奖惩审批表》;

②民警调查报告;

③分管民警鉴定;

④人证、物证、书证等相关旁证材料;

⑤《使用保护性约束措施审批表》;

⑥《警械使用审批表》;

⑦事情经过及检讨书;

⑧询问笔录;

⑨小组、民主评议表;

⑩三级合议表;

⑪公示单。

3. 戒毒人员对奖惩决定有异议的,应当按照下列要求和程序办理:

(1)有异议的戒毒人员可以在奖惩决定的 3 日公示期内向大队提出复查申请。

(2)大队收到复查申请后,及时组织调查人员进行复查,并在 5 个工作日内将复查结果报告强制隔离戒毒所管理部门,同时告知申请人。

(3)大队告知后,申请人对复查结果仍不服的,可以向戒毒人员诊断评估工作委员会办公室申请复核。

(4)诊断评估工作委员会办公室收到复核申请后,责成主管部门复核,主管部门应当在 7 个工作日内作出维持或纠正的最终决定,并告知申请人。

4.2.16　提前解除强制隔离戒毒审批表

（1）适用范围及相关依据

依据一：《强制隔离戒毒人员管理工作办法（试行）》（司劳教字〔2009〕15号）第十三章第六十四条规定："强制隔离戒毒所对经过诊断评估准予提前解除或按期解除强制隔离戒毒的人员，应当提前或按期解除强制隔离戒毒。"第六十六条："强制隔离戒毒所对解除强制隔离戒毒的人员，应填发《解除强制隔离戒毒证明书》，由大（中）队宣布并发给本人。"

依据二：《浙江省司法行政系统强制隔离戒毒管理工作执法细则（试行）》（浙劳教〔2009〕110号）第十四章第七十二条规定："强制隔离戒毒场所对经过诊断评估准予提前解除或按期解除强制隔离戒毒的人员，应当提前或按期解除强制隔离戒毒。"第七十四条规定："强制隔离戒毒所对解除强制隔离戒毒的戒毒人员，应当填写《解除强制隔离戒毒证明书》，由大（中）队宣布并发给本人。强制隔离戒毒所应当提前通知强制隔离戒毒决定机关、戒毒人员所在单位（乡镇、街道）和户籍所在地公安机关。"

依据三：《浙江省强制隔离戒毒工作执法指南（试行）》第十八章第一百二十五条规定："强制隔离戒毒所对经过诊断评估，符合提前解除强制隔离戒毒条件的戒毒人员，应当及时提请提前解除强制隔离戒毒；符合按期解除强制隔离戒毒条件的戒毒人员，应当及时办理按期解除强制隔离戒毒手续。"

（2）文书制作及注意事项

①文书制作

A. 单位为要求提前解除强制隔离戒毒的戒毒人员所在单位，要具体到大中队，如某某强制隔离戒毒所七大队一中队，不可简化为"某大某中"。

B. 表中其余戒毒人员的基本信息均可在"信息表"中查询，如果信息表中该信息没有，可以通过询问或个别教育获取。

C. 强制隔离戒毒期限变更情况为有变更的填写变更情况，没有变更的则填写无。

D. 诊断评估结果为根据要求对于各评估阶段（如一年、一年三个月、一年六个月、一年九个月、二年等）的诊断情况，特别是戒毒人员执行强制隔离戒毒的期限，三期戒毒流程的完成的情况，生理、心理测评情况，各期评议结果情况，行为矫治考核累计分情况等，都要进行有重点、有条理地表述。

E. 提前解除强制隔离戒毒理由为根据法律法规中涉及可以提前解除强制隔离的条款，如《中华人民共和国禁毒法》第四十七条、《浙江省强制隔离戒毒诊断评估工作暂行规定》（浙公通〔2009〕93号）第十四条、《浙江省司法行政系统强制隔离戒毒人员诊断评估工作实施细则（试行）》（浙劳教〔2009〕54号）第十五条之规定。

F. 大（中）队意见为根据申请的理由结合法律依据，拟定出大（中）队关于提前解除强制隔离戒毒的意见，中队领导签字确认。

G. 管理部门意见为对大（中）队上报的材料以及所依据的法律法规条款的适用情况进行审核，拟定出关于提前解除强制隔离戒毒的意见，管理部门领导签字确认。

H. 强制隔离戒毒所意见为对所管理部门拟定的意见进行审核，拟定出关于提前解除强制隔离戒毒的意见，分管所领导签字确认。

I. 市司法局意见为如果该所为地市属强制隔离戒毒所，还需上报市司法局审批后再上报省局，省属强制隔离戒毒所则直接上报省局。

J.省戒毒管理局管理处意见为根据省属所或是市司法局上报的材料进行审核,拟定出提前解除强制隔离戒毒的意见,局管理处领导签字确认。

K.省戒毒管理局意见为对局管理部门拟定的意见进行审核,拟定出关于提前解除强制隔离戒毒的意见,分管局领导签字确认。

②注意事项

A.提前解除强制隔离戒毒的必须完成三期戒毒流程。

B.对提前解除强制隔离戒毒的,强制隔离戒毒所在接到决定机关批准文件之日起3日内,向提前解除强制隔离戒毒的戒毒人员宣布并送达。

C.对解除强制隔离戒毒的人员,强制隔离戒毒所应当及时发还代管财物,结清账目,发给路费,办理出所手续。

(3)文书制作示例

[示例]《提前解除强制隔离戒毒审批表》

提前解除强制隔离戒毒审批表

单位:××强制隔离戒毒所七大队一中队

姓名	胡某某	性别	男	出生日期	1988年1月28日	民族	汉族
曾用名	无	职业	无业	文化程度	初中	婚否	未婚
户籍所在地	湖南华容		现住址	浙江省杭州市江干区××路××假日酒店			
身份证号码	43062319880128×××			决定机关	杭州市公安局江干分局		
入所日期	2008年11月10日			呈报时间	2009年10月12日		
强制隔离戒毒期限			贰年 自2008年10月10日起至2010年10月9日止				
强制隔离戒毒期限变更情况			无				

诊断评估结果:

  该戒毒人员执行强制隔离戒毒期满一年,完成三期戒毒流程,生理、心理经测评均已脱毒,各期评议结果为"3A",行为矫治考核累计达到380分,(其中累计扣分0分),综上,该戒毒人员在强制隔离戒毒期限内,日常行为表现良好,戒毒康复效果良好。

提前解除强制隔离戒毒理由:

  根据《中华人民共和国禁毒法》第四十七条、《浙江省强制隔离戒毒诊断评估工作暂行规定》(浙公通〔2009〕93号)第十四条、《浙江省司法行政系统强制隔离戒毒人员诊断评估工作实施细则(试行)》(浙劳教〔2009〕54号)第十五条之规定,建议对该名强制隔离戒毒人员办理提前解除强制隔离戒毒。

大(中)队意见	该戒毒人员执行强制隔离戒毒期满一年,完成三期戒毒流程,根据诊断评估结果,符合提前解除强制隔离戒毒条件,建议提前解除强制隔离戒毒。当否,请审批。 负责人签名:李某某 2009年10月9日(盖章)
管理部门意见	根据上报材料,经审核戒毒人员胡某某执行强制隔离戒毒期满一年,完成三期戒毒流程,情况属实,拟同意戒毒人员胡某某提前解除强制隔离戒毒。当否,请审批。 负责人签名(盖章):林某某 2009年10月10日

续表

强制隔离戒毒所意见	同意戒毒人员胡某某提前解除强制隔离戒毒。当否，请省局审批。 负责人签名(盖章):余某某 2009 年 10 月 10 日
市司法局意见	(如果该所为省属所,故无需市司法局审批) 负责人签名(盖章): 　　　年　月　日
省戒毒管理局管理处意见	同意戒毒人员胡某某提前解除强制隔离戒毒。当否,请审批。 负责人签名(盖章):胡某某 2009 年 10 月 11 日
省戒毒管理局意见	同意戒毒人员胡某某提前解除强制隔离戒毒。 负责人签名(盖章):易某某 2009 年 10 月 10 日
备注	1.胡某某期满一年的诊断评估表; 2.胡某某三期(生理脱毒期、身体康复期、戒毒巩固期)诊断评议表 3.胡某某日常考核手册

注:此表一式三份

知识拓展

戒毒人员提前解除强制隔离戒毒的,按以下要求和程序办理:

(1)大(中)根据诊断评估结果填写《提前解除强制隔离戒毒审批表》,将《提前解除强制隔离戒毒审批表》和相关案卷材料一并报所诊断评估工作办公室初审后报所诊断评估工作委员会审定。所诊断评估工作委员会合议后,送所分管领导签署意见。提前一年解除强制隔离戒毒的,需报省局审批。

(2)所政管理科将提前解除强制隔离戒毒人员的《诊断评估汇总表》、《提前解除强制隔离戒毒审批表》、《提请提前解除强制隔离戒毒意见书》以挂号邮寄形式寄往强制隔离戒毒原决定机关。

(3)所政管理科将提前解除人员的相关信息录入《吸毒人员社会化管理信息系统》。

(4)所政管理科收到公安机关的相关法律文书(《提前解除强制隔离戒毒决定书》一式五份,或者不同意强制隔离戒毒所呈报意见的书面答复)后,分类按程序办理。公安机关同意提前解除的,强制隔离戒毒所在 3 个工作日内,向戒毒人员宣布并送达相关法律文书,同时按出所流程办理解除强制隔离戒毒手续。公安机关不予批准的,强制隔离戒毒所在收到公安机关的书面答复后,应及时向戒毒人员宣布并将相关材料存入戒毒人员副档,继续执行强制隔离戒毒。公安机关委托送达《责令社区康复(戒毒)决定书》的,由大(中)队民警代为送达,如解除当天未收到《责令社区康复(戒毒)决定》的,以后收到的《责令社区康复(戒毒)决定》要退回公安机关,由公安机关送达本人。

4.2.17　提请提前解除强制隔离戒毒意见书

《提请提前解除强制隔离戒毒意见书》是由强制隔离戒毒场所对在强制隔离期间,部分执行强制隔离戒毒期满足一定时间,完成三期戒毒流程,生理、心理经测评已脱毒,各期评议结果达到法定条件,行为矫治考核累计达到法定分值的戒毒人员,由司法行政系统强制隔离戒毒所(如提前一年的需经省局审批同意),送达作出强制隔离戒毒决定的公安机关的法律文书。

(1)适用法律和范围

与《提前解除强制隔离戒毒审批表》相同,详见《提前解除强制隔离戒毒审批表》适用范围及相关依据这一章节内容。

(2)文书制作

①文号的制作:

A.括号内填写该戒毒人员所在场所的简称文号,如"浙(×戒)提解字";

B.中括号内填写当年的年份,如"〔2012〕";

C.第几号,则是指第几份提请提前解除强制隔离戒毒意见书,按照制作该文书的前后序列填写即可,如"第 12 号"。

②正文的抬头单位为原作出强制隔离戒毒决定的机关。

③文书中正文部分可根据《提前解除强制隔离戒毒审批表》中对应的内容填写即可。

④联系单位为该戒毒人员所在的强制隔离戒毒所具体的经办单位,一般为管理科;联系人一般为所政管理科的经办民警。

(3)注意事项

①现已执行期限要采用汉字的大写数值填写。

②该文书一式三份,即原决定公安机关一份、留档二份(留档二份要求本人签名)。

(4)文书制作示例

[示例] 《提请提前解除强制隔离戒毒意见书》

××强制隔离戒毒所

提请提前解除强制隔离戒毒意见书

浙(×戒)提解字〔2009〕第 12 号

杭州市公安局江干区(分局):

强制隔离戒毒人员胡某性别男出生日期1988 年 1 月 28 日

身份证件种类及号码:43062319880128×××

现住址浙江省杭州市江干区××路××号,××假日酒店

因吸毒成瘾被决定强制隔离戒毒,期限为 2008 年 10 月 10 日起至 2010 年 10 月 9 日止。现已执行 壹 年 零 月,经诊断评估,认定该强制隔离戒毒人员在所期间戒毒效果良好,根据《中华人民共和国禁毒法》第四十七条和《浙江省强制隔离戒毒诊断评估工作暂行规定》第十四条之规定,符合提前解除强制隔离戒毒条件,特提请贵局予以提前解除强制隔离戒毒。

(强制隔离戒毒所印章)

2009 年 10 月 10 日

联系单位:×××强制隔离戒毒所所政管理科

联系电话:0570— ×××××××× 公安网×××××× 联系人:黄警官

一式三份:原决定公安机关一份、留档二份(留档二份要求本人签名)。

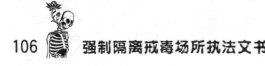

知识拓展

提前解除强制隔离戒毒决定书

提前解除强制隔离戒毒决定书是由原作出强制隔离戒毒决定的公安机关制作的提前解除戒毒人员强制隔离戒毒的执法文书。原决定机关在收到强制隔离戒毒所的《提请提前解除强制隔离戒毒意见书》后三天内，对执行强制隔离戒毒已满一定期限的戒毒人员，依法作出提前解除强制隔离戒毒决定而制作的执法文书，是变更戒毒期限的执法书面凭证。目前部分原决定机关以社区戒毒或社区康复决定书替代提前解除强制隔离戒毒决定书。

[示例]《提前解除强制隔离戒毒决定书》

××市(县)公安局
提前解除强制隔离戒毒决定书

×公解强戒决字〔2009〕第 25 号

强制隔离戒毒人员　胡某　性别　男　出生日期　1988 年 1 月 28 日

身份证件种类及号码　43062319880128×××

户籍所在地：　湖南华容　　　　现住地：　浙江省杭州市江干区××路××号

工作单位：　××假日酒店

强制隔离戒毒决定书文号：　×公(2008)　强戒决字第132号

强制隔离戒毒期限：　贰年　自　2008　年　10　月　10　日起至　2010　年　10　月　9　日止

经诊断评估，被强制隔离戒毒人员戒毒情况良好，根据《中华人们共和国禁毒法》第四十七条第二款之规定，我局决定对其提前解除强制隔离戒毒。

强制隔离戒毒所名称：　××　强制隔离戒毒所

地址：　××市××区××镇××路××号

被强制隔离戒毒人(签名)：　胡某　　(按捺指纹)

　2009　年　10　月　14　日

一式五份，被强制隔离戒毒人员、强制隔离戒毒所、被强制隔离戒毒人员所在单位、户籍所在地派出所各一份，一份附卷。

4.2.18　延长强制隔离戒毒期限审批表

(1)适用范围及相关依据

《禁毒法》第四十七条规定："……强制隔离戒毒期满前，经诊断评估，对于需要延长戒毒期限的戒毒人员，由强制隔离戒毒场所提出延长戒毒期限的意见，报强制隔离戒毒决定机关批准。强制隔离戒毒期限最长可以延长一年。"

依据一：《强制隔离戒毒人员管理工作办法(试行)》(司劳教字〔2009〕15 号)第十二章第六十一条规定："强制隔离戒毒所应当在强制隔离戒毒人员被执行强制隔离戒毒一年后或两年期满前对戒毒治疗和康复情况进行诊断评估。"第六十三条规定："强制隔离戒毒两年期满前，经诊断评估，对于需要延长戒毒期限的，由强制隔离戒毒所提出延长戒毒期限的建议，报原强制隔离戒毒决定机关或者受委托的强制隔离戒毒所省级主管机关批准。延长强制隔离戒毒的期限最长不得超过一年。"

依据二:浙江省司法行政系统强制隔离戒毒诊断评估工作实施细则(试行)》(浙劳教〔2011〕24 号)第三十五条:"执行强制隔离戒毒两年期满前,应给予诊断评估。达到戒毒康复效果的,强制隔离戒毒所应当按期解除强制隔离戒毒措施。具有下列情形之一的,应当提请延长强制隔离戒毒期限:①经诊断评估,未达到戒毒康复效果的;②强制隔离戒毒期间(含外出探视期间)有吸食毒品等违法行为的;③强制隔离戒毒期间有逃跑或者请假外出探视未按期回归被追回的;④其他违反规章制度,造成较重后果的。提请延长强制隔离戒毒的期限,应当根据诊断评估结果,分别为三个月、六个月、九个月或者一年。强制隔离戒毒的期限最长可以延长一年。"第三十六条规定:"对延长戒毒期限的戒毒人员,期满前应再次开展诊断评估。执行强制隔离戒毒延长期限期间,因严重违规违纪受到警告以上惩罚的,除已经延长一年期限外,可再次提请延长强制隔离戒毒期限。"

(2)文书制作

①单位为要求延长强制隔离戒毒的戒毒人员所在单位,要具体到大中队,如某某强制隔离戒毒所八大队一中队,不可简化为某大某中。

②表中其余戒毒人员的基本信息均可在"信息表"中查询,如果"信息表"中没有则可以通过询问或是个别谈话获取。

③诊断评估结果为根据要求对强制隔离戒毒期满前,进行诊断评估的情况进行表述,特别是戒毒人员执行强制隔离戒毒的期限,三期戒毒流程的完成情况,生理、心理测评情况,各期评议结果情况,行为矫治考核累计分情况等,都要进行有重点、有条理并进行简明扼要地表述。

④延长强制隔离戒毒理由为根据法律法规的条款中涉及可以延长强制隔离的条款,如《中华人民共和国禁毒法》第四十七条、《浙江省强制隔离戒毒诊断评估工作暂行规定》(浙公通〔2009〕93 号)第十五条、《浙江省司法行政系统强制隔离戒毒人员诊断评估工作实施细则(试行)》(浙劳教〔2009〕54 号)第三十五、三十六条的规定。

⑤大(中)队意见为根据申请的理由结合法律依据,拟定出大(中)队关于延长强制隔离戒毒的意见,中队领导签字确认。

⑥管理部门意见为对大(中)队上报的材料和所依据的法律法规进行审核,拟定出关于延长强制隔离戒毒的意见,管理部门领导签字确认。

⑦强制隔离戒毒所意见为对所管理部门的意见进行审核,给出关于延长强制隔离戒毒的意见,分管所领导签字确认。

⑧市司法局意见为如果该所为地市属强制隔离戒毒所,还需上报市司法局审批;如果是省属强制隔离戒毒所则直接上报省局。

⑨省戒毒管理局管理处意见为根据省属所或是市司法局上报的材料进行实施事实层面和适用法律层面的审核,拟定出延长强制隔离戒毒的意见,局管理处领导签字确认。

⑩省戒毒管理局意见为是否允许延长强制隔离戒毒的决定,分管局领导签字确认。

(3)文书制作示例

[示例]　《延长强制隔离戒毒期限审批表》

延长强制隔离戒毒期限审批表

单位：××强制隔离戒毒所八大队一中队

姓名	南某	性别	男	出生日期	1976年4月	民族	汉族
曾用名	南哥	职业	无	文化程度	初中	婚否	离异
户籍所在地		宁波填海	现住址		××市××街××号××室		
身份证号码		×××××19760407××××		决定机关		慈溪市公安局	
入所日期		2008年12月10日		呈报时间		2010年8月9日	
强制隔离戒毒期限		贰年 自2008年9月9日起至2010年9月8日止					

诊断评估结果：

  该戒毒人员执行强制隔离戒毒期满两年，完成三期戒毒流程，生理、心理测评一般，各期评议结果为"1A6B"，行为矫治考核累计达到380分，（其中累计扣分450分，具体数值详见诊断评估手册），综上，该名戒毒人员在强制隔离戒毒期限内，日常行为表现较差，戒毒康复效果差。

延长强制隔离戒毒期限理由：

  该戒毒人员在执行强制隔离戒毒两年中，戒毒效果差，经诊断评估需要延长强制隔离戒毒期限，根据《中华人民共和国禁毒法》第四十七条、《浙江省强制隔离戒毒诊断评估工作暂行规定》（浙公通〔2009〕93号）第十五条、《浙江省司法行政系统强制隔离戒毒人员诊断评估工作实施细则（试行）》（浙劳教〔2009〕54号）第三十五、三十六条之规定，建议对该名强制隔离戒毒人员延长强制隔离戒毒期限六个月。当否，请审批。

大（中）队意见	根据期满两年诊断评估，该戒毒人员南某在原定戒毒期限内戒毒效果差，建议延长强制隔离戒毒期限六个月。当否，请审批。 负责人签名（盖章）：王某某 2010年8月9日
管理部门意见	经审核，该戒毒人员执行强制隔离戒毒两年期间，戒毒成果差，情况属实，建议延长强制隔离戒毒期限六个月。当否，请审批。 负责人签名（盖章）：江某某 2010年8月9日
强制隔离戒毒所意见	强制隔离戒毒所意见同意戒毒人员南某延长强制隔离戒毒期限六个月。当否，请审批。 负责人签名（盖章）：张某某 2010年8月9日
市司法局意见	同意戒毒人员南某延长强制隔离戒毒期限六个月。当否，请审批。（如果该所为省属所，故无需市司法局审批） 负责人签名（盖章）：范某某 2010年8月10日
省戒毒管理局管理处意见	同意戒毒人员南某延长强制隔离戒毒期限六个月。当否，请审批。 负责人签名（盖章）：吕某某 2010年8月11日
省戒毒管理局意见	同意戒毒人员南某延长强制隔离戒毒期限六个月。 负责人签名（盖章）：白某某 2010年8月11日
备注	1.南某期满两年的诊断评估表； 2.南某三期（生理脱毒期、身体康复期、戒毒巩固期）诊断评议表； 3.南某日常考核手册。

注：此表一式三份

 **知识拓展**

戒毒人员延长强制隔离戒毒期限的,按以下要求和程序办理:

(1)戒毒人员在强制隔离戒毒所内未达到戒毒康复效果或有严重违规违纪行为的,在两年期满前的一个月,经诊断评估符合延长强制隔离戒毒期限情形的,大(中)队应填写《延长强制隔离戒毒期限审批表》。经大(中)队合议后将《延长强制隔离戒毒期限审批表》和相关案卷材料一并报所管理部门、法制部门初审后报所诊断评估工作委员会审定。经所诊断评估工作委员会合议后,送所分管领导签署意见并报省局审核(地市所还需报市级主管部门审核)。

(2)所管理部门将拟延长强制隔离戒毒期限的戒毒人员《诊断评估汇总表》、《延长强制隔离戒毒期限审批表》、《提请延长强制隔离戒毒期限意见书》以挂号邮寄形式寄往强制隔离戒毒原决定机关(浙江省由地市级公安机关审批决定)。

(3)所管理部门收到公安机关的相关法律文书(《延长强制隔离戒毒期限决定书》一式五份,或者不同意强制隔离戒毒所呈报意见的书面答复)后,分类按程序办理。同意延长强制隔离戒毒期限的,将被延长的期限与剩余期限合并执行;不同意延长强制隔离戒毒期限的,继续执行原剩余期限,期满按期解除。

(4)戒毒人员在执行被延长的强制隔离期限内,再次发生重大违规违纪行为,经诊断评估符合延长强制隔离戒毒期限的,应再次提请延长强制隔离戒毒期限。执行强制隔离戒毒总期限最长不超过三年。

4.2.19　提请延长强制隔离戒毒期限意见书

《提请延长强制隔离戒毒意见书》是由强制隔离戒毒场所对强制隔离戒毒人员在强制隔离期满两年诊断评估时,作出的给予延长强制隔离戒毒期限而制作的执法类文书,是强制隔离戒毒机关对戒毒人员在强制隔离戒毒期内戒毒效果差、日常行为表现差的认定,是变更强制隔离戒毒期限的依据,是强制隔离戒毒决定机关依法作出延长强制隔离戒毒期限决定的执法凭据。

(1)适用法律和范围

与《延长强制隔离戒毒期限审批表》相同,详见《延长强制隔离戒毒期限审批表》适用范围及相关依据这一章节内容。

(2)文书制作

①文号的制作:

A.括号内填写该戒毒人员所在场所的简称文号,如"浙(×戒)提延戒字";

B.中括号内填写当年的年份,如"〔2010〕";

C.第几号则是指第几份提请延长强制隔离戒毒期限意见书,按照制作该文书的前后序列填写即可,如"第 21 号"。

②抬头单位为原作出强制隔离戒毒决定的公安机关。

③文书中正文部分即根据《延长强制隔离戒毒审批表》中的内容填写即可。

④联系单位为该戒毒人员所在的强制隔离戒毒场所具体的经办单位,一般为所政管理科;联系人一般为所政管理科的经办民警。

（3）注意事项

①提请延长强制隔离戒毒的期限要采用汉字的大写数值填写。

②该文书一式三份，即原决定公安机关一份、留档二份（留档二份要求本人签名）。

（4）文书制作示例

[示例]　《提请延长强制隔离戒毒意见书》

×　×强制隔离戒毒所

提请延长强制隔离戒毒期限意见书

浙（×戒）提延戒字〔2010〕第 21 号

慈溪市公安局：

　　强制隔离戒毒人员　南某　性别　男　出生日期　1976 年 4 月 7 日

　　身份证件种类及号码　×××××19760407××××

　　现住址　××市××街××号××室

　　因吸毒成瘾被决定强制隔离戒毒，期限为　贰年　自　2008　年　9　月　9　日起至　2010 年　9　月　8　日止。现经诊断评估，认定该强制隔离戒毒人员在所期间戒毒效果差，根据《中华人民共和国禁毒法》第四十七条和《浙江省强制隔离戒毒诊断评估工作暂行规定》第十五条之规定，特提请贵局予以延长强制隔离戒毒期限　陆　个月。

（强制隔离戒毒所印章）

2010 年 8 月 11 日

联系单位：××强制隔离戒毒所所政管理科

联系电话：0570—×××××××　公安网×××××　联系人：黄警官

一式三份：原决定公安机关一份、留档二份（留档二份要求本人签名）。

　知识拓展

延长强制隔离戒毒期限决定书

　　《延长强制隔离戒毒期限决定书》是由原作出强制隔离戒毒决定公安机关的上级机关制作的延长戒毒人员强制隔离戒毒期限的执法文书。公安机关在收到强制隔离戒毒所《提请延长强制隔离戒毒期限意见书》后，对执行期满两年的戒毒人员，依法作出延长强制隔离戒毒期限决定而制作法律文书，因此，该文书是变更强制隔离戒毒期限的法律依据，是强制隔离戒毒所对已满两年的戒毒人员继续执行强制隔离戒毒的执法凭证。

　　[示例]　《延长强制隔离戒毒期限决定书》

××市(县)公安局
延长强制隔离戒毒期限决定书

×公强戒延字〔2010〕第 001 号

被强制隔离戒毒人：　南某　性别：　男　出生日期：　1974 年 4 月 7 日

身份证件种类及号码：　身份证：×××××19760407××××

户籍所在地：　宁波镇海

现住地：　××市××街××号××室

工作单位：　无业

强制隔离戒毒决定书文号：　×公(2008)　强戒决字第　215　号

强制隔离戒毒期限：贰年自　2008　年　9　月　9　日起至　2010　年　9　月　8　日止

经诊断评估，被强制隔离戒毒人员戒毒效果差，根据《中华人们共和国禁毒法》第四十七条第二款之规定，我局决定对其延长强制隔离戒毒期限　陆　个月。

强制隔离戒毒所名称：　××　强制隔离戒毒所

地址：　××市××区××镇××路×号

被强制隔离戒毒人(签名)：　南某　(按捺指纹)

____2010____ 年 __8__ 月 __14__ 日

一式五份，被强制隔离戒毒人员、强制隔离戒毒所、被强制隔离戒毒人员所在单位、户籍所在地派出所各一份，一份附卷。

4.2.20　解除强制隔离戒毒审批表

(1)适用范围及相关依据

依据一：《强制隔离戒毒人员管理工作办法(试行)》(司劳教字〔2009〕15 号)第十三章第六十四条规定："强制隔离戒毒所对经过诊断评估准予提前解除或按期解除强制隔离戒毒的人员，应当提前或按期解除强制隔离戒毒。"第六十六条："强制隔离戒毒所对解除强制隔离戒毒的人员，应填发《解除强制隔离戒毒证明书》，由大(中)队宣布并发给本人。"

依据二：《浙江省司法行政系统强制隔离戒毒管理工作执法细则(试行)》(浙劳教〔2009〕110 号)第十四章第七十二条规定："强制隔离戒毒场所对经过诊断评估准予提前解除或按期解除强制隔离戒毒的人员，应当提前或按期解除强制隔离戒毒。"第七十四条规定："强制隔离戒毒所对解除强制隔离戒毒的戒毒人员，应当填写《解除强制隔离戒毒证明书》，由大(中)队宣布并发给本人。强制隔离戒毒所应当提前通知强制隔离戒毒决定机关、戒毒人员所在单位(乡镇、街道)和户籍所在地公安机关。"

依据三：《浙江省强制隔离戒毒工作执法指南(试行)》第十八章第一百二十五条规定："强制隔离戒毒所对经过诊断评估，符合提前解除强制隔离戒毒条件的戒毒人员，应当及时提请提前解除强制隔离戒毒；符合按期解除强制隔离戒毒条件的戒毒人员，应当及时办理按期解除强制隔离戒毒手续。"

(2)文书制作

①单位为要求按期解除强制隔离戒毒的戒毒人员所在单位，要具体到大中队，如某某强

制隔离戒毒所九大队一中队,不可简写为某大某中或是空白不填写。

②表中其余戒毒人员的基本信息均可在"信息表"中查询,如果信息表中无此信息内容可以通过询问或是个别谈话获取。

③强制隔离戒毒期限变更情况为有变更的填写变更情况,没有变更的则填写无。

④诊断评估结果为根据要求对于强制隔离戒毒人员的实际戒毒情况,特别是在戒毒人员执行强制隔离戒毒期限内,三期戒毒流程的完成情况,生理指标的变化、心理测评情况,以及各期评议结果情况,行为矫治考核累计分情况等,都要进行有条理、有重点地进行简明扼要的表述。

⑤大(中)队意见为根据评估的结果以及相关的法律依据(《中华人民共和国禁毒法》第四十七条、《浙江省强制隔离戒毒诊断评估工作暂行规定》(浙公通〔2009〕93 号)第十五条、《浙江省司法行政系统强制隔离戒毒人员诊断评估工作实施细则(试行)》(浙劳教〔2009〕54 号)第三十五条的规定)做出拟定解除的意见,大队分管领导签字确认。

⑥管理部门意见为对大(中)队上报的材料进行审核,给出关于解除强制隔离戒毒的初审意见,管理部门领导签字确认。

⑦强制隔离戒毒所意见为对所管理部门上报的材料进行审核,最终作出是否允许按期解除强制隔离戒毒的决定,分管所领导签字确认。

⑧各部门在签署完意见后要加盖公章。

(3)文书制作示例

[示例]　《解除强制隔离戒毒审批表》

解除强制隔离戒毒审批表

单位:××强制隔离戒毒所九大队一中队

姓名	蔡某某	性别	女	出生日期	1979 年 7 月 11 日	民族	汉族
曾用名	无	职业	美容师	文化程度	高中	婚否	离异
户籍所在地		宁波海曙		现住址	宁波市北仑××小区××幢××室		
身份证号码		×××××1979 0711××××××		决定机关	宁波市公安局北仑区分局		
入所日期		2010 年 6 月 2 日		呈报时间	2012 年 4 月 15 日		
强制隔离戒毒期限		贰年　自 2010 年 5 月 7 日起至 2012 年 5 月 6 日止					
强制隔离戒毒期限变更情况		无					
诊断评估结果		该戒毒人员执行强制隔离戒毒期满两年,各期戒毒效果评议结果为　1 A　6　B,行为矫治考核累计加 560 分(其中累计扣分 100 分)。综上,该名戒毒人员在强制隔离戒毒期限内,戒毒康复效果一般,日常行为表现一般。					
大(中)队意见		根据《中华人民共和国禁毒法》第四十七条、《浙江省强制隔离戒毒诊断评估工作暂行规定》(浙公通〔2009〕93 号)第十五条、《浙江省司法行政系统强制隔离戒毒人员诊断评估工作实施细则(试行)》(浙劳教〔2009〕54 号)第三十五条之规定,建议对该名强制隔离戒毒人员按期解除强制隔离戒毒。当否,请审批。 负责人签名(盖章):邱某某 2012 年 4 月 15 日					

续表

管理部门意见	经审核,该戒毒人员执行强制隔离戒毒期满两年,完成三期戒毒流程,该戒毒人员在强制隔离戒毒期限内,戒毒康复效果一般,日常行为表现一般。情况属实,且依据法律法规充分、准确,同意强制隔离戒毒人员蔡某某按期解除强制隔离戒毒。当否,请审批。 负责人签名(盖章):韩某某 2012 年 4 月 16 日
强制隔离 戒毒所意见	同意强制隔离戒毒人员蔡某按期解除强制隔离戒毒。 负责人签名(盖章):温某某
备注	1.蔡某某期满 2 年的诊断评估表; 2.蔡某某 3 期(生理脱毒期、身体康复期、戒毒巩固期)诊断评议表; 3.蔡某某日常考核手册。

 知识拓展

1.强制隔离戒毒期限按下列规定计算:

(1)强制隔离戒毒期限从《强制隔离戒毒决定书》规定之日起计算;

(2)延长的强制隔离戒毒期限,与原决定的强制隔离戒毒期限合并计算;

(3)戒毒人员外出探视(含路途)的时间,计入已经执行的强制隔离戒毒期限;

(4)戒毒人员逃跑或外出探视逾期不归的时间,不计入强制隔离戒毒期限。

2.戒毒人员按期解除强制隔离戒毒的,包括被延长强制隔离戒毒期限后期满的,按以下要求和程序办理:

(1)大(中)队根据诊断评估结果填写《解除强制隔离戒毒审批表》,经所管理部门审核后,报所分管领导审批;

(2)整理戒毒人员正档和副档。中队到所管理部门领取预出所戒毒人员的正档,将其与副档合并(诊断评估手册存入副档),整理戒毒人员档案。强制隔离戒毒所如建有戒毒人员考核奖惩信息化管理软件的,应及时对该戒毒人员在所政系统内的信息进行整理;

(3)所管理部门在戒毒人员预出所前 15 天,在吸毒人员社会化管理信息系统上完成预出所信息录入。制作《解除强制隔离戒毒证明书》(一式三份)和《解除强制隔离戒毒通知书》(一式四份),并将《解除强制隔离戒毒通知书》分别以挂号邮寄形式寄往原决定机关、戒毒人员户籍所在地派出所和户籍所在地乡镇(街道)禁毒部门;

(4)所管理部门在戒毒人员预出所 3 日内,制作《出所通知单》,发放路费,通知中队及时领取按期办理。

(5)对经公安机关批准延长强制隔离戒毒期限的,由强制隔离戒毒所按照已确定的解除强制隔离戒毒日期,按前条规定的解除强制隔离戒毒工作流程办理。

4.2.21 解除强制隔离戒毒证明书

《解除强制隔离戒毒证明书》是由强制隔离戒毒场所做出解除该戒毒人员强制隔离戒毒,证明其恢复正常法律身份的法律文书。

(1)适用法律和范围

与《解除强制隔离戒毒审批表》相同,详见《解除强制隔离戒毒审批表》适用范围及相关依据这一章节内容。

(2)文书制作

①文号的制作:

A. 括弧内填写该戒毒人员所在场所的简称文号,如"浙(×戒)解证字";

B. 中括号内填写当年的年份,如"〔2012〕";

C. 第几号,则是指第几份解除强制隔离戒毒证明书,按照制作该文书的前后序列填写即可,如"第 141 号"。

②文书中正文部分可根据《解除强制隔离戒毒审批表》中对应的内容填写即可。

(3)注意事项

①强制隔离戒毒期限要采用汉字的大写数值填写。

②一式三份:戒毒人员本人一份、留档二份(留档二份要求本人签名)。

(4)文书制作示例

[示例] 《解除强制隔离戒毒证明书》

×× 强制隔离戒毒所
解除强制隔离戒毒证明书

浙(×戒)解证字〔2012〕第 141 号

　　兹证明强制隔离戒毒人员 __蔡某某__ ;性别 __女__ ;身份证件种类及号码 __居民身份证××××__ __×19790711××××__ ;现住址 __宁波市北仑区××小区××幢××室__

　　因吸毒成瘾被决定强制隔离戒毒 __贰__ 年(__自 2010 年 5 月 7 日起至 2012 年 5 月 6 日止__)。经诊断评估,认定该强制隔离戒毒人员现已基本戒除毒瘾,根据《中华人民共和国禁毒法》第四十七条之规定,予以解除强制隔离戒毒。

(强制隔离戒毒所印章)
2012 年 5 月 6 日

一式三份:戒毒人员本人一份、留档二份(留档二份要求本人签名)。

4.2.22 解除强制隔离戒毒通知书

《解除强制隔离戒毒通知书》是由强制隔离戒毒场所对按期解除强制隔离或提前解除强制隔离戒毒的戒毒人员在开具完《解除强制隔离戒毒证明书》后,给予戒毒人员原决定机关、辖区公安机关,户籍所在地乡镇、街道、派出所,告知其解除强制隔离戒毒事宜的法律文书。

(1)适用法律和范围

与《解除强制隔离戒毒审批表》相同,详见《解除强制隔离戒毒审批表》适用范围即相关依据这一章节内容。

（2）文书制作

①文号的制作：

A.括号内填写该戒毒人员所在场所的简称文号，如"浙（×戒）解通字"；

B.中括号内填写当年的年份，如"〔2012〕"；

C.第几号，则是指第几份解除强制隔离戒毒通知书，按照制作该文书的前后序列填写即可，如"第 141 号"。

②文书中正文部分可根据《解除强制隔离戒毒审批表》中对应的内容填写即可。

（3）注意事项

①强制隔离戒毒期限要采用汉字的大写数值填写。

②一式四份：原决定公安机关、户籍所在地乡镇／街道、户籍所在地派出所各一份、留档一份。

（4）文书制作示例

[示例]　《解除强制隔离戒毒通知书》

×× 强制隔离戒毒所

解除强制隔离戒毒通知书

浙（×戒）解通字〔2012〕第 141 号

　　现有贵辖区人员蔡某某；性别　__女__　；身份证件种类及号码　居民身份证 ×××××19790711×××　家庭住址　宁波市北仑区××小区××幢××室

　　因吸毒成瘾被决定强制隔离戒毒　贰　年（自 2010 年 5 月 7 日起至 2012 年 5 月 6 日止）。

　　该员于　2010 年 6 月 2 日　起在我所执行强制隔离戒毒，现经诊断评估，认定已基本戒除毒瘾，将于　2012　年　5　月　6　日解除强制隔离戒毒。

（强制隔离戒毒所印章）

2012 年 5 月 6 日

一式四份：原决定公安机关、户籍所在地乡镇／街道、户籍所在地派出所各一份、留档一份。

4.2.23　出所通知单

（1）适用范围及相关依据

强制隔离戒毒所对戒毒人员按期、提前解除强制隔离戒毒、延长期限后到期的、变更戒毒措施、所外就医、逮捕、刑拘、调遣他所等各种需要出所的情况，均需要制作出所通知单。

依据一：《强制隔离戒毒人员管理工作办法（试行）》（司劳教字〔2009〕15 号）第十三章第六十八条规定："对解除强制隔离戒毒的人员，强制隔离戒毒所应当及时发还代管财物，结清账目，办理出所手续。"

依据二：《浙江省司法行政系统强制隔离戒毒管理工作执法细则（试行）》（浙劳教〔2009〕110 号）第十四章第七十五条规定："对提前解除强制隔离戒毒的，强制隔离戒毒所在接到决定机关批准文件之日起 3 日内，向提前解除强制隔离戒毒人员宣布并送达。"第七十六条规定："对解除强制隔离戒毒的人员，强制隔离戒毒所应当及时发还代管财物，结清账目，发放路费，办理出所手续。"

（2）文书制作及注意事项

①文书制作的方法

A.该文书为填空式法律文书，主要是在正文部分填写戒毒人员出所的理由，如按期、提前解除强制隔离戒毒、延长期限后到期的、变更戒毒措施、所外就医、逮捕、刑拘、调遣他所等。

B.照片需从戒毒人员所政系统中提取或是档案中选取照片。

C.各部门根据要求分别填上相应的工作人员姓名。

②注意事项

A.出所理由一定事实清晰，法律依据充分。

B.必须粘贴有本次出所戒毒人员的照片。

C.此单据警戒护卫大队（安防信息指挥中心）留存。

（3）文书制作示例

[示例] 《戒毒人员出所通知单》

戒毒人员出所通知单

No：(2012)外 2718

照片	警戒护卫大队（安防信息指挥中心）： 　　五大队一中队戒毒人员余某某，经苍南县公安局 2012 年 6 月 23 日批准提前解除强制隔离戒毒，我所于 2012 年 6 月 23 日收到决定书，现经审核同意出所。

（所政管理科公章）
日期：2012 年 6 月 23 日

所政管理科制单人：金某某

大队审核人：徐某某

中队执行民警：周某某

护卫大队核查民警：刘某某

（此单据警戒护卫大队（安防信息指挥中心）留存）

 知识拓展

1.强制隔离戒毒所对戒毒人员按期、提前解除强制隔离戒毒、延长期限后到期的、变更戒毒措施、逮捕、刑拘、调遣他所等各种需要出所的，应当按照以下要求和程序办理：

（1）大（中）队整理戒毒人员档案材料，包括戒毒人员正档、副档、戒毒人员健康档案，到所管理部门换取《出所通知单》（提前、按期、延长期限后到期出所的还需领取《路费单》）；

（2）大（中）队按规定到所财务部门办理戒毒人员财务账目交结、大（中）队管理的物品交结、入所队配发的物资交结等工作；

（3）出所当日大（中）队民警将戒毒人员带至所区大门门卫处，由大门值班室民警认真核对出所缘由材料（《提前（按期）解除强制隔离戒毒证明书》、《逮捕证》、《刑拘证》、《调遣通知单》等），仔细核对《出所通知单》和戒毒人员胸卡上戒毒人员姓名、照片等个人信息，并在值班登记簿上按规定登记；

(4)大(中)队民警在大门值班室登记簿上签字后,将戒毒人员一卡通账户上的余款、强制隔离戒毒所发放路费、《提前(按期)解除强制隔离戒毒证明书(戒毒人员留存联)》和戒毒人员个人财物移交戒毒人员签字确认后,从人行通道出所。

(5)大(中)队在办理戒毒人员提前(按期)出所时,如已收到《责令社区康复(戒毒)决定书》的,应告知其按《责令社区戒毒康复决定书》要求在 7 个工作日内到户籍所在地的社区康复机构报到。

(6)在与公安机关或其他兄弟单位办理戒毒人员逮捕、刑拘、调遣等移交工作时,应做好三方(强制隔离戒毒所、公安机关或其他兄弟单位、戒毒人员)问询工作,三方问询内容包括:戒毒人员出所前有无吞食异物,戒毒人员有无个人物品、财物未领回等内容,并达成三方一致意见确认。

(7)物品交接时,戒毒人员在《戒毒人员物品代管登记单》的反面要写上"原封口未开启,本人确认为原物品,已领回"等字样,并签上姓名和日期,经办民警做好记录。

2.戒毒人员在出所时有下列情形之一的,强制隔离戒毒所应当事先通知其家属或当地公安机关来所接回。必要时,强制隔离戒毒所可以派人将其送回。

(1)智力、精神有障碍,无法辨认目的地的;

(2)身体残疾,行走非常困难的;

(3)其他需要事先通知家属的情形。

(4)患有传染性疾病的,应当事先通知当地疾病预防控制部门。

3.强制隔离戒毒所对戒毒人员因所外就医、外出探视等原因临时性出所,且不需民警带领的,按照以下要求和程序办理:

(1)被批准所外就医或者外出探视的戒毒人员,出所前由大(中)队提前通知戒毒人员家属具体出所日期,出所当日应当由家属来所接回。

(2)大(中)队民警将戒毒人员带至所区大门门卫处,由大门值班室民警认真核对出所缘由材料(《戒毒人员所外就医证明书》、《戒毒人员外出探视证明书》等),仔细核对《出所通知单》和戒毒人员胸卡上戒毒人员姓名、照片等个人信息,并在值班登记簿上按规定登记。

(3)戒毒人员回所后,大(中)队应及时向所管理部门报告注销。

4.强制隔离戒毒所对戒毒人员因现身说法等原因临时性出所,且需民警带领的,按以下要求和程序办理:

(1)因其他原因临时出所的,强制隔离戒毒所应根据出所原因及人数,参照外出就医比例配备警力,现场管理根据相关规定配备警用装备,使用警械,押解途中戴铐。

(2)大(中)队民警将戒毒人员带至所区大门门卫处,由大门值班室民警认真核对出所缘由材料(《戒毒人员外出就医审批表》、《戒毒人员外出现身说法审批表》等),仔细核对《出所通知单》和戒毒人员胸卡上戒毒人员姓名、照片等个人信息,并在值班登记簿上按规定登记。

(3)大(中)队管理民警应在规定时间内将戒毒人员带回,并及时向所管理部门报告注销。

第5章 教育矫治类执法文书

　　根据"首要标准"的要求,戒毒人员的最终目标就是戒断毒瘾,降低复吸率,减少违法犯罪率,使其成为社会的守法公民,为此在强制隔离戒毒期内对戒毒人员必须要综合运用医疗、管理和教育等手段齐抓共管,经过系统的、长期的和科学的方法加以引导、转化和矫正。而在这其中教育矫治工作则可以起到潜移默化、重塑自我、提升素养的作用。通过教育矫治工作可以帮助戒毒人员提高法律意识和毒品的认知水平,改变不良的心理,增强自觉抵制毒品和回归适应社会的能力,为此教育矫治工作可以说是贯穿于戒毒人员在强制隔离戒毒期的始终,在这一过程中戒毒人员要系统地接受强制隔离戒毒场所组织开展的一系列教育活动,如法律道德教育、禁毒戒毒教育、文化教育、康复训练、职业技能教育、心理咨询、个别教育、社会帮教以及各种辅助教育等。

5.1 相关文书种类

　　强制隔离戒毒场所教育矫治类执法文书主要涉及对戒毒人员开展的各种教务类、课堂化教学类、心理矫治、电化教育、个别教育、社会帮教、辅助教育以及评审、评比等事项。

5.2 教育矫治类文书详解

5.2.1 教务文书

（1）教研室教师花名册

①适用范围及相关依据

　　依据一:《强制隔离戒毒教育工作规定（试行）》（司劳教字〔2009〕54号）第二章第十一条规定:"强制隔离戒毒所应当按照结构合理、比例适当、确保教学的要求,建立以专职教师为主、兼职教师为辅,专业素质较强的教师队伍。"《浙江省司法行政系统强制隔离戒毒场所教育工作实施细则（试行）》第二章第十条规定:"强制隔离戒毒所设政治教育、技能教育、康复训练、心理教育教研室,各教研室应有专人负责。各大（中）队需配备专职教育干事。"第十一条规定:"强制隔离戒毒所应当按照结构合理、比例适当、确保教学的要求,建立以专职教师为主、兼职教师为辅,专业素质较强的教师队伍。"第十二条规定:"从事强制隔离戒毒教育工作的教师应当品行良好,具有大学专科以上文化程度,掌握法律、教育、心理和戒毒理论知识,有一定的教学经验。"

　　依据二:《浙江省强制隔离戒毒工作执法指南（试行）》第四章第二十四条规定:"强制隔离戒毒所的教学工作按照以下要求进行:建立学校,成立校务委员会,校务委员会下设教务处,成立政治、心理、技术、康复教研室;校务委员会负责聘任教师,教务处负责制订教学制度和教学计划,组织编写教案、编印试卷、组织考试等工作。"

②文书制作及注意事项

A. 文书制作

教研室花名册属于表格类的文书,记载较为简单,但是要根据各栏目的要求进行规范填写。

a. 教研室名称:要根据"执法指南"上的要求规范用词,确定用"政治教研室、心理教研室、技术教研室、康复教研室"等规范性的称谓进行表述。

b. 单位:在填写过程中要填写详细,要写明单位以及所属的部门的全称,如×××强制隔离戒毒所教育矫治科(教育教研中心),不能随意地进行简称或是不填写该栏目内容。

c. 时间为填写该表的时间,一般一学年聘用一次教师。

d. 表格中的序号排列主要以在教研室内的职务(无需按照行政职务)为排列标准,同时考虑到学历(文化程度)和工作年限进行排序。

e. 文化程度:填写过程中要采用"大专、大学、硕研、博士"等学历称谓。

f. 职务:以教研室内的职务为标准填写,如教研室主任、教研室副主任、民警专职教师等。

g. 所学专业:按照所聘用的教师取得最高文凭的专业填写。

h. 备注:一般填写是否为兼职、外聘或是专职教师。

i. 填报人:一般为该教研室主任填报签字确认。

j. 审核人:一般为强制隔离戒毒所的教育科长或是教育教研中心的主任填报签字确认。

B. 注意事项

a. 填报过程中相关情况和数据一定要和教师基本情况以及毕业文凭和所学的专业相互对应吻合,还需附带各位教师的学历证书复印件。

b. 盖章的位置为该表的左上角,即在"单位"栏目处盖章。

c. 聘用的教师必须要符合从事强制隔离戒毒教育矫治工作的需要,应当品行良好,具有大学专科以上文化程度,掌握法律、教育、心理和戒毒理论知识,有一定工作和教学经验。

d. 专职教师必须是民警担任,实行聘用制。

③文书制作示例

[示例]《政治教研室教师花名册》

2012年2月,某强制隔离戒毒所召开了2012年度教研工作会议,期间各部门就教研室的人员组成情况进行汇报,会上教育矫治科科长李某某,就新年的教育工作提出了三点要求,并就各教研室的人员情况进行通报,会后,政治教研室主任张某某就2012年度的教师情况进行统计。

(政治)教研室教师花名册

单位:××强制隔离戒毒所教育矫治科　　　　　　　　　　　　　时间:2012年2月

序号	姓名	性别	出生年月	文化程度	职务	所学专业	备注
1	张某某	男	1970年5月	大学	教研室主任	法学	专职教师
2	徐某某	女	1972年2月	硕研	教研室副主任	法学	兼职教师
3	孙某	男	1978年7月	大学	民警专职教师	汉语言文学	专职教师
4	陈某某	男	1981年7月	大专	民警专职教师	刑事司法	专职教师
...	...	...	...	...	...	...	...

填报人:张某某　　　　　　　　　　　　　　　　　　　　审核人:李某某

（2）教研活动记录簿

①适用范围及相关依据

《××省司法行政系统强制隔离戒毒场所教育工作实施细则（试行）》第二章第十三条规定："从事强制隔离戒毒教育工作的教师应当认真备课，按时授课，及时布置、批改作业，进行课外辅导，组织考试，参与戒治效果诊断评估。"

②文书制作

A. 时间：为召开本次教研活动的时间，要具体到年月日。

B. 地点：为召开本次教研活动的地点，一般在相关的会议室或是教室中举行，但是在填写过程中不能仅仅填写为"会议室"或是"教室"（因为如此填写给人以较为宽泛的概念，不能具体有所指）在填写过程中一定要填写详细，如教育矫治科会议室或是教育教研中心101教室等。

C. 活动主题：要简明扼要地概括出本次教研活动的主要内容。

D. 主持人：主持本次教研活动的民警，一般为科室领导或是教研室主任。

E. 参加人员：属于本教研室的民警教师，应当参加本次教研活动的人员均应该参加，如未参加则需注明未参加的理由。

F. 活动内容：主要记载本次教研活动中涉及的各项活动记载，大多采取以个人表述形式的记载方式。

③文书制作示例

［示例］《教研活动记录》内页

教研活动记录				
时间	2012年2月27日		地点	教育科会议室
活动主题	总结2011年心理矫治工作，提出2012年心理矫治工作要点		主持人	叶某某
参加人员	叶某某　何某某　于某某　余某某　赵某某　王某某　陈某某　邱某某			
活动内容	总结2011年度心理矫治工作，结合我所工作实际以及我所提出的强制隔离戒毒工作创示范的要求，谋划2012年度心理矫治工作要点。 　　叶某某：今天我们在这里召开教研活动的主题有两项，一是简要的总结一下2011年心理矫治工作；二是结合今年的工作要求，谋划做好2012年的工作。 　　何某某：总的来讲我所2011年的心理矫治工作有五个方面的成绩：一是进一步强化心理矫治的功能作用。二是抓好心理矫治软硬件建设。三是有关戒毒人员心理咨询矫治运作的开展良好。三是充分发挥"救助日"工作效用，2011年共开展咨询179人次，热线咨询226人次。四是进一步完善心理咨询工作，丰富戒毒人员心理咨询的手段。五是继续加强心理健康教育的普及力度。 　　余某某：目前心理救助中心已经配备了人格测试的量表，可以下发使用了。因为考虑到入所队以前的系统使用率，所以建议入所队可以等待原有的量表使用完毕后更换新量表。 　　赵某某：有关心理健康教育的教材，我认为省局的统编教材内容过于繁杂，对于戒毒人员的心理健康教育要有所侧重点，我建议在今年的日常教学过程中我们的民警教师可以根据我所的实际情况，需有所侧重地开展相应的专题教育。 　　王某某：对于民警的心理咨询师资格的培训和认证要进一步加大力度，在2012年要强化继续教育和对外交流。			

活动内容	陈某某:还有就是加强心理矫治理论研究。从而使我所的心理矫治理论研究更深入了一层,力争在今年形成一批优秀有关心理咨询矫治理论方面的调研成果。 　邱某某:在今年还需要注重心理咨询的自主性和多样性,多渠道、多方式地在戒毒人员中开展心理咨询活动。 　叶某某:刚才,大家都讨论得很好,充分说明了我们的咨询师在去年的一年中大家都是在投入了相当大的精力的,下面我就今年的心理矫治工作提几点工作建议,作为 2012 年心理矫治工作的纲要: 　一是要进一步加强心理矫治工作者队伍专业化建设,加大培训力度,力争在各中队都有一名(含一名)以上的民警具有心理咨询师资格资质。二是要成立专职队伍,力争建立起心理矫治工作网络,开展专项矫治工作。三是要结合戒毒人员的实际,编辑有关的辅导教材和教学参考资料。四是要做好宣传力度。五是要进一步加大对心理咨询矫治工作的投入,进一步借鉴和利用社会资源共同做好心理咨询矫治工作。六是要进一步加强心理矫治理论研究,为实践工作提供理论支持。
效果	通过这次教研活动,总结了我所去年的工作成效,初步勾画出我所 2012 年心理矫治工作的一个基本框架,为今后心理矫治工作进一步的规范打下了基础。

记录人:陈某某　　　　　　　　　　　　　　　　　　　审核人:李某某

（3）调课审批表

①适用范围及相关依据

《浙江省强制隔离戒毒工作执法指南(试行)》第四章第一节第二十四条第三款规定,需要调整课堂教育时间时,应当由大(中)队提出书面申请,填写《调课审批单》,送教育部门审核后,报所领导批准,事后应当及时安排补课。

②文书制作及注意事项

A.文书制作

调课审批表属于表格类的文书,记载较为简单,只需要根据各栏目的要求进行如实、规范填写即可。

a.调课时间:不但要写具体的日期,还要准确的时间;

b.调课原因:要根据具体的实际情况填写,理由要充分,且符合规章制度;

c.补课时间:不但要写具体的日期,还要准确的时间;

d.各级领导:主要是各级分管领导必须签字;

e.日期:可以采用汉字书写,同时也可以采取数字书写。

B.注意事项

a.大(中)队申请调课时间至少要提前一天申请,在分管所领导同意后才能实施调课;绝对不允许出现先调课后申请的情况。

b.如果出现特殊情况,如极端、恶劣天气或紧急情况等可以先口头请示,后期及时补办。

c.调课和补课的时间一定要精确,所教育矫治科等业务部门要加强大(中)队在调课和补课期间的落实情况,切不可出现调课后不补课或是利用休息天补课等"擦边球"的情况。

③文书制作示例

[示例]《调课审批表》

2012年4月30日某强制隔离戒毒所一大队一中队接到所习艺管理科通知,5月4日上午该所所在区域的供电局要对全区域的电网进行检修,届时所习艺管理科也将对全所习艺车间进行电路检修,但根据先前与来料加工单位的协议,该大队将于5月6日需完成一批箱包的生产任务,且5月5日为该中队的一周集中教育日,为不影响教育工作的落实以及正常的出货,该中队拟将中队戒毒人员(计118人)5月5日上午的教育课程与5月4日的习艺劳动时间进行调整。

根据案例制作一份完整的调课审批表。

	调课审批表		
调课单位	一大队　二中队	调课时间	2012年5月5日8时00分—11时30分
调课原因	根据所习艺管理科通知,供电局将于5月4日上午对全所的车间进行电路检修,根据先前与来料加工单位的协议,我队将于5月6日要完成该批箱包的生产任务,且5月5日为我中队的一周集中教育日,为不影响教育工作的落实以及正常的出货,我队拟定将5月5日上午的教育课程与5月4日的习艺时间进行调整。 当否请批示! 中队领导:叶某某 2012年4月30日		
调课人数	118人	拟定补课时间	2012年5月4日8时00分—11时30分
大队意见	情况属实,拟定将一中队5月5日上午的教育课程与5月4日的习艺时间进行调整,预授课时间为2012年5月4日(8时00分—11时30分)。 请教育矫治科审批! 大队领导:张某某 2012年4月30日		
教育矫治科意见	情况属实,为不影响正常的教学和习艺劳动任务,拟将一大队一中队5月5日上午的教育课程与5月4日的习艺时间进行调整,预授课时间拟定为2012年5月4日(8时00分—11时30分)。 请所领导审核! 科室领导:方某某 2012年4月30日		
所领导意见	同意调课,教育部门要做好预授课期间的教学成效检查。 所领导:余某某 2012年4月30日		

5.2.2　个案化教育文书

《强制隔离戒毒教育工作规定(试行)》(司劳教字〔2009〕54号)第九章以及《××省司法

行政系统强制隔离戒毒场所教育工作实施细则(试行)》第九章"个案化教育"中均有涉及。

当前在强制隔离戒毒场所,个案化教育文书包含《心桥(个别谈话记录)》、《民警个别谈话统计表》、《难矫治人员教育转化专档》、《难矫治人员月报表》等,其中《心桥(个别谈话记录本)》及《难矫治人员教育转化专档》为重点内容。

(4)心桥(个别谈话记录)

①适用范围及相关依据

依据一:《强制隔离戒毒教育工作规定(试行)》(司劳教字〔2009〕54 号)第九章第五十七条规定:"强制隔离戒毒所应当为戒毒人员逐人制定个案化教育方案,突出教育的针对性、有效性。"第六十条规定:"强制隔离戒毒所大(中)队对每名戒毒人员每两个月至少安排一次民警个别谈话……"第六十二条规定:"鼓励戒毒人员与民警交流思想。大(中)队民警对送交的《心桥》应当及时批阅并回复意见。"

依据二:《××省司法行政系统强制隔离戒毒场所教育工作实施细则(试行)》第九章"个案化教育"第五十五条规定:"强制隔离戒毒所大(中)队对每名戒毒人员每两个月至少安排一次民警个别谈话。"第五十七条规定:"强制隔离戒毒所应当做好戒毒人员《心桥》的记载工作。"

个别教育是民警对戒毒人员开展教育工作的一种常规且行之有效的手段,个别教育工作的开展对于教育矫治戒毒人员具有重要的意义:一是通过个别教育的开展可以实现教育矫治工作的个案化,使得教育矫治工作更有的放矢;二是记载谈话工作,可以作为评价教育矫治工作的原始记录,起到总结经验、探索教育规律、提供具体工作事例的作用。2010 年 4 月,为进一步减轻基层民警的工作负担,提高工作效率,同时加强民警与戒毒人员之间的沟通,掌握戒毒人员的思想动态,及时有效地化解戒毒人员的不安定情绪和心理,提高个别教育工作的针对性和有效性,按照科学、实用、需要的原则,浙江省戒毒管理局对原《"心桥"周记》和《个别谈话教育记录簿》两份文书进行了合并,形成了新版《心桥(个别谈话记录)》。在本次编写中为体现这一传承,对原先《个别教育记录簿》和新版的《心桥(个别谈话记录)》均进行说明解析。

②文书制作

A. 文书制作——个别教育记录簿

a. 个别谈话记录是在专门的记录簿上记载民警对戒毒人员教育矫治工作的类似于工作笔记的形式,记载形式有一定的规范,其基本格式包括首部、谈话原因或目的、谈话对象自述、民警教育、谈话效果等五大板块构成。

b. 首部:包括被谈话戒毒人员姓名、谈话时间、谈话地点,这些栏目必不可少,反映个别谈话工作的基本要素。

c. 谈话原因或目的:对戒毒人员谈话不是一般意义上的"闲聊",而是带着一定的目的性,在填写时要根据实际情况写明谈话的原因或目的。

d. 谈话对象自述:结合本次谈话的目的对戒毒人员在个别谈话期间讲述的内容有重点地进行概括总结。

e. 民警教育:用于记载本次谈话的主要内容,记录方式分为两种形式,问答式和追记式。问答式适用于调查核实,当场制作,追记式适用于谈话教育的事后补记。在具体工作实践中大多采用追记式,采用此类谈话双方均可保持坦诚的态度进行,谈话结束后民警要及时进行归纳记载。民警的教育必须是切合戒毒人员具体实际的，要切实寻找解决戒毒人员实际问题的对策，解决好戒毒人员的思想问题和顾虑，消除安全隐患，切忌不着边际，东拉西扯、泛泛而谈、高谈阔论。

f.谈话效果：谈话结束后，民警对本次谈话效果进行自我评价，可以从谈话是否达到预期的效果作为评判标准，一般采取"好"、"较好"、"一般"、"差"这四个档次。谈话效果直接关系到下一步的教育矫治工作的思路和对策，判断必须客观公正，无须过谦或是盲目乐观。

B.注意事项

a.民警在谈话前要认真准备，明确谈话目的，谈话内容、方法和步骤，做到"心中有谱、手中有计"，对谈话对象的基本情况、日常表现、违法犯罪史、性格爱好、家庭情况有所了解，尤其是对戒毒人员在谈话时可能出现的问题要有所估计，要掌握谈话的主导方向，避免泛泛而谈。

b.个别谈话记录是反映民警教育矫治戒毒人员工作情况，记载的内容务必要真实、准确，字迹要清晰、工整。

c.个别谈话记录的内容涉及戒毒人员的思想动态，有些还涉及检举揭发的情况，民警在教育过程中的思考点和方法，都是要保密的内容，因此谈话记录簿要妥善保管，谨防泄密。

C.文书制作示例

[示例]《个别谈话教育记录簿》

封面：

个别谈话教育
记录簿

（内部资料　注意保密）

单　　　位：××强制隔离戒毒
所二大队二中队

年　　　度：二〇一二年度

民警姓名：金某某

浙江省戒毒管理局编制

内页：

谈话时间	2012 年×月×日	谈话地点	中队值班室	谈话对象	姚某某
谈话目的					
谈话对象自述					
民警教育					
谈话效果					

谈话目的：

　　该戒毒人员母亲来信,因婆媳关系紧张,家庭生活十分困难,其妻子已经提出了离婚的要求。该戒毒人员性格内向,心胸狭窄,家庭是他在强制隔离戒毒期内生活的希望,一旦家庭破裂,对他打击很大。该戒毒人员的吸毒行为已经伤透了其妻子的心且家庭关系、婚姻基础都很脆弱,离婚在所难免。

　　将其妻提出离婚的想法告诉他,引导该戒毒人员面对现实,学会换位思考,对离婚要有足够的思想准备。

谈话对象自述：

　　讲述其家庭情况,重点是婚姻基础,婆媳关系,孩子的身体状况。该戒毒人员承认两人的婚姻基础较差,妻子是其在贵州经商时候认识的,母亲一直不认可儿媳,关系比较紧张。

　　对离婚不是很情愿,但对自己的过错给家庭造成的伤害深感内疚。

民警教育：

　　由于你的再次吸毒,使本就脆弱的家庭关系更是雪上加霜。如果你还在社会上,可以在婆媳之间作一些缓冲;今天你的家庭所形成的这一切,你有着不可推卸的责任。在你们的婚姻问题上,有过错的是你,是你没有尽到一个做丈夫的责任,没尽到一个做子女的责任,你可以提出自己的想法和正当的要求。

　　你刚刚入所,家庭的困难才刚刚开始,如果妻子愿意为你守住这个家,那是最好的,也是你矫治的动力;如果妻子认为有许多现实问题,执意提出分手,那也是情理之中的,你得有这个思想准备。希望回去好好地深思一下,多为父母、孩子考虑,多一些理智,少一份固执。

　　特别提示"任何时候你都可以将真实的想法找民警交谈,相信你会正确对待和处理这一问题的"。

谈话效果：

　　有较好的效果,该戒毒人员承认他对家庭的现状负有责任,但对妻子提出离婚感到难以接受,认为今后要再成家是十分困难了。最后他也谈到,妻子一定要离婚也没有办法,只要子女能判给他并且合理地分割财产就行。

　　D. 文书制作——心桥(个别谈话记录)

　　a. 心桥(个别谈话记录)属于工作笔记一类文书,记载较为灵活,具有较强的针对性和务实性是该文书的一大特点和优势。

　　b. 封面的内容:单位一定要写明全称,如"××强制隔离戒毒所一大队二中队",切不可出现不规范的简称写法,如"一大二中"。

　　c. 封一中的戒毒人员基本情况表:要根据戒毒人员档案中的《强制隔离戒毒人员基本情况登记表》或是《强制隔离戒毒人员入所登记表》中的相关情况进行准确的摘录。

　　d. 内页的右上角所指的时间为记载日期的时间,一般为"某年某月某周"。

　　e. "学员心声"栏目由戒毒人员填写,要求字迹工整,态度端正,全面真实客观反映,文盲人员及少数民族人员可以由民警指定同班组的戒毒人员根据其口述代笔。记载主要内容:一是参加集体活动、习艺矫治、"四课"教育后的矫治心得和收获;二是遇到的困难、需解决的问题、矛盾和合理化建议等。

f.民警开展的谈话情况在相应栏目中注明时间、地点,并由戒毒人员本人签名。

g."教育沟通"栏目由民警填写。针对戒毒人员记载的内容,有针对性地写出评语,给予必要的指导、帮助。民警在签名后的落款时间为其批阅的时间。

E.注意事项

a.《心桥(个别谈话记录)》一般在周一的晚上由组长收齐上交分管民警处。民警在 3 个工作日内必须批阅完毕,交还给戒毒人员;

b.民警在批阅《心桥(个别谈话记录)》时要认真仔细,针对戒毒人员的记载,有针对性地开展批阅,切不可敷衍了事,或言之无物,泛泛而谈;

c.《心桥(个别教育记录)》反映的是民警的教育矫治情况,记载的内容务必要真实、准确,字迹要清晰;

d.《心桥(个别谈话记录)》由戒毒人员保管,调队时转入新的中队。出所前由大队统一收回。

e.民警在对戒毒人员心桥周记中涉及个人隐私的内容要保密,不可随意宣扬。

f.心桥封面上的姓名为戒毒人员的姓名,不可与《个别谈话教育记录簿》封面民警的姓名搞混淆。

F.文书制作示例

[示例] 《心桥(个别谈话记录)》

封面:

心 桥

(个别谈话记录)

单位:××强制隔离戒毒所×大队×中队

姓名: 罗某某

封一：

戒毒人员基本情况表

姓名	罗某某		出生年月		1978 年 10 月
入所日期	2012 年 5 月 2 日		文化程度		小学
家庭住址	贵州省贵阳市××区××镇				
家庭成员	父亲:罗某某	务农			
	母亲:穆某	务农			
	妻子:苗某某	在浙江宁波慈溪打工			
	儿子:罗某某	在家跟随爷爷、奶奶			
	哥哥:罗某某	在江苏昆山打工			
	姐姐:罗某某	在江苏昆山从事家政服务(保姆)			

内页：

			2012 年 6 月第 1 周
学员心声	入所快一个月了,我现在非常的纠结,真的队长,我心里非常难受,经过几天的思考我终于鼓足勇气说出来,我知道我吸毒不好。但为什么他们明知我身体不好,又对我置之不理呢？队长,你知道吗？在被决定强制隔离戒毒后,当时我的身体状况是符合所外就医的条件的,只要家人帮我找医院提供一张证明,就可以接我出去了。可是他们没有,说什么保我出来,我还是一样会走老路,说什么我进去了,可以保我一命,队长,不是我对自己失去信心,是他们已对我失去信心。我真的很难过……		
有无谈话	有	时间	6 月 1 日
		地点	办公室
		学员签名	罗某某
教育沟通	看得出,从你的字里行间都流露你对家人的埋怨和不理解。我想你真的没有理解家里人的一片苦心。家人这样做,有他们的想法。让你在戒毒所安心戒治,也是想通过政府的教育,让你迷途知返。在他们心中,在意的不仅仅是你的身体,更是你的未来。他们并没有放弃你,如果对你失去信心,怎么还会过来看你？鼓励你？担心你？你更不能找借口放弃自己！一个人最怕的就是自己的意志,如果连自己都没信心,怎么让家人、让警察对你有信心呢？你的身体不是很好,民警都很清楚,为此也在分配任务的时候,加以综合考虑。并要求小组成员在日常生活中,给予你一定照顾。有那么多人在关心你、鼓舞你,你也一定要争口气,不要让大家对你感到失望！ 民警签名:张某 2012 年 6 月 3 日		

(5)难矫治人员教育专档

①适用范围及相关依据

《××省司法行政系统强制隔离戒毒场所教育工作实施细则(试行)》(浙劳教〔2010〕44号)第九章第五十一条规定:"个案化教育的对象是在所的全体戒毒人员,个案化教育的重点是各类难矫治戒毒人员。"第五十二条规定:"强制隔离戒毒所应当根据教育矫治工作的需要,做好难矫治戒毒人员的排摸、确定工作,并建立书面的《难矫治戒毒人员教育专档》。对于难矫治戒毒人员实行民警'包管、包教、包转化'制度。"第五十三条规定:"强制隔离戒毒所要建立难矫治戒毒人员解除手续。"

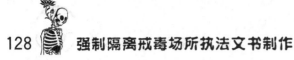

②文书制作及注意事项

A.文书制作

a.封面要填写难矫治戒毒人员的姓名或代号;大队填写该戒毒人员所在大(中)队的情况,要写全称,如二大队三中队,不可以用简称,如二大三中等。

b.内页一为"难矫治人员确定审批表"的基本情况,要根据戒毒人员档案中的基本信息填写;年龄可填写出生年月,也可以直接填写在制作本专档时的年龄,一般采取出生年月日的较多;期限可以填写强制隔离戒毒的起始年限,或是直接填写2年等字样;管理级别一般填写其现在所处的戒毒期限(如生理脱毒期、身体康复期、戒毒巩固期等三期);罪错性质统一填写复吸毒。

c.确定的依据:要根据《××省司法行政系统强制隔离戒毒场所教育工作实施细则(试行)》(浙劳教〔2010〕44号)第九章第五十一条规定的七项目条件结合其现实表现来填写;凡有下列行为之一的可认定为难矫治戒毒人员:一是主观恶习较深,在所期间抵触情绪严重,经常无故顶撞、挑衅民警,不遵守正常的所内管理秩序的;二是反社会意识严重,在所期间经常煽风点火,散布谣言,蛊惑人心,煽动闹事,经教育无效的;三是曾经是非法宗教组织或是邪教团体成员,坚持旧有立场,在场所内继续散布谣言的;四是多次以自杀、自残、绝食等过激手段要挟民警的;五是经常拒绝参加戒毒场所安排组织的正常矫治活动,经教育无效的;六是有过服刑史、特别是在服刑期间表现不好,或是有逃跑史的戒毒人员至今仍然有逃跑迹象的;七是有其他违法违纪行为经教育无效的。

d.中队意见、大队意见、教育矫治科意见和所分管领导意见等四个栏目的内容要根据各层级机关进行逐级填报。

e.内页二(活页部分)为"民警谈话记录",即民警对其开展教育矫治的记载,其填写方式和方法与"个别谈话教育"类似,在此就不再赘述了。

f.内页三为"难矫治人员解脱审批表",基本情况部分和"难矫治人员确定审批表"相类似,不再赘述。

g.转化主要依据:要根据《××省司法行政系统强制隔离戒毒场所教育工作实施细则(试行)》(浙劳教〔2010〕44号)第九章第五十三条规定中的四项目条件结合其现实表现来填写:凡具备下列条件的,经批准,可以办理解除手续:一是改变原先立场、观点,能够认识到自身言行的错误性、违法性和危害性;二是原有的对立情绪消除,不良行为得到有效控制或矫正,能够遵守各项法律、法规以及各项规章制度;三是能够认真参加所部组织的各项活动;四是有其他突出表现的。

B.注意事项

a.内页一、内页三的基本情况要根据戒毒人员档案中的基本信息如实、准确填写,切不可马虎大意填写错误。

b.确定难矫治人员的依据和解脱依据均应按照《浙江省司法行政系统强制隔离戒毒场所教育工作实施细则(试行)》(浙劳教〔2010〕44号)第九章第五十一条和五十三条中所涉及款项的规定执行。

c.表格中的中队、大队、教育矫治科意见不能简单地写上"同意",要根据实际的案情进行有针对性、有重点地表述。

d."难矫治人员确定审批表"和"难矫治人员解脱审批表"中各单位领导的签字确认后

要加盖相应的公章。

　　e.难矫治人员解脱后,该专档统一上报教育矫治科存档备案。

　　③文书制作示例

　　[示例] 《难矫治人员教育转化专档》

　　　　　　封面:

注意保密

难矫治人员教育转化
专　档

大　　队　　<u>三大队二中队</u>

姓　　名　　<u>吴某某(或 N12)</u>

包教民警　　<u>徐某某</u>

浙江省戒毒管理局编制

内页一:

难矫治人员确定审批表

姓名	吴某某	性别	男	年龄	1975 年 7 月(或 38 岁)
入所时间	2012 年 3 月	期限	2012 年 3 月 18 日至 2014 年 3 月 17 日(或 2 年)	管理级别	生理脱毒期
罪错性质	复吸毒				

确定为难矫治人员依据

　　该戒毒人员自入所收治以来表现较差,常常无故攻击其他戒毒人员,声称"活不下去","要自杀"等严重危害场所教育矫治氛围的言论,对民警的教育置若罔闻,不遵守所内管理规定我行我素,严重扰乱了场所的矫治秩序。

　　特别是在 2012 年 4 月 3 日 13 时 45 分,该戒毒人员未按规定在厕所洗漱,经现场值班民警赵某某指出后拒不认错,并使用手中的脸盆攻击民警,在被现场执勤民警制服后仍扬言要"报复",根据《××省司法行政系统强制隔离戒毒场所教育工作实施细则(试行)》(浙劳教〔2010〕44 号)第九章第五十一条第一款之规定,"主观恶习较深,在所期间抵触情绪严重,经常无故顶撞、挑衅民警,不遵守正常的所内管理秩序的"可被认定为难矫治人员。

续表

中队意见	大队意见	教育矫治科意见	所分管领导意见
中队意见大队意见教育矫治科意见所分管领导意见情况属实,拟上报为本年度难矫治人员,当否请批示! 中队长:毛某某 2012 年 4 月 4 日	经调查,中队确立该戒毒人员为难矫治人员事实清楚,依据准确,同意上报,请教育矫治科审批。 大队长:章某 2012 年 4 月 5 日	经调查,该大队确立的戒毒人员吴某某为难矫治人员事实清楚,依据准确,拟同意上报,请所领导审批。 科长:方某某 2012 年 4 月 6 日	同意,确定吴某某为本年度难矫治人员,请大(中)队做好包教转化工作,业务部门积极配合。 所领导:李某 2012 年 4 月 6 日

内页二(此页为活页):

民警谈话记录谈话			
时间	2012 年 9 月 28 日	谈话地点	民警值班室
谈话目的	了解近期的教育矫治情况,对其好的方面进行表扬,对不足之处给予指出,要求其继续保持较好的上升势头。		
谈话对象自述	通过近半年来徐警官对我的教育,以及其他同组戒毒人员的帮助,我触动很大,看到一起来的不少人都获得了一定的奖励,反思自己却一事无成,非常后悔。		
民警教育	首先,对其本月的教育矫治成绩进行肯定,其已经顺利度过了生理脱毒期,身体康复期也即将结束,其中康复期戒毒成效的评估马上要开始,距戒毒巩固期又近了一步,说明民警对其日常"包管、包教"措施是正确的。 其次,该戒毒人员能够通过其他戒毒人员的积极表现"知耻而后勇",说明其还是可以转化好的。 第三,对其在课堂化教学过程中考试成绩不理想,要求其继续努力,在综合评估过程中不要出现"短板"情况。		
谈话效果	比较理想,该戒毒人员与刚入所时的表现有了很大的进步,并且表示今后一定要珍惜时间,矫正自我。		
中队领导意见	从近期的吴某某的表现看,包教民警是付出努力的,且有了较为理想的成效,继续做好包教工作,力争在包教期内转化。 中队长:毛某某 2012 年 9 月 29 日	大队领导意见	中队对吴某某的包教措施是行之有效的,要再接再厉,进一步扩大转化成果。 大队长:章某 2012 年 9 月 30 日

内页三：

难矫治人员解脱审批表

姓名	吴某某	性别	男	管理级别	身体康复期	
入所时间	2012 年 3 月	年龄	1975 年 7 月 7 日（或 38 岁）	包教时间	2012 年 4 月 6 日至 2012 年 10 月 15 日	
罪错性质	复吸毒					

转化主要依据

　　该戒毒人员自确立为难矫治人员后,中队民警对其进行了专项包教工作,采取了三项措施,一是强化所规队纪教育,使其明确了自身的"违法者"属性,强调了权利和义务的对等性;二是强化了教育矫治工作;三是发挥亲情帮教的功效,积极联系其家属,利用会见的机会开展帮教工作。

　　通过包教民警的努力,该戒毒人员目前已经能够从根本上认识到自身存在的问题,包教以来的日常罚分情况逐渐减少,特别是后期的四个月(6 月、7 月、8 月、9 月)期间保持无罚分;平时也能与其他戒毒人员和谐相处,每周能够通过《心桥》积极与民警展开交流,遇到问题时也不意气用事,在康复期以全 A 的成绩通过诊断评估,根据《××省司法行政系统强制隔离戒毒场所教育工作实施细则(试行)》(浙劳教〔2010〕44 号)第五十三条第一款"改变原先立场、观点,能够认识到自身言行的错误性、违法性和危害性";第二款"原有的对立情绪消除,不良行为得到有效控制或矫正,能够遵守各项法律、法规以及各项规章制度";第三款"能够认真参加所部组织的各项活动"的规定,难矫治戒毒人员吴某某已经具备转化条件,可以办理解除手续。

包教人意见	根据戒毒人员吴某某现实表现,符合解脱的要求,可以办理解脱手续。 包教民警:徐某某 2012 年 10 月 15 日		
中队意见	大队意见	教育矫治科意见	所分管领导意见
情况属实,吴某某已符合转化条件,拟上报解脱,当否,请批示。 中队长:毛某某 2012 年 10 月 15 日	经调查,中队上报戒毒人员吴某某的解脱情况,事实清楚,依据准确,同意上报解脱,请教育矫治科审批。 大队长:章某 2012 年 10 月 15 日	经调查,该大队确立的戒毒人员吴某某经过一个包教周期,已经具备转化条件,事实清楚,依据准确,可以给予解脱,请所领导审批。 科长:方某某 2012 年 10 月 16 日	同意吴某某解脱难矫治人员,请大(中)队做好经验总结。 所领导:李某 2012 年 10 月 16 日

　　(6)难矫治人员月报表

　　①文书制作的方法

　　该文书为表格式文书,制作较为简单,一月一报.

　　A. 该文书一般为所教育矫治科填写汇总,大(中)队截至当月的 25 日,将本队的难矫治人员情况根据这一表格上报教育矫治科。

　　B. 单位:一般填写完整的单位名称,如:"××强制隔离戒毒所",切勿使用简称,如:"××戒"。

C. 时间：一般为该表当月的月底之前制作完成，大（中）队截至当月的 25 日，但是在填写过程中可以仅仅填写到月份为止，即某年某月。

D. 队别：一般情况下要写全称，如一大队一中队，切勿使用简称，如一大一中。

E. 期限、批准日期应当根据"专档"上的内容如实、准确地填写。

F. 解除时间为本月有无解除，如有根据"专档"上解除的时间进行标注，没有解除的则该空格无需填写，对于在本月之前解除的同时也需要保留并填写在该栏目内。

G. 备注：对于在包教期内出现情况，如逮捕、调队、住院等情况要在备注中注明。

H. 填表人：为教育矫治科负责难矫治人员工作事务的民警，审核人为教育矫治科领导。

②注意事项

A. 盖章要盖在本表左上角单位处；

B. 填表人和审核人必须签名。

③文书制作示例

[示例]《难矫治人员月报表》

难矫治人员月报表

单位：××强制隔离戒毒所　　　　　　　　　　　　　　　　　时间：2012 年 9 月

序号	队别	姓名	罪错	期限	批准时间	解除时间	备注
1	一大队	潘某某	复吸毒	2008 年 3 月 11—2010 年 3 月 10 日	2009 年 3 月 15 日		2009 年 12 月 21 日逮捕
2	一大队	王某某	复吸毒	2008 年 6 月 12—2010 年 6 月 11 日	2009 年 4 月 25 日		
3	二大队	黄某某	复吸毒	2008 年 1 月 22—2010 年 1 月 21 日	2009 年 6 月 4 日	2010 年 5 月 19 日	
4	三大队	邓某	复吸毒	2009 年 9 月 26—2011 年 10 月 4 日	2010 年 4 月 13 日	2010 年 9 月 29 日	
5	四大队	李某某	复吸毒	2009 年 10 月 20—2011 年 10 月 19 日	2010 年 4 月 15 日	2010 年 9 月 23 日	
6	五大队	热合曼·伊卜拉伊木	复吸毒	2009 年 2 月 7—2011 年 2 月 6 日	2010 年 4 月 22 日		2010 年 8 月 3 日因高血压所外就医
7	六大队	买买江·黑力力（自报）	复吸毒	2008 年 6 月 13—2010 年 6 月 12 日	2010 年 4 月 30 日	2010 年 6 月 21 日	
……	……	……	……	……	……	……	……

填表人：李某某　　　　　　　　　　　　　　　　　　　　　　审核人：余某某

5.2.3　社会帮教文书

帮教协议文书是强制隔离戒毒所为更好地依靠社会力量，对戒毒人员进行教育矫治活动，或为戒毒人员回归社会后提供有关安置帮教，依据有关法律规定，与有关国家机关、社会团体、组织个人协商，就帮教工作达成的一种相互协作的文书。强制隔离戒毒场所帮教协议文书主要有《帮教协议》和《帮教协议签订登记表》。

（7）帮教协议

①适用范围及相关依据

《强制隔离戒毒教育工作规定（试行）》（司劳教字〔2009〕54 号）第十一章第七十二条规定："强制隔离戒毒部门应当加强同当地党政部门、群众团体、企事业单位、基层组织、学校和社会各界的联系，通过签订帮教协议、邀请来所开展帮教等形式，配合做好戒毒人员的教育工作。"《××省司法行政系统强制隔离戒毒场所教育工作实施细则（试行）》第十一章第六十八条规定："强制隔离戒毒所应当充分依靠社会力量、利用社会资源对戒毒人员进行教育矫治，提高戒毒工作的社会化程度。"第六十九条规定："强制隔离戒毒所应当加强同当地党政部门、群众团体、企事业单位、基层组织、学校和社会各界的联系，通过签订帮教协议、邀请来所开展帮教等形式，共同做好对戒毒人员的教育工作。"

②文书制作及注意事项

A. 文书制作

帮教协议书在文书体裁上属于契约一类。帮教协议书的结构一般包括标题、正文、结尾。

a. 标题：直接表明文书的主旨，有两种表达形式：一种是"事由＋文种"，如"××帮教协议书"；另一种是"签约单位名称＋事由＋文种"，如"××强制隔离戒毒所帮教协议书"、"××司法局帮教协议书"。

b. 正文：

•导语：通常是用来说明签订协议书的目的、过程。表述方式为：为达到何种目的，就何事宜，经如何协商，达成何种协议。

•协议事项：即双方共同达成的各自的权利和义务的条款，在确定条款内容时，双方的权利和义务要基本保持平衡，协议的内容可以按层次列点表示。

c. 结尾：用来对与协议书有关又不属于条款内容的事宜进行说明，内容包括协议书的份数、生效规定和时间、有效期限、执行规定、未尽事宜、双方单位名称、代表人签字、签订日期等事项。

d. 协议方是单位的，必须在落款处加盖公章，单位代表人一般是单位的负责人，代表单位在协议书上签名和盖章，注明日期，对协议书内容负责。根据规定，没有特别的约定时，经双方共同签字后协议书即生效。

B. 注意事项

a. 协议书双方必须遵循自愿原则，任何一方都不能把自己的意愿强加于另一方，即使是与戒毒人员家属签订帮教协议书。

b. 条款内容不得违反国家的法律、法规、方针、政策，要充分考虑各方履行职责的实际能力，注重可操作性和可行性。

c. 对于条款内容的用词要准确、严密、不产生歧义。

③文书制作示例

[示例] 《社区帮教协议》

社区康复帮教协议

本协议所述的强制隔离戒毒人员进行社区康复共有四方当事人

甲方:社区康复所在地或申请人户籍地公安机关 <u>杭州市××区××派出所</u>

乙方:戒毒人员担保人姓名 <u>张某某 刘某某</u>

丙方:戒毒人员姓名 <u>丁某某</u>

丁方: <u>××强制隔离戒毒所</u>

根据《中华人民共和国禁毒法》和浙江省公安厅、浙江省禁毒委员会办公室、浙江省戒毒管理局有关对提前解除强制隔离戒毒并进入社区康复的有关规定,甲乙丁三方在自愿、平等、互利的基础上,就丙方申请提前解除强制隔离戒毒并进入社区康复,甲方和己方共同做好对丙方为期 3 年的社区戒毒康复期间的监管,确保丙方不发生复吸毒品和其他违法行为,巩固丁方在戒毒人员强制隔离戒毒期间的工作成效,订立本协议。

一、乙方(担保人)应当具备的条件

1-1. 必须是与本案无牵连的;

1-2. 享有政治权利,人身自由未受到限制或剥夺;

1-3. 在当地有常住户口和固定住所;

1-4. 有行为责任能力履行担保义务。

二、具备担保人条件的下列人员可以担任丙方的担保人

2-1. 戒毒人员的近亲属;

2-2. 戒毒人员所在单位或部门负责人;

2-3. 社区康复所在地居(村)民委员会干部;

2-4. 经公安机关许可的其他公民。

三、担保人应当履行的义务

3-1. 保证戒毒人员严格遵守法律法规,切实履行社区戒毒协议和社区戒毒人员守则;

3-2. 积极主动协助社区戒毒工作小组开展社区戒毒工作;

3-3. 监督戒毒人员日常言行并对其进行帮助教育,发现有违反规定的行为,应当及时向公安机关报告;

3-4. 主动协助公安机关开展吸毒检测、告诫等相关工作。

四、担保人未履行义务的法律处置

4-1. 担保人如不履行义务,致使戒毒人员逃避社区戒毒的,将取消其担保资格,并依法处置戒毒人员。

4-2. 依法追究担保人相关刑事和民事责任。五、丙方在社区康复期间必须做到

5-1. 拥护中国共产党和社会主义制度,遵守国家法律和社会公德,积极靠拢政府,如实汇报思想,认真改好;

5-2. 严格遵守法律法规,切实履行社区戒毒协议和社区戒毒人员守则;

5-3. 积极主动接受社区戒毒工作小组的领导和指挥;

5-4. 自觉服从公安机关和担保人的监管和告诫;

5-5. 积极配合公安机关的尿检和丁方的回访调查。

六、违约处理

6-1.乙方如不履行义务,致使戒毒人员逃避社区戒毒的,取消其担保资格。

6-2.乙方或丙方因不可抗力(如特大自然灾害、地震、车祸、病故等)原因导致失踪或死亡的,甲方、丁方均不承担责任。

七、其他条款

7-1.本协议经四方签字(盖章)后,自强制隔离戒毒人员提前解除强制隔离戒毒之日起生效,期限自 20　10　年　3　月　22　日起至　2013　年　3　月　21　日止。

7-2.本协议共贰页,壹式肆份,甲、乙、丙、丁四方各执壹份,均有同等效力。

•甲方(盖章):××派出所公章　　　　　　　签署时间:2010 年 3 月 22 日

联络地址:杭州市××区××路　　　　　　电话:0571—×××××××

•乙方(签名或盖章):　　　　　　　　　　签署时间:2010 年 3 月 22 日

联络地址:杭州市××区××镇××新村×单元×室

电话:0571—×××××××;139×××××××(乙方附相关户籍证明材料)

•丙方(签名或盖章):　　　　　　　　　　签署时间:2010 年 3 月 22 日

联络地址:杭州市××区××镇××花园××单元××室

电话:0571—×××××××;138×××××××

•丁方:××强制隔离戒毒所　　　　　　　　签署时间:2010 年 3 月 22 日

联络地址:杭州市××区××路××号　　　　电话:0571—88×××××

(8)签订帮教协议登记表

①文书制作的方法

该文书为表格式文书,制作较为简单,一月一报。

A.该文书一般为所教育矫治科填写汇总,大(中)队截至当月的 25 日,将本队戒毒人员的帮教协议签订情况根据这一表格上报教育矫治科。

B.日期为签订帮教协议的时间,一般在探视期间签订。

C.与帮教人员关系:签订帮教协议一般为戒毒人员家属,父母、妻子、子女等(直系亲属、三代以内旁系血亲),也可是原所在学校的教师、社区干部或是司法局安置帮教人员等。

D.其余可根据提示项进行填写。

E.填表人:为教育矫治科负责帮教协议工作事务的民警,审核人为教育矫治科领导。

②注意事项

A.公章要盖在本表左上角日期处;

B.签订协议过程中民警、戒毒人员以及帮教人员三方均需在场,在填写完帮教协议后,再完成此表。

C.帮教人、中队民警、填表人和审核人等栏目必须要签名。

③文书制作示例

[示例]《签订帮教协议登记表》

签订帮教协议登记表

2012 年4 月

日期	戒毒人员姓名	与帮教人关系	帮教人签名	帮教人住址或工作单位	中队民警签名
2012 年 4 月 2 日	张某某	父亲	张某	杭州市××区×× 街道××小区××幢 ××单元××室	徐某某
2012 年 4 月 2 日	李某某	社区治 保主任	黄某某	杭州市××区××社区	徐某某
2012 年 4 月 2 日	王某某	妻子	麦某某	慈溪市××镇 ××村×组	徐某某
2012 年 4 月 2 日	孙某某	兄弟	孙某某	舟山市××区× ×花园××幢× ×单元××室	徐某某
2012 年 4 月 9 日	南某某	兄弟	南某某	温州市××区× ×小区××幢× ×单元××室	黄某某
2012 年 4 月 9 日	金 某	司法所安 帮科干部	于某某	嘉兴市××区× ×司法所	黄某某
……	……	……	……	……	……

填表人:李某某　　　审核人:余某某

5.2.4 评审、评比文书

该表是强制隔离戒毒场所开展戒毒人员年终"双评"活动期间进行年终评比时所用的表格式文书,主要涉及《强制隔离戒毒人员评审评比鉴定表》。

(9)戒毒人员评审评比鉴定表

①适用范围及相关依据

根据《浙江省强制隔离戒毒工作执法指南(试行)》第四章第二节第二十五条之规定,"对戒毒人员的评审评比工作,每年进行一次"。

②文书制作及注意事项

A.文书制作

a.封面要填写好参加评审评比戒毒人员的姓名,单位填写该戒毒人员所在大中队的情况,要写全称,如某某强制隔离戒毒所二大队三中队。

b.内页中的基本情况要根据戒毒人员档案中的基本信息填写,戒毒人员要根据自身的实际情况,按照表格中要求的内容进行填写,大致分为遵规守纪表现、教育学习表现、康复训练成效、生活卫生表现和今后努力方向等五大方面来写。戒毒人员在撰写个人基本情况时,分管民警要指导戒毒人员撰写个人年度总结和来年教育矫治规划,并确保在填写过程中数据的准确性。

c.矫治表现一览表中各科成绩和加扣分情况由分管民警填写,有成绩的填写相应的成绩,没有对应的考核科目或考核科目尚未进行考核的划去或填写"无",不得出现留白的情况。

d.小组鉴定、中队鉴定、大队鉴定、教育部门意见、所意见等五个栏目的内容要根据各层级逐级填报,小组、中队等层面在填报时,如有奖励的需填写相关条款。

B.注意事项

a.年度评比等次依次为表扬、嘉奖、记功,如果没有上述奖项的只要填写到大队这一层级即可。

b.召开戒毒人员小组评比会,根据基本条件按一定比例推荐各等次候选人报主管民警审核。

c.中队召开全体民警会议,在小组推荐人选基础上进行评选,并按一定比例确定各等次候选人名单,参加会议的民警在会议记录上签名。

d.中队将各等次候选人名单进行不少于3天的公示,并将公示无异议的候选人名单和相关材料报大队。

e.召开大队长办公会议,审议上报的各等次候选人,并按1∶1比例审定各等次奖励的候选人。

f.大队将审定的各等次候选人进行不少于2天的公示,并将公示无异议的候选人名单和相关材料报所部。

g.无中队编制的大队,评比程序在戒毒人员小组推荐各等次候选人并经主管民警审核后,直接进入大队审议。

h.所教育部门对拟表扬、嘉奖的戒毒人员进行审核,对记功的戒毒人员审核后,在全所公示7个工作日,公示期间提出异议的,由教育部门负责复核,并告知复核结果。公示后,拟给予表扬、嘉奖、记功的戒毒人员,报请所诊断评估工作委员会审议。

i.所诊断评估工作委员会听取教育部门审核意见,对拟给予表扬、嘉奖、记功的戒毒人员逐一进行审核,作出是否批准的决定。

j."双评"结束后,大(中)队应及时将评审、评比材料归入戒毒人员副档。

③文书制作示例

[示例]　《强制隔离戒毒人员评审评比鉴定表》

封面:

强制隔离戒毒人员
2010 年年度评审鉴定表

姓名李某某
单位××强制隔离戒毒所
三大队二中队

封二：

姓名	李某某	出生年月	1978 年 9 月 1 日	文化程度	初中
强制隔离戒毒期	2010 年 3 月 11 日至 2012 年 3 月 10 日	入所日期	2010 年 3 月 2 日	籍　贯	浙江萧山

个 人 鉴 定	遵规守纪表现： 　　入所以来，能够遵守各项所规队纪，服从民警的安排和教育，积极维护好所内的教育矫治秩序，协助民警做好各项教育矫治任务，经常帮助其他戒毒人员共同进步，全年无扣分记录。
	教育学习表现： 　　积极参加所部组织的课堂教育，在上课期间认真听讲，不缺课、不迟到、不早退，课后认真完成各项作业，出勤率为 100％，在考试期间无作弊现象，各科成绩平均分为 85 分，单科最高分为 92 分，当年还参加省局组织的统一抽考，获得 90 分的好成绩。
	康复训练成效： 　　认真参加所部组织的康复训练，平时加强自身的体育锻炼，体能素质较入所之初有了较大的提高，在今年下半年全所举办的运动会期间获得，百米第二名、跳远第三名的好成绩。
	生活卫生表现： 　　认真做好自身的内务卫生，全年无卫生扣分，同时积极做好小组的包干卫生和环境卫生以及配合习艺车间的日常清洁工作。
	习艺劳动表现： 　　积极参加所部组织的缝纫工培训，并通过浙江省职业技能鉴定中心的考核，获得初级缝纫工技能证书；同时在习艺过程中，发挥自身优势，多次保质保量，并超额完成各项习艺劳动任务，全年共计超额 160 件习艺生产任务。
	今后努力方向： 　　通过这一年的努力，我已经顺利地通过了强制隔离戒毒的二期考核（生理脱毒期获得三个 A，身体康复期获得三个 A，戒毒巩固期获得二个 A），同时自身在所内的教育学习、习艺劳动和行为养成方面收获较大，在民警的教诲下也深深地感受到吸毒的危害性，我要继续努力，早日戒除毒瘾，回归社会，做一个对社会有用的人。

封三：

矫治表现一览表

教育情况	政治教育		技术教育	
	成绩		培训项目	成绩
	92		初级缝纫工	88
			计算机文字录入	90

戒毒诊断评估	全年加分				年度奖惩情况					
	行为矫治累计加分	行为矫治累计扣分	一次性最高加分	一次性最高扣分	奖励			惩罚		
					表扬	嘉奖	记功	警告	严重警告	记过
	352	0	10	0	1 次					

封底:

小组评议	经小组评议,李某某入所以来在遵规守纪、教育学习、康复训练、生活卫生、习艺劳动方面取得了较好的矫治成绩,根据《××省司法行政系统强制隔离戒毒人员行为矫治考核办法》第三条之规定,符合表扬的评定标准,建议给予表扬。 　　　　　　　　　　　　　　　　　　　　组长签名:张某某 　　　　　　　　　　　　　　　　　　　　2010 年 12 月 30 日
中队鉴定	经中队合议,该戒毒人员完成了心理脱毒,康复训练成绩良好,行为矫治效果良好,根据《××省司法行政系统强制隔离戒毒人员行为矫治考核办法》第三条之规定,建议给予戒毒人员李某某表扬一次。当否,请审批。 　　　　　　　　　　　　　　　　　　负责人签名(公章):陆某某 　　　　　　　　　　　　　　　　　　2011 年 1 月 4 日
大队鉴定	经大队合议,建议给予戒毒人员李某某表扬奖励一次。当否,请审批。 　　　　　　　　　　　　　　　　　　负责人签名(公章):王某某 　　　　　　　　　　　　　　　　　　2011 年 1 月 4 日
教育部门意见	经我科复核,该戒毒人员完成了心理脱毒,康复训练成绩良好,行为矫治效果良好,按照评审评比要求,建议给予戒毒人员李某某表扬一次。当否,请领导审批。 　　　　　　　　　　　　　　　　　　负责人签名(公章):何某某 　　　　　　　　　　　　　　　　　　2011 年 1 月 5 日
强制隔离戒毒所意见	同意给予戒毒人员李某某表扬一次。 　　　　　　　　　　　　　　　　　　负责人签名(公章):金某某 　　　　　　　　　　　　　　　　　　2011 年 1 月 6 日
备注	

5.2.5　心理矫治文书

(10)心理咨询师花名册

①使用范围及填写说明

心理咨询师花名册属于表格类的文书,记载较为简单,只需根据各栏目的要求进行规范填写即可。

A. 单位:填写强制隔离戒毒所的全称。

B. 时间:一般为一年一报,填报时间截止到当年最后一个月的 25 日,但在填写日期时只需要填写年份即可。

C. 学历:填写咨询师的最高学历。

D. 职称：主要是涉及心理咨询领域的技术职称。

E. 填表人：一般为心理教研室主任；审核人一般为教育矫治科领导。

F. 公章盖在表格左上方单位处。

②文书参考样式

心理咨询师花名册

单位：××强制隔离戒毒所　　　　　　　　　　　　　　　　　　　时间：2012 年

序号	姓名	性别	出生年月	学历	现有职称	取得职称时间	备注
1	赵某某	男	1976 年 11 月	本科	国家心理咨询师（三级）	2006 年 8 月	
2	何某	女	1960 年 2 月	大专	国家心理咨询师（三级）	2008 年 12 月	
3	王某某	女	1970 年 6 月	本科	国家心理咨询师（二级）	2010 年 12 月	
4	余某某	男	1976 年 5 月	硕研	国家心理咨询师（二级）	2011 年 12 月	
…	…	…	…	…	…	…	…

填表人：吴某某　　　　　　　　　　　　　　　　　　　　　审核人：梁某某

(11)心理测试登记表

①使用范围及填写说明

心理测试登记表属于表格类的文书，记载较为简单，只需要根据各栏目的要求进行规范填写即可。

A. 单位：填写强制隔离戒毒所的全称。

B. 时间：一月一报，填报时间截止在当月的 25 日前，在填写日期时需填写完整的年月日，日期填写当月的 25 日。

C. 测试结果：简明扼要地将测试结果表述。

D. 备注：经过测试如有特殊情况的，需给予指出。

E. 填表人：心理教研室主任；审核人为教育矫治科领导。

F. 公章盖在表格左上方单位处。

②文书参考样式

心理测试登记表

单位：××强制隔离戒毒所　　　　　　　　　时间：2011 年 6 月 25 日

序号	姓名	入所时间	罪错	测试时间	测试结果	备注
1	夏某某	2011.6.10	复吸毒	2011.6.12	基本正常	
2	秦某某	2011.6.15	复吸毒	2011.6.16	基本正常	
3	庄某某	2011.6.18	复吸毒	2011.6.18	有人际关系化敏感、恐怖等症状	
4	黄某某	2011.6.19	复吸毒	2011.6.20	有恐怖、其他症状	说谎指数较高
5	徐某	2011.6.22	复吸毒	2011.6.24	有焦虑、抑郁症状	
…	…	…	…	…	…	…

填表人：吴某某　　　　　　　　　　　　　　　　　　　　审核人：叶某某

(12)心理咨询专档

①使用范围及填写说明

该表格专业性较强,为表格式工作手册,主要是心理咨询师在填写过程中根据栏目的要求,进行有针对性的填写;

担任心理咨询师的民警在考取咨询师证书时已经过相应的培训,在此就不再赘述。

②文书参考样式

封面:

专业资料 注意保密

心理咨询专档

大队:四大队三中队

姓名:施某某(或 S0102)

浙江省戒毒管理局

封二:

个人基本情况表

姓名	施某某	性别	男	出生年月	1976.2
		民族	汉		
文化程度	初中	婚姻状况	已婚	入所时间	2011 年 3 月 11 日
所犯罪错	复吸毒	期限	2011 年 1 月 25 日至 2013 年 1 月 24 日		
精神状态	精神尚好	兴趣爱好	无		
家庭住址	温州市××区××街道××小区××幢××单元××室				
个人 成长 经历	8 岁开始读书直至初中毕业后在社会上与不法分子游荡。1997 年因吸毒被劳教一年六个月,2001 年因吸毒被劳教 2 年 6 个月。 家中有父母均在家开店,有二个姐姐和一个哥哥,目前已婚并有一个一岁的女儿,家庭经济情况一般。				
既往病史 及家族病史	胃病、肺炎、高血压				

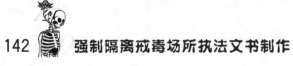

续表

现主要问题、发生时间及起因	与同组戒毒人员较难相处,经常发生争执。 2011 年 4 月 12 日,入所第二个月与同组戒毒人员发生了三次争执事件,起因均为一些无关紧要的小事情(桌子的摆放、吃饭声音太大、随地吐痰等),同组戒毒人员提醒其要注意,施某某就直接骂过去。		
现实表现	入所期间表现较差,就像一个"炸弹",一触即发,且多次被处理。		
入所时所用心理测试项目	16PF 人格量表和 SCL-90 症状量表	测试时间	2011 年 3 月 12 日
测试结果	详见测试量表(测试量表省略)		
现所用测试项目名称	16PF 人格量表、SCL-90 症状量表以及房树人测试	测试时间	2011 年 4 月 15 日
测试结果（测试结果可另附页）	详见测试量表(测试量表省略)		
诊断意见	该戒毒人员对自身的处事态度并不十分了解,通过心理测试得知,该戒毒人员人际关系较为敏感,存在较重的强迫症状、焦虑、抑郁、偏执症状;敌对程度较强;在精神性方面存有中度症状。 　　　　　　　　　　　　　　　　　　　　　　咨询师签名:吴某某		
咨询方案	1.省内治疗;2.行为治疗法 　　　　　　　　　　　　　　　　　　　　　　咨询师签名:吴某某		

内页:

每次咨询记录	
内容	1.说明心理咨询的原则,特别强调了保密性原则;2.咨询过程中该戒毒人员表现得相当"惊讶",同时讲话内容的逻辑性不强;3.据该戒毒人员的自述其父亲从小管教严格并信奉"棒下出孝子"、"只有人家怕自己,自己才不会被欺负"的信条。
印象	1.个性偏激;2.文化程度较低;3.不良的成长经历影响,导致该戒毒人员看待事物的角度和思考问题的思路与正常思维的人员有一定差距,同时由于该戒毒人员从小就未能很好地接受教育,因此认知能力较差,并且该戒毒人员接受社会阴暗面的时间较长,强化了其负面心理。
问题	经过一段时间的调整,该戒毒人员的思想有一些起色,但其心中的"包袱"仍然没有完全放下。本月初该戒毒人员因为琐事与其他戒毒人员发生矛盾,进而在习艺区发生激烈的争吵,事后该戒毒人员又后悔不已。
处理意见	要求该戒毒人员多从健康向上的方面看待问题,多接触正面的事物,多掌握正确的社会知识,同时避免该戒毒人员与其他戒毒人员发生冲突。 鼓励该戒毒人员在实践中运用内省法,减弱暴躁的脾气。
备注	中队民警加强与其交流,并做好包夹和监控。

(做成活页,可根据需要添加)

（13）个体心理咨询登记表

①使用范围及填写说明

个体心理咨询登记表属于表格类的文书,记载较为简单,只需要根据各栏目的要求进行规范填写即可。

A.单位:填写强制隔离戒毒所的全称。

B.时间:一月一报,填报时间截止在当月的 25 日前,在填写日期时需填写完整的年月日,日期填写当月的 25 日。

C.求助原因:简明扼要地将求助原因表述。

D.咨询效果:分为好、一般、较差、无效果。在咨询过程中遇到较为特殊或具有典型意义的案例可进行简略陈述。

E.填表人:心理教研室主任;审核人为教育矫治科领导。

F.公章盖在表格左上方单位处。

②文书参考样式

个体心理咨询登记表

单位:×× 强制隔离戒毒所　　　　　　　　　　　　　　时间:2011 年 6 月 25 日

时间	求助者姓名	年龄	罪错	求助原因	咨询效果	咨询师
2011 年 6 月 7 日	郑某某	29	复吸毒	不适应所内的教育矫治生活	效果较好	何某某
2011 年 6 月 8 日	吴某某	38	复吸毒	与同组人员相处不融洽	效果较好	何某某
2011 年 6 月 16 日	赵某	45	复吸毒	不能正确对待民警的处罚	无效果(有阻抗)	何某某
2011 年 6 月 24 日	刘某某	26	复吸毒	总是觉得自己身体有病	无效果(中断咨询)	徐某某
2011 年 6 月 24 日	林某某	31	复吸毒	不能正确对待民警的处罚	效果一般	何某某
…	…	…			…	…

填表人:王某某　　　　　　　　　　　　　　　　　　审核人:赵某某

（14）团体心理辅导登记表

①使用范围及填写说明

团体心理辅导登记表属于表格类的文书,记载较为简单,只需要根据各栏目的要求进行规范填写即可。

A.单位:填写强制隔离戒毒所的全称。

B.时间:一月一报,填报时间截止在当月的 25 日前,在填写日期时需填写完整的年月日,日期填写当月的 25 日。

C.主题:设定本次团体辅导的主题。

D.咨询效果:分为好、一般、较差、无效果。

E.填表人:心理教研室主任;审核人为教育矫治科领导。

F.公章盖在表格左上方单位处。

②文书参考样式

团体心理辅导登记表

单位:××强制隔离戒毒所　　　　　　　　　　　　时间:2011 年 12 月 25 日

时间	参加人数	主题	咨询效果	咨询师
2011 年 5 月 12 日	141 人	了解并学会调节情绪	效果较好,基本达到预期的目的	吴某某
2011 年 10 月 23 日	126 人	培养快乐的心境 本次团体辅导	效果一般,由于出 现部分人员的阻抗情况,	王某某
…	…	…	…	…

填表人:王某某　　　　　　　　　　　　　　　　审核人:赵某某

(15)心理救助热线记录

①使用范围及填写说明

心理救助热线记录属于表格类的文书,记载较为简单,只需要根据各栏目的要求进行规范填写即可。

A. 单位:填写强制隔离戒毒所的全称。

B. 时间:一月一报,填报时间截止在当月的 25 日前,在填写日期时需填写完整的年月日,日期填写当月的 25 日。

C. 求助者姓名:如果在心理热线中对方告知可以填写,如果对方不告知则划去。

D. 所在队别:如果在心理热线中对方告知可以填写,如果对方不告知则划去。

E. 通过计时:是对本次咨询所消耗的时间进行记载,一般热线咨询不得超过半小时。

F. 主要问题:简明扼要有重点地将求助原因进行载录。

G. 咨询效果:分为好、一般、较差、无效果。

H. 填表人:负责接听心理热线的民警记载;审核人为心理教研室主任或是教育矫治科领导。

I. 公章盖在表格左上方单位处。

②文书参考样式

心理救助热线登记表

填报单位:××强制隔离戒毒所　　　　　　　　　制表日期:2011 年 1 月 25 日

序号	咨询日期	救助者姓名	所在队别	通话计时	主要问题	咨询效果
1	2011 年 1 月 6 日	/	/	13:10 — 13:46	对中队年底的"双评"工作感到不满,认为"双评"工作是民警的"游戏"。	咨询效果好,首先使得求助者的情绪得到宣泄,其次提高了认知程度
2	2011 年 1 月 6 日	/	四大队三中队	15:06 — 15:55	由于春节将至,同时近期所部将要安排各类趣味活动,但该求助者报名后,没有入选,因此该戒毒人员认为是民警看不起他。	咨询效果较好,赞同咨询师的意见,要求该求助者要多与人交流和沟通

续表

3	2011 年 1月6日	/	/	16：12— 16：37	询问年底"提前解除"的情况,告知这不是心理热线的内容,要求其询问中队民警或者管理部门	咨 询 效 果 一般
4	2011 年 1月8日	/	/	14：00— 14：54	有肝病好几年,经常感到右肝部疼痛,痛起来很厉害,不能参加劳动,队长认为我装病,对我有看法,不给我好日子过。	咨询效果一般,询问具体的情况,该劳教人员对于肝病的认知并不太清楚,建议其进行面谈咨询。
5	2011 年 1月8日	/	/	15：00— 15：05	铃声响后,咨询师询问无人应答。	
⋯	⋯	⋯	⋯	⋯	⋯	⋯

填表人：吴某某　　　　　　　　　　　　　　　　审核人：赵某某

5.2.6　电化教育文书

(16)电化教育资料登记表

①使用范围及填写说明

电化教育资料登记表属于表格类的文书,记载较为简单,只需要根据各栏目的要求进行规范填写即可。

A.单位:填写强制隔离戒毒所的全称。

B.时间:一月一报,填报时间截止在当月的 25 日前,在填写日期时需填写完整的年月日,日期填写当月的 25 日。

C.名称:为该电教资料的名称。

D.数量:要精确每张光碟、每盘磁带的数量,切不可记载为一套、一箱等概念模糊的数量。

E.填表人:负责电化教育的民警记载;审核人为教育矫治科领导。

F.公章盖在表格左上方单位处。

②文书参考样式

电化教育资料登记表

单位:××强制隔离戒毒所　　　　　　　　　　时间:2011 年 12 月 25 日

序号	名称	数量	序号	名称	数量
1	法律常识(部局统一下发)	50 张 DVD 光碟			
2	扬起新生的风帆(部局统一下发)	20 张 DVD 光碟			
3	第一届戒毒人员技能大赛纪实(省局统一下发)	20 张 DVD 光碟			
4	历史的天空(新华书店购置)	15 张 DVD 光碟			
5	年度双评工作动员(自制光碟)	30 张 DVD 光碟			
6	……	……			

填表人:李某某　　　　　　　　　　　　　　　　审核人:胡某某

(17)电化教育播放情况登记表

①使用范围及填写说明

电化教育播放情况登记表属于表格类的文书,记载较为简单,只需要根据各栏目的要求进行规范填写即可。

A. 单位:填写强制隔离戒毒所的全称。

B. 时间:一月一报,填报时间截止在当月的 25 日前,在填写日期时需填写完整的年月日,日期填写当月的 25 日。

C. 教学内容:为该电教资料的名称。

D. 播放人:负责电化教育的民警。

E. 备注:主要记载播放过程中出现的异常情况,如盘片出现问题无法播放从而更改其他内容等。

F. 填表人:负责电化教育的民警记载;审核人为教育矫治科领导。

G. 公章盖在表格左上方单位处。

②文书参考样式

电化教育播放情况登记表

单位:××强制隔离戒毒所　　　　　　　　　　　　　　　时间:2012 年 5 月 25 日

日期	星期	教学内容	播放人	备注
5 月 5 日	周六	一周所内新闻	李某某	
5 月 9 日	周三	法律常识	李某某	
5 月 12 日	周六	一周所内新闻		
5 月 23 日	周三	法律常识		原本播放《阳光不锈》影片由于光碟中途受损改为《法律常识》
…	……	…	……	…

填表人:李某某　　　　　　　　　　　　　　　　　　　　审核人:胡某某

(18)电化教育收看情况登记表

①使用范围及填写说明

电化教育收看情况登记表属于表格类的文书,记载较为简单,只需要根据各栏目的要求进行规范填写即可。

A. 单位:填写强制隔离戒毒所的全称以及各收看电化教育节目大(中)队的全称。

B. 时间:一月一报,填报时间截止在当月的 25 日前,在填写日期时需填写完整的年月日,日期填写当月的 25 日。

C. 教学内容:为该电教资料的名称。

D. 播放人:负责电化教育的民警。

E. 备注:主要记载在播放过程中出现的异常情况,如盘片出现问题无法播放从而更改为其他内容等。

F. 填表人:负责电化教育的民警记载;审核人为教育矫治科领导。

G. 公章盖在表格左上方单位处。

②文书参考样式

电化教育收看情况登记表

单位：××强制隔离戒毒所五大队三中队　　　　　　　　　　　　　时间：2012 年 5 月 25 日

日期	星期	收看内容	戒毒人员人数	值班民警	备注
5 月 5 日	周六	一周所内新闻	121	张某某	
5 月 9 日	周三	法律常识	123	李某某	
5 月 12 日	周六	一周所内新闻	120	王某某	
5 月 23 日	周三	法律常识	120	何某某	原本播放《阳光不锈》影片由于光碟受损改为《法律常识》
…	…	…	…	…	

填表人：徐某某　　　　　　　　　　　　　　　　　　　　　审核人：潘某某

5.2.7　辅助教育文书

（19）投稿、录用（所办小报、省局报刊）登记表

①使用范围及填写说明

（所办小报、省局报刊）投稿、录用登记表属于表格类的文书，记载较为简单，只需要根据各栏目的要求进行规范填写即可。

A. 单位：填写强制隔离戒毒所的全称。

B. 时间：一月一报，填报时间截止当月的 25 日，在填写日期时需填写完整的年月日，日期填写当月的 25 日。

C. 序号：根据所在大中队进行自然排序，即从一大队一中队开始一直到所属最后的大中队，在同一大中队中按照先填写所办小报录用情况后再填奋进报录用情况。

D. 稿件标题：要填写稿件标题的全称。

E. 录用期数：要先填写年度的期数，后填写该报纸总的刊出期数。

F. 备注：主要记载所办小报和省局报刊录用的情况。

G. 填表人：负责所内报纸编辑的民警记载；审核人为教育矫治科的领导填写。

H. 公章盖在表格左上方单位处。

②文书参考样式

（所内小报、奋进报）稿件录用情况登记表

单位：××强制隔离戒毒所　　　　　　　　　　　　　　　时间：2012 年 4 月 25 日

序号	队别	姓名	稿件标题	录用期数	备注
1	一大队一中队	甘某某	涅槃—意念的力量	年度第 4 期,总第 125 期	所内小报录用
2	二大队二中队	郭某某	小议"吃亏"	年度第 8 期,总第 226 期	奋进报录用
3	…	…	…		…

填表人：刘某某　　　　　　　　　　　　　　　　　　　　审核人：方某某

（20）录用稿件（黑板报、墙报）登记表

①使用范围及填写说明

（黑板报、墙报）录用稿件登记表属于表格类文书,记载较为简单,只需要根据各栏目的要求进行规范填写即可。

A. 单位:填写强制隔离戒毒所的全称以及各刊登黑板报、墙报大（中）队的全称。

B. 时间:一月一报,填报时间截止当月的 25 日,在填写日期时需填写完整的年月日,日期填写当月的 25 日。

C. 稿件标题:要填写稿件标题的全称。

D. 投稿人:撰写该稿件的戒毒人员。

E. 用期数:先填写年度的期数,后填写该报纸总的刊出期数。

F. 审稿人:大中队分管领导。

G. 填表人:大中队具体负责这一工作的民警记载;审核人为大中队分管领导填写。

H. 公章盖在表格左上方单位处。

②文书参考样式

（黑板报、墙报）稿件录用情况登记表

单位:××强制隔离戒毒所四大队三中队　　　　　　　　　　时间:2012 年 2 月 25 日

项目序号	稿件标题	投稿人	录用期数	审稿人
1	我们的中队	方某某	本年度第 4 期	叶某某
2	评比之后我们干什么?	尤某某	本年度第 4 期	叶某某
3	今天你学习了吗?	张某	本年度第 4 期	叶某某
4	……	……	……	……

填表人:叶某某　　　　　　　　　　　　　　　　　　　审核人:傅某某

知识拓展

图书借阅登记表

1. 使用范围及填写说明

图书借阅登记表属于表格类的文书,记载较为简单,但是由于是场所内的图书馆,相关借阅手续与社会有所不同。

（1）单位:填写强制隔离戒毒所的全称。

（2）时间:一月一报,填报时间截止在当月的 25 日前,在填写日期时需填写完整的年月日,日期填写当月的 25 日。

（3）开放时间:根据所部图书馆开放时间据实填写。

（4）姓名:借阅图书戒毒人员的姓名。

（5）书名:戒毒人员借阅图书的名称和数量。

（6）管理人员:可以是民警也可以是负责图书管理的戒毒人员。

（7）备注:记载借阅图书过程中出现的特殊情况,如遗失图书、损坏图书、盗窃图书等情况。

(8)填表人:负责所内图书馆管理的民警记载或是负责所内图书馆管理的戒毒人员记载;审核人为教育矫治科领导。

(9)公章盖在表格左上方单位处。

2. 文书参考样式

图书借阅登记表

单位:××强制隔离戒毒所　　　　　　　　　　　　　　　　时间:2012 年 6 月 25 日

开放时间	序号	姓名	书名	借阅时间	管理人员	归还时间	管理人员	备注
6 月 2 日	1	张某某	江浙地区农村食用菌培养技术	6 月 2 日	范某某	6 月 16 日	范某某	
6 月 9 日	2	李某某	西游记	6 月 9 日	范某某	6 月 16 日	范某某	发现第 12 页有破损情况,根据所内图书馆管理办法给予赔偿处理
6 月 9 日	3	李某某	读者 2010 年合订本	6 月 9 日	范某某	6 月 16 日	范某某	
……	……	……	……	……	……	……	……	……

填表人:范某某　　　　　　　　　　　　　　　　　　　　审核人:胡某某

第6章 生活卫生类执法文书

"兵马未动,粮草先行。"这是人们通常对后勤保障工作重要性的通俗的解释。同样,在强制隔离戒毒所中的生活卫生工作对于维护戒毒人员合法权益,体现人文关怀,改善戒毒人员的生理机能,促进戒毒人员身体康复,调动戒毒人员的矫治积极性,维护强制隔离戒毒场所安全稳定也有着十分重要的作用。

随着戒毒工作的日益深入,强制隔离戒毒工作得到了快速的发展和提高,在新形势下强制隔离戒毒生活卫生工作已不再是简单意义上的日常生活上的具体事务性工作,而是涉及戒毒人员在强制隔离戒毒期间生活、医疗的方方面面,是一项系统工程。要做好这一工程,规范的工作和运作方式是一个重要方面,而生活卫生类的执法文书制作正是这一规范化的重要体现,本章节对当前强制隔离戒毒场所生活卫生工作中涉及的基本文书进行收集、整理、规范、解析。由于戒毒人员生活卫生工作中的吃、穿、住、行、卫生、防疫等事务主要涉及日常生活、所内食堂、超市以及所内医院等部门,这其中卫生防疫、就诊治疗的文书与社会上医疗机构大同小异,且文书制作过程较为专业,就不再列入本文讲述范围。

6.1 相关文书种类

生活卫生文书主要涉及日常卫生的检查、戒毒人员困难的救济、补助,相关物资的登记、查验,食堂设施设备的领用、食堂工作报表以及相关会议记录等。

6.2 生活卫生类执法文书详解

6.2.1 所内膳食管理

(1)戒毒人员伙食管理委员会成员审批表

①使用范围及填写说明

A.该表格为表格式文书,其主要是记载戒毒场所内管理和审核戒毒人员伙食管理委员会成员的文书。

B.该表的上半部分内容均可在戒毒人员的信息表中调阅、查找。

C.申请理由:主要戒毒人员的日常表现、文化水平等方面陈述其是否符合戒毒人员伙食管理委员会成员的要求。要求在填写过程中实事求是。

D.大(中)队意见:对申报理由进行陈述,并提出上报的要求。大队分管领导签字确认。

E.科室意见:科室对大(中)队上报的情况进行调查,并结合业务实际,提出意见并报所领导审批。科室领导签字确认。

F.所意见:所分管领导就是否确定进行审批,分管领导签字确认。

G.备注:对于申请过程中需要证明的相关材料附后说明。

H.各部门在签字确认后需加盖所在部门的公章。

②注意事项

A. 该戒毒人员的实际矫治表现一定要据实填写。

B. 强制隔离戒毒期限要填写时间起止,不可填写为"两年"。

③文书参考样式

[示例]《强制隔离戒毒人员伙食管理委员会成员审批表》

强制隔离戒毒人员伙食管理委员会成员审批表

姓名	买买提·某某某	出生年月	1985 年 6 月 3 日
案由	复吸毒	强制隔离 戒毒期限	自 2010 年 4 月 9 日起 至 2012 年 4 月 8 日止
所在队别			八大队
申请理由			该戒毒人员入所以来能认识到吸毒的危害性,平时表现较好,目前该戒毒人员已执行强制隔离戒毒一年,完成三期戒毒流程,三期戒毒效果评议为"2A1B"。在"三课"教育中,能认真学习,到课率100%,各科成绩均在85分以上;在习艺矫治活动期间能认真参加各项职业技能教育,由于该戒毒人员为维吾尔族(我所维吾尔族戒毒人员占少数民族戒毒人员的96%),作为戒毒人员伙食管理委员会成员其具有一定的民族代表性。
大(中) 队意见			该戒毒人员日常表现良好,有一定的文化知识,同时,由于原戒毒人员伙食管理委员会成员中的一名维吾尔族的戒毒人员买哈买提·某某某即将解除强制隔离戒毒,需要另一名维吾尔族的戒毒人员作为代表增补戒毒人员伙食管理委员会成员,建议列为戒毒人员伙食管理委员会成员。 当否,请批示。 大队长:毛某某 2012 年 3 月 6 日
科室意见			经调查情况属实,建议将戒毒人员买买提·某某某列为伙食管理委员会成员。 当否,所领导批示。 习艺管理科:陈某某 2012 年 3 月 6 日
所意见			同意将买买提·某某某列为本所戒毒人员伙食管理委员会成员。 所领导:祝某某 2012 年 3 月 6 日
备注			

(2)戒毒人员伙食管理委员会会议记录表

①使用范围及填写说明

A. 戒毒人员伙食管理委员会是在民警直接领导下,由各大(中)队推荐戒毒人员组成的,对戒毒人员伙食情况进行监督的一种组织形式。

B. "伙管会"一般每月召开一次会议。会议由主管科室领导或戒毒人员食堂司务长主持,主要听取戒毒人员"伙管会"成员对当月伙食的评价及意见。针对戒毒人员的建议,戒毒人员食堂应该提出下月伙食的整改措施。

C. 该文书记载较为简单,只需要根据会议的内容以及各栏目的要求进行规范填写即可。

②注意事项

a.记录人：为主管科室或戒毒人员食堂的民警担任。

b.对当月戒毒人员伙食的评价及意见：主要是摘记"伙管会"成员在本次会议中发言的主要内容，在记录过程中要如实记录、重点突出、简明扼要、条理清晰。

c.下月戒毒人员伙食的整改措施：对"伙管会"成员提出的建议和意见，主持人要逐条给予答复和解释说明，如果当场能够解决的要及时给出解决的措施、方法以及解决的时间，不能及时解决的要说明理由。

d.食堂负责人签字：签字人为戒毒人员食堂司务长。

③文书参考样式

[示例]《强制隔离戒毒人员伙食管理委员会会议记录表》

强制隔离戒毒人员伙食管理委员会会议记录表

时间	2012年3月25日	地点	所内食堂会议室	记录人	张某某
参加人员	主持人：周某某　　参加会议民警：张某某、李某某、江某某、朱某 参加会议的戒毒人员伙食管理委员会成员：陈某某、南某某、何某某、徐某某、赵某某、帖木儿·帕某某				
会议内容	对当月戒毒人员伙食的评价及意见： 陈某某：本月的米饭在蒸制过程中比较硬，不太适合新收治戒毒人员的饮食习惯，能否根据入所队的情况给予照顾。 南某某：每个中队在食堂就餐过程中，筷子在使用过程中更新的速度比较慢，而勺子倒是比较快，不知道为什么？因为有些戒毒人员不太习惯使用勺子。 何某某：为什么每个中队的好菜（全荤菜）限制供应？ 帖木儿·帕某某：民族餐的花色品种太少，每隔三天就要重复一次，建议和其他戒毒人员一样每周重复一次。 赵某某：免费汤比较咸。 下月戒毒人员伙食的整改措施： 1.由于蒸饭设备（所戒毒人员米饭蒸制过程为电脑控制蒸箱，水和米的比例由电脑设定自动控制进行蒸制）的电脑控制版刚刚更新过，且操作人员也是刚刚培训，掌握不够熟练，从明天开始调整蒸饭设备米饭蒸制的有关数据，尽量照顾到所有戒毒人员。 2.每个中队的餐具（筷子和勺子）更新速度不一，是由于这两种餐具的消毒时间、收集整理和摆放时间不一致所致，筷子消毒、摆放完毕要30分钟，而勺子只要20分钟即可，所以无法同时更新，希望谅解。 3.考虑到合理适度消费，食堂对全荤菜按照每个中队总人数的10%的比例进行控制供应。 4.目前我所制作民族餐的厨师只有一名，且该厨师还要担任日常生病戒毒人员病号饭的制作，人手比较紧张，希望谅解。 5.由于考虑到目前已经立夏，戒毒人员的日常流汗较多，所以免费汤制作的较以往咸了点，如果有其他人员不太适应，在此基础上再制作一份比较清淡的免费汤，并进行相应的咸淡程度的标注。 　　　　　　　　　　　　　　　　　　　　　　　食堂负责人签字：周某某				
备注					

（3）戒毒人员食堂物品入库单

①使用范围及填写说明

A.该入库单属表格类文书,其主要功能是对进入戒毒人员食堂仓库的物资进行验收和记载。

B.送货单位:本次送入该批物资的单位全称,如"××粮油公司"或是"××超市"。

C.送货人:本次送货单位派出的跟车人员。

D.日期:为某种物资入库的时间,要具体到年月日。

E.名称:要填写详细的物资名称,如东北大米、江苏大米(粮油等大宗物资需按招标合同上的要求注明生产商)等。

F.计量单位:按照国际标准的计量单位填写,如公斤(kg)等。

G.数量:一般情况下采用汉字的数量词进行填写,如壹、贰、叁等。

H.备注:主要填写在验收过程中的特殊情况,如"发现其中一包有霉变情况,予以退回"等。

I.验收人一般为后勤大(中)队的民警,单位主管为食堂司务长或负责人。

②注意事项

A.每次进货都要填写,不能因为嫌麻烦合并填写。

B.每次进货入库必须有后勤大(中)队的民警签字方能入库。

③文书参考样式

[示例]　《强制隔离戒毒人员食堂物品入库单》

强制隔离戒毒人员食堂物品入库单

送货单位:××粮油副食公司　　　送货人:朱某某　　　　　　2012 年 4 月 13 日

名　称	规格	单位	数量	单价	金额	备注
东北大米(生产商)	袋装	公斤	壹仟公斤	￥:××	￥:×××	合格证附后
包心菜	散装	公斤	陆佰肆拾公斤	￥:××	￥:×××	农药残留检验报告附后
冷冻猪排	盒装	公斤	肆佰伍拾公斤	￥:××	￥:×××	检验检疫证书附后
调和油(生产商)	桶装	公斤	陆佰公斤	￥:××	￥:×××	合格证附后
…	…	…	…	…	…	…

单位主管:徐某某　　　　　　　　　　　　　　　　　　　　　验收人:张某某

（4）戒毒人员食堂物品出库单

①使用范围及填写说明

A.该单据属于表格类的文书,其主要功能是对戒毒人员食堂仓库领出的相关物资进行记录和交接。

B.该表格为每日戒毒人员食堂完成一日炊事任务后,进行对账汇总所需。每次出货都要填写,不能因为嫌麻烦合并填写。

C.发货人为食堂管理仓库的民警,收货人为食堂炊事人员,其余内容详见《强制隔离戒毒人员食堂物品入库单》,在此不再赘述。

②文书参考样式

[示例]　《强制隔离戒毒人员食堂物品出库单》

强制隔离戒毒人员食堂物品出库单

2012 年 4 月 15 日

名称	规格	单位	数量	单价	金额	备注
江苏大米(生产商)	袋装	公斤	壹仟公斤	￥:××	￥:×××	合格证附后
紫甘蓝	散装	公斤	陆佰肆拾公斤	￥:××	￥:×××	农药残留检验报告附后
冷冻鸡腿	盒装	公斤	肆佰伍拾公斤	￥:××	￥:×××	检验检疫证书附后
调和油(生产商)	桶装	公斤	陆佰公斤	￥:××	￥:×××	合格证附后
…	…	…	…	…	…	…

单位主管:于某某　　　　　　发货人:何某某　　　　　　收货人:楼某某

(5)戒毒人员食堂收支(盈亏)表

①使用范围及填写说明

A. 该文书为表格式文书,其主要记载戒毒人员食堂日常财务收支情况,反映食堂财务盈亏状况。该文书每月制作一次,当月的 10 日前制作完成上月的收支情况,并于当月的 10 日向戒毒人员公示。

B. 该表格填写较为简单,只需按照表格的相应选项对应填写即可。

C. 制表人:为戒毒人员食堂负责财务统计的民警。

②注意事项

制作该文书必须数据准确,账目清晰。

③文书参考样式

[示例] 《强制隔离戒毒人员食堂收支(盈亏)表》

强制隔离戒毒人员食堂收支(盈亏)表

2012 年 9 月

项目	本月数	累加数	备注
一、食堂收入	…	…	…
伙食费收入	…	…	…
小灶收入	…	…	…
其他收入	…	…	…
其中:	…	…	…
二、食堂支出	…	…	…
主食支出	…	…	…
副食支出	…	…	…
燃料支出	…	…	…
小灶支出	…	…	…
其他支出	…	…	…
其中:	…	…	…
三、结余	…	…	…

制表人:李某某　　　　　　　　　　制表日期:2012 年 10 月 10 日

（6）戒毒人员食堂一周食谱表

①使用范围及填写说明

A. 该表为表格式文书，其主要功能为记载、安排、展示一周戒毒人员膳食中主食和菜品的名称和搭配情况。

B. 一般按照先主食后菜品的顺序排列。

C. 备注中一般是指民族餐情况。

D. 负责人为所内食堂负责膳食事务的主管民警。

②注意事项

A. 安排的主食和菜品需与实际执行的相同，如遇特殊情况则要在说明中加以提醒。

B. 周日前在戒毒人员食堂的显著位置，须公布下周的食谱表。

③文书参考样式

[示例]《强制隔离戒毒人员食堂一周食谱表》

强制隔离戒毒人员食堂一周食谱表
3 月 26 日至 4 月 1 日

日期	早餐	午餐	晚餐	备注
星期一	米饭 稀饭 清炒酱瓜 麻辣雪菜	米饭 霉菜鸡尖 清炒藕丁 榨菜冬瓜	米饭 金丝肉丸 清炒西芹 炒包心菜	民族餐： 白切羊肉 番茄炒蛋 清炒生菜
星期二	米饭 稀饭 八宝菜 炒榨菜	米饭 莴笋肉片 清炒豆芽 蒜泥海带	米饭 韭菜炒蛋 肉末茄子 虾皮萝卜	民族餐： 孜然牛肉 红黄圆椒 红烧土豆
星期三	米饭 稀饭 炒萝卜干 酱什锦菜	米饭 油泡烧肉 麻辣豆腐 雪菜冬瓜	米饭 蒸千张包 炒胡萝卜 炒大白菜	民族餐： 萝卜牛肉 炒紫甘蓝 酸辣白菜
星期四	片儿川 牛肉水饺	米饭 包心贡丸 韭菜豆芽 炒包心菜	米饭 辣子鸡块 清炒西芹 炒胡萝卜	民族餐： 兰州拉面
星期五	米饭 稀饭 萝卜条 醋大蒜	米饭 青椒肉片 爆炒花菜 蒜泥海带	米饭 洋葱炒蛋 肉末茄子 炒大白菜	民族餐： 爽脆木耳 洋葱炒蛋 红烧羊肉
星期六	稀饭 米饭 炒什锦菜 韩式泡菜	米饭 黄豆仔排 平菇豆腐 炒包心菜	米饭 翡翠蛋包 清炒莴笋 虾皮冬瓜	民族餐： 番茄豆腐 爽口菜心 土豆牛肉
星期日	稀饭 米饭 炒榨菜丝 酱豆腐乳	米饭 洋葱肉片 清炒藕丁 酱炒萝卜	米饭 肉末粉条 炒大白菜 油炸带鱼	民族餐： 紫菜浓羹 椒盐土豆 丁香鸡块
说明		每日中餐和晚餐均有免费汤供应		
负责人：梁某某　　　司务长：邓某某			填表日期：2012 年 3 月 25 日	

(7)戒毒人员食堂食品留验登记表

①使用范围及填写说明

A. 该登记表属于表格类的文书,其主要功能是对戒毒人员食堂日常的主食和菜品留存、登记、待验,一旦出现食物中毒事件,可以迅速查明原因。本表记载较为简单,只需要根据各栏目的要求规范填写即可,但该文书也是强制隔离戒毒场所较为重要的一份生活卫生文书,因为这直接关系到戒毒人员食堂的餐饮安全。

B. 日期:每日制作(或是外购)主食和菜品的时间,要具体到年月日。

C. 物品名称:主食和菜品的名称,如主食有米饭、面条、水饺等,菜品有肉丝炒蛋、红烧猪排、土豆牛肉、酸辣白菜、包菜肉片等。

D. 入(出)柜时间:主食和菜品进入(取出)食品留验柜的具体时间点,要详细到几时几分。

E. 留验人:将留验食品存入留验柜的民警。取样人:48 小时后从留验柜中取出留验食品的民警。

②注意事项

A. 主食和菜品取样时要随机获取,米饭为蒸箱蒸熟后随机抽取的一份,菜品为大锅烹制好后随机抽取一份,如是外购食品则要随机抽取其中一份。

B. 主食和菜品要有一定数量,即不得少于 250 克。

C. 主食、菜品入柜和出柜时间要有一定的限定,即主食和菜品从入柜到出柜需保持在 48 小时以上。

③文书参考样式

[示例] 《强制隔离戒毒人员食堂食品留验登记表》

强制隔离戒毒人员食堂食品留验登记表

日 期		食品名称	入柜时间	留验人	出柜时间	取样人	备 注
2012 年 4 月 12 日	早餐	皮蛋粥 肉包子	5 时 10 分	陈某某	4 月 14 日 5 时 25 分	金某某	
	中餐	米饭 红烧猪排 酸辣白菜 包菜肉片 清炒时蔬	11 时 10 分	陈某某	4 月 14 日 11 时 30 分	金某某	
	晚餐	面条 干菜饼 酱香饼	16 时 20 分	陈某某	4 月 14 日 16 时 30 分	金某某	
...	早餐	...	...	...	...	...	...
	中餐	...	...	...	...	...	...
	晚餐	...	...	...	...	...	...
...	早餐	...	...	...	...	...	...
	中餐	...	...	...	...	...	...
	晚餐	...	...	...	...	...	...

（8）戒毒人员食堂农药残留检测登记簿

①使用范围及填写说明

A. 该登记簿属于表格类文书，其主要作用是对戒毒人员食堂购入蔬菜、水果等物资的农药残留简易检测情况进行记载，以便进一步检测。

B. 在制作该文书时要进行农药残留的简易测试。

C. 日期：为测试的时间，要具体到年月日。

D. 蔬菜名称：一般填写通用名称，或当地认同度较广的名称，如江浙一带称土豆为马铃薯等，较少使用山药蛋这一称呼。

E. 检测情况：一般填写"未发现农药残留"或"有农药残留迹象"。

F. 检测人：负责戒毒人员食堂管理的民警或相关业务科室的民警。

②注意事项

A. 每次进入戒毒人员食堂的蔬菜、瓜果均要进行检测。

B. 测试结束后必须将测试的结果（或是报告单或是测试卡）附在备注栏中。

C. 检测结果必须要如实反映，认真填写。

③文书参考样式

[示例]《戒毒人员食堂农药残留检测登记簿》

戒毒人员食堂农药残留检测登记簿

日期	蔬菜品名	检测情况	检验人	备注
2012 年 3 月 6 日	胡萝卜	未发现农药残留	于某某	检测卡结果（略）
2012 年 3 月 6 日	花菜	未发现农药残留	于某某	检测卡结果（略）
2012 年 3 月 6 日	洋葱	未发现农药残留	于某某	检测卡结果（略）
2012 年 3 月 6 日	平菇	未发现农药残留	于某某	检测卡结果（略）
2012 年 3 月 6 日	大白菜	未发现农药残留	于某某	检测卡结果（略）
2012 年 3 月 6 日	芹菜	未发现农药残留	于某某	检测卡结果（略）
……	……	……	……	……

（9）戒毒人员食堂餐具消毒登记表

①使用范围及填写说明

A. 该登记表属于表格类文书，其主要作用是对戒毒人员食堂使用的各类餐具消毒方式和过程等情况进行记载。

B. 日期：消毒作业的日期，即年月日要清楚。

C. 消毒时间：从开始到结束等具体消毒作业的时间点，要具体到几时几分（24 小时制）填写。

D. 餐具数量：分为常用的碗、筷和其他餐具 3 大类，数量必须准确，且要带上数量单位。餐具数量不可估计，如"约 200 百余个"。

E. 责任民警：本次消毒作业的人员，一般是戒毒人员食堂的值勤民警或所内医院负责卫生防疫的民警。

F. 备注：主要记载消毒的方式，紫外线照射消毒还是巴式消毒液消毒等，以及消毒中遇到的情况。

②注意事项

A. 戒毒人员食堂餐具消毒一般为每日3次,每次消毒的时间在30分钟以上。

B. 在消毒过程中无关人员一律不得在消毒现场逗留,特别是紫外线消毒过程中所有人员不得留在紫外线照射的区域内。

③文书参考样式

[示例]《强制戒毒人员食堂餐具消毒登记表》

		消毒时间		餐具数量			责任民警签名	备注
日期		开始时间	结束时间	碗	筷	其他餐具		
2010年6月21日	早餐	6时10分	6时50分	2000个	2300双		华某某	巴式消毒液、紫外线照射
	中餐	12时14分	12时50分	1800个	2100双		华某某	巴式消毒液、紫外线照射
	晚餐	18时15分	19至14时	2000个	2000双		胥某某	巴式消毒液、紫外线照射
……	早餐	……	……	……	……	……	……	……
	中餐	……	……	……	……	……	……	……
	晚餐	……	……	……	……	……	……	……
……	早餐	……	……	……	……	……	……	……
	中餐	……	……	……	……	……	……	……
	晚餐	……	……	……	……	……	……	……

(10)戒毒人员食堂刀具领用登记表

①使用范围及填写说明

A. 该登记簿属于表格类文书,其主要作用是对戒毒人员在日常炊事工作中各种刀具领用情况进行登记,落实责任人。该文书记载较为简单,只需要根据各栏目的要求进行规范填写即可,但是该文书是强制隔离戒毒场所较为重要的一份生活卫生文书,因为这直接关系到戒毒场所的人身安全,所以在填写该文书时一定要认真仔细,不可马虎。

B. 日期:为领用和归还刀具的时间。

C. 领用(归还)时间:为具体的领用归还时间点,要具体到几时几分。

D. 刀具名称:为领用刀具的具体名称,如菜刀、斩骨刀、剔骨刀等。

E. 数量:一般情况下采用大写汉字数量词进行填写,如壹、贰、叁等。

F. 领用人一般为领用刀具的人员,如戒毒人员食堂从事炊事作业的戒毒人员或分管民警;归还人为使用完毕后归还刀具的人员,如戒毒人员食堂从事炊事作业的戒毒人员或是分管民警;执勤民警为当日戒毒人员食堂管理民警。

G. 备注:领用刀具和归还刀具过程中发生特殊情况的记录,如刀具损坏、其他人员借用等。

②注意事项

A. 每次领用刀具或归还刀具要填写一次,不能因为嫌麻烦进行合并填写。

B. 领用(归还)时间要填写到几点几分(24 小时制)。

C. 表格的空白处均应划去或是填写"无"字。

D. 该文书须民警亲自填写,不可贪图方便后期补填。如原执勤民警有事离开食堂要做好交接工作。

E. 刀具的领用人和归还人必须是同一人,如果不是同一人,则必须在备注中加以说明。

③文书参考样式

[示例]　《强制隔离戒毒人员食堂刀具领用登记表》

强制隔离戒毒人员食堂刀具领用登记表										
日期	刀具名称	领用时间	数量	领用人	执勤民警	归还时间	数量	归还人	执勤民警	备注
2012 年5 月6 日	菜刀	8 时12 分	拾把	周某某	许某某	9 时26 分	拾把	周某某	许某某	
2012 年5 月6 日	斩骨刀	8 时12 分	贰把	黄某	许某某	9 时26 分	贰把	黄某	许某某	
2012 年5 月6 日	菜刀	15 时5 分	拾壹把	周某某	许某某	17 时21 分	玖把	周某某	许某某	16 时 10 分,其中贰把在使用过程中发生损坏,由民警商某某带出修理。
2012 年5 月6 日						18 时46 分	贰把	商某某	许某某	18 时 46 分,民警商某某将修复后的贰把菜刀归还。

(11)戒毒人员食堂日消耗报表

①使用范围及填写说明

A.该表属于表格类文书,其主要作用是对戒毒人员食堂粮食、蔬菜及相关物资日常消耗情况进行统计和登记,便于成本核算。

B.制表人为负责戒毒人员食堂日常膳食管理的主管民警;审核人为戒毒人员食堂的司务长或后勤大(中)队领导。

②注意事项

数据登记要准确,要与戒毒人员的日常开支相符。

③文书参考样式

[示例]《戒毒人员食堂日消耗报表》

××强制隔离戒毒所戒毒人员食堂日消耗报表

当日在所戒毒人员数：××××人　　　　　　　　　　　　　　　　时间：2012年5月25日

品种 单位	粮食		蔬菜		肉类		鱼类		蛋类		豆制品		食用油		副食品		燃料		水电费	调味品	日用品	维修费	其他
	数量	金额	数量	金额	数量	金额	数量	金额	数量	金额	数量	金额	数量	金额	数量	金额	数量	金额					
日总计	…	…	…	…	…	…	…	…	…	…	…	…	…	…	…	…	…	…	…	…	…	…	…
日人均	…	…	…	…	…	…	…	…	…	…	…	…	…	…	…	…	…	…	…	…	…	…	…

具体明细项目

常用调味品	名称	数量	名称	数量	名称	数量	名称	数量	名称	数量	名称	数量	其他调味品	名称	数量	名称	数量	名称	数量	名称	数量
	酱油	…	米醋	…	料酒	…	味精	…	白糖	…	食盐	…									

常用日用品	名称	数量	名称	数量	名称	数量	名称	数量	名称	数量	名称	数量	名称	数量	名称	数量	名称	数量	名称	数量
	洗洁精	…	洗衣粉	…	清洁球	…	橡胶手套	…	橡胶套鞋	…	拖把	…	扫把	…	棉手套	…	砧板	…		

维修类	…
其他	…

审核人：陈某某　　　　　　　　　　　　　　　　　　　　　　　　　　　制表人：赵某某

(12)戒毒人员伙食情况月统计表

①使用范围及填写说明

A.该表属于表格类文书,其主要作用是对戒毒人员食堂每月的伙食开支情况,以及相关物资的消耗情况进行汇总、分析、登记。

B.该报表一月上报一次,截止日期为每月25日。

C.填报单位:该单位的全称,如××省××强制隔离戒毒所。

D.填报单位负责人:一般为该所分管后勤的所领导;审核人为戒毒人员生活卫生的负责人;填报人为戒毒人员食堂的司务长或后勤大(中)队的民警。

②注意事项

A.月平均在所戒毒人员人数以该所25日所政管理科汇总的戒毒人员人数为准。

B.月统计数据要真实有效。

C.涉及的金额数值前一定要加上"¥"或是采用汉字顶格写。

D.月统计数据要与日统计数据相对应。

③文书参考样式

[示例] 《强制隔离戒毒人员伙食情况月统计表》

强制隔离戒毒人员伙食情况月统计表

2012 年 11 月

填报单位:××省××强制隔离戒毒所

品种\单位	粮食		蔬菜		肉类		鱼、蛋类		豆制品		食油		其他副食品		调味品(元/人均)	燃料(元/人均)	杂费(元/人均)	备注
	人均量(kg)	金额(元/人均)	人均量(kg)	金额(元/人均)	人均量(kg)	金额(元/人均)	人均量(kg)	金额(元/人均)	人均量(kg)	金额(元/人均)	人均量(kg)	金额(元/人均)	人均量(kg)	金额(元/人均)				
×××	···	···	···	···	···	···	···	···	···	···	···	···		···	···	···	···	···
×××	···	···	···	···	···	···	···	···	···	···	···	···		···	···	···	···	···
×××	···	···	···	···	···	···	···	···	···	···	···	···		···	···	···	···	···

月平均在所戒毒人员数××××人	月伙食费 ¥:××××元	月补助伙食费 ¥:××××元
伙食费总开支 ¥:××××元	月人均伙食费 ¥:××××元	

填报单位负责人:王某某 审核人:朱某某 填表人:周某某 填报日期:2012 年 11 月 25 日

6.2.2 所内卫生防疫管理

(13)卫生防疫及消毒药品发放清单

①使用范围及填写说明

A.该文书为表格式文书,主要记录医院定期向大(中)队发放卫生防疫药品的情况,以及各大(中)队接收上述物品的用途。

B. 日期:为记载发放的日期,每月月初发放一次。

C. 发放药(物)品名称和规格:为所要发放药(物)品产品说明书上规范的名称,不可采用口语化的表述。

D. 数量:需采用汉字大写和法定的计量单位。

E. 用途:针对发放的药(物)品具体用途要进行详细的表述。

F. 领药人:领取上述药物的大(中)队民警,签字确认。

G. 主管领导:为所内医院的主管领导;发放人为所内医院负责卫生防疫的医务人员。

②注意事项

A. 发放药物的名称、规格、数量在接收时一定要核对清楚。

B. 用途一定要认真填写,不能统称为"消毒用"。

D. 上述药物领用人必须是民警,不可让戒毒人员代领、保管。

③文书参考样式

[示例]　《卫生防疫及消毒药品发放清单》

卫生防疫及消毒药品发放清单

日期:2012 年 9 月 6 日

队别	发放药(物)品名称	规格	数量	用途	领药人签名
一大队	百能抗菌洗手液	500 mil/瓶	拾瓶	戒毒人员卫生间盥洗台用	张某某
	康威达消毒片	100 片/瓶	伍拾瓶	戒毒人员宿舍区内消毒用	徐某某
	巴氏消毒液	5000 mil/瓶	叁瓶	戒毒人员宿舍公用抹布消毒用	徐某某
...	...	...	...	...	...
...	...	...	...	...	...

主管领导:叶某某　　　　　　　　　　　　　　　　　　发放人:吴某某

　知识拓展

常见的消毒方法有物理、化学和生物方法。由于生物方法利用生物因子去除病原体,作用缓慢,且灭菌不彻底,一般不用于传染疫源地消毒,故消毒主要采用物理及化学方法。

1. 物理消毒法

(1)机械消毒

一般应用肥皂刷洗,流水冲净,可消除手上绝大部分甚至全部细菌,使用多层口罩可防止病原体自呼吸道排出或侵入。应用通风装置过滤器,可使手术室、实验室及隔离病室的空气保持无菌状态。

(2)热力消毒

包括火烧、煮沸、流动蒸气、高热蒸气、干热灭菌等。能使病原体蛋白凝固变性,失去正常代谢机能。

①火烧。凡经济价值小的污染物,如金属器械等均可用此法。简便经济、效果稳定。

②煮沸。耐煮物品及一般金属器械均用本法,物品煮沸消毒时,不可超过容积3/4,应浸于水面下。注意留空隙,以利对流。

③流动蒸气消毒。相对湿度 80％～100％,温度近 100℃,利用水蒸气在物体表面凝聚,放出热能,杀灭病原体。

④高压蒸气灭菌。通常压力为 98.066kPa,温度 121～126℃,15～20 分钟即能彻底杀灭细菌芽孢,适用于耐热、耐潮物品。

⑤干热灭菌。干热空气传导差,热容量小,穿透力弱,物体受热较慢。适用于不能带水分的玻璃容器,金属器械等。

(3)辐射消毒

①非电离辐射。主要方试有紫外线,红外线和微波。红外线和微波主要依靠产热杀菌。目前应用最多为紫外线,可引起细胞成分、特别是核酸、原浆蛋白和酸发生变化,导致微生物死亡。紫外线穿透力差,但因使用方便,对药品无损伤,故广泛用于空气及一般物品表面消毒。照射人体能引发皮肤红斑,紫外线眼炎和臭氧中毒等。故使用时人应避开或用相应的保护措施。

②电离辐射。包括丙种射线的高能电子束(阴极射线)。电离辐射设备昂贵,对物品及人体有一定伤害,故使用较少。

2.化学消毒法

(1)凝固蛋白消毒剂

①酚类 :主要有酚、来苏、六氯酚等。具有特殊气味,杀菌力有限。可使纺织品变色,橡胶类物品变脆,对皮肤有一定的刺激,故除来苏外应用者较少。

A.酚(石炭酸):无色结晶,有特殊臭味,受潮呈粉红色,但消毒力不减,毒性较大,对皮肤有刺激性,具有恶臭,不能用于皮肤消毒。

B.来苏(煤酚皂液):以 47.5％甲酚和钾皂配成。红褐色,易溶于水,有去污作用,杀菌力较石炭酚强 2～5 倍。常用为 2％～5％水溶液,可用于喷洒、擦拭、浸泡容器及洗手等。

C.六氯酚:为双酚化合物,微溶于水,易溶于醇、酯、醚,加碱或肥皂可促进溶解,毒性和刺激性较少,但杀菌力较强。主要用于皮肤消毒。

②酸类:对细菌繁殖体及芽孢均有杀灭作用。但易损伤物品,故一般不用于居室消毒。

③醇类。乙醇(酒精)75％浓度可迅速杀灭繁殖型细菌,用于皮肤消毒和体温计浸泡消毒。

(2)溶解蛋白消毒剂

①氯氧化钠。白色结晶,易溶于水,杀菌力强,因腐蚀性强,故极少使用。

②石灰。遇水可产生高温并溶解蛋白质,杀灭病原体。因性质不稳定,故应用时应新鲜配制。

③氧化蛋白类消毒剂。包括含氯消毒剂和过氧化物类消毒剂。因消毒力强,故目前在医疗防疫工作中应用最广。

A.漂白粉。应用最广。主要成分为次氯酸钙,性质不稳定,可为光、热、潮湿及 CO_2 所分解。故应密闭保存于阴暗干燥处,时间不超过 1 年。

B.氯胺-T。为有机氯消毒剂,含有效氯 24％～26％,性能稳定,密闭可保存 1 年,刺激性和腐蚀性较小,作用较次氯酸缓慢。

C.二氯异氰尿酸钠。又名优氯净,为应用较广的有机氯消毒剂。具有高效、广谱、稳定、溶解度高、毒性低等优点。

D.过氧乙酸。亦名过氧醋酸,为无色透明液体,易挥发有刺激性酸味,是一种同效速效消毒剂,易溶于水和乙醇等有机溶剂,具有漂白的腐蚀作用,易挥发的刺激性酸味,是一种高效速效消毒剂。

E.过氧化氯。3%～6%浓度的溶液,10分钟可以消毒。10%～25%浓度的溶液60分钟可以灭菌,用于不耐热的塑料制品、餐具、服装等消毒。

F.过锰本钾。1%～5%浓度浸泡15分钟,能杀死细菌繁殖体,常用于餐具、瓜果消毒。

(3)阳离子表面活性剂

主要有季铵盐类,高浓度凝固蛋白,低浓度抑制细菌代谢。有杀菌浓度,毒性和刺激性小,无漂白及腐蚀作用,无臭、稳定、水溶性好等优点。但杀菌力不强,可用于皮肤、金属器械、餐具等消毒。

(4)烷基化消毒剂

①福尔马林:为34%～40%甲醛溶液,有较强大杀菌作用。适用于皮毛、人造纤维、丝织品等不耐热物品。因其穿透力差,刺激性大,故消毒物品应摊开,房屋须密闭。

②戊二醛。作用似甲醛。在酸性溶液中较稳定,但杀菌效果差,无腐蚀性,有广谱、速效、高热、低毒等优点,可广泛用于杀细菌,芽孢和病毒消毒。不宜用作皮肤、黏膜消毒。

③环氧乙烷。低温时为无色液体,具有活性高,穿透力强,不损伤物品,不留残毒等优点,可用于纸张、书籍、布、皮毛、塑料,人造纤维、金属品消毒。因穿透力强,故需在密闭容器中进行消毒。须避开明火以防爆。消毒后通风防止吸入。

(5)其他

①碘通过卤化作用,干扰蛋白质代谢。作用迅速而持久,无毒性,受有机物影响小。常有碘酒、碘伏(碘与表面活性剂为不定型结合物)。常用于皮肤粘膜消毒,医疗器械应急处理。

②洗必泰。为双胍类化合物。对细菌有较强的消毒作用。可用于手、皮肤、医疗器械、衣物等消毒。

(14)强制隔离戒毒人员门(急、巡)诊登记表

①使用范围及填写说明

A.该登记表为表格式文书,主要是记载所内医院医生在医疗救治过程的基本情况,诸如病人的基本情况、诊断情况、处理情况等。

B.在使用该文书时对不同就诊情况进行分项使用,如用在门诊时,可将"急诊"、"巡诊"字样划去。

C.其余情况可以参照医学要求进行填写,本文不再赘述。

②注意事项

A.及时填写,接受一次门诊就要完成一例就诊情况的填写。

B.填写过程要认真仔细,不得涂改。

③文书参考样式

[示例] 《强制隔离戒毒人员门(急、巡)诊登记表》

强制隔离戒毒人员门(急、巡)诊登记表

日期	病历号码	姓名	性别	年龄	初诊	复诊	诊断	处理	医生签名	备注
2012 年 11 月 12 日	Q32××	劳某某	男	39 岁	√		上呼吸道感染	1. 阿莫西林片,1 日 3 次,每次 2 片; 2. 速效伤风胶囊,1 日 3 次,每次 2 粒; 3. 半夏糖浆,1 日 3 次,每次 10 mil	郑某某	
2012 年 11 月 12 日	Q43××	周某某	男	26 岁	√		右手背挫裂伤	1. 清创、缝合; 2. 破伤风针,1500U 肌肉注射,立即、皮试(阴性) 3. 阿莫西林片,1 日 3 次,每次 2 片;	王某某	
…	…	…	…	…	…	…	…	…	…	…
2012 年 11 月 17 日	Q43××	周某某	男	26 岁		√	右手背挫裂伤	1. 拆线; 2. 碘酮,1 日 2 次,每次少许清洗伤口。	王某某	

(15)医疗机构值班登记本

①使用范围及填写说明

A. 该文书为表格式文书,其主要作用是记载所内医院医生值班期间对前来就诊或发生重大病情的诊治和救治情况,也是接班医生的交接重点。

B. 值班情况:主要记载发生重大病情或重点救助对象的医疗诊治情况,具体记载要求与可参照医学要求进行填写,本文不再赘述。

②注意事项:

情况要记载清晰,特别是诊治和用药情况。

③文书参考样式

[示例]《医疗机构值班登记本》

医疗机构值班登记本

日期	2012 年 8 月 30 日	值班医生	白班:姚某某　　夜班:谢某某
值班期间情况			2012 年 8 月 30 日,9 时 21 分,三大队戒毒人员陈某某,男,30 岁, 因"黑便一次"来院,于 10 分钟前解黑便一次,感头昏,胸闷,无腹痛,无恶心、呕吐,无发热,既往有胃病史 5 年。查体:BP100/60mmHg,神志清,面色苍白,两肺呼吸音清,无罗音,HR92 次/分,律齐,腹平坦,无压痛,肠鸣音正常,未及包块。 大便隐血化验:＋＋＋＋ 初步诊断:消化性溃疡伴出血

续表

值班期间情况	处理：留院观察 　　1.禁食； 　　2.0.9％NS,250ml 加雷尼替丁 150mg/静脉滴注,立即； 　　3.5％GS500ml 加止血针 2.0 加止血芳酸 0.2/静脉滴注,立即； 　　…… 　　　　　　　　　　　　　　　　　　　医师签字：谢某某
需要交代事项	留院观察期间需注意： 1.卧位休息。 2.禁食。 3.密切观察生命体征变化。 4.病情严重者应吸氧。 ……

(16)戒毒人员(所内传染、中毒)情况登记表

①使用范围及填写说明

A.该文书为表格式文书,主要记载所内发生传染性疾病或是发生中毒事件等事故的救治基本情况,该登记表一年统计一次。

B.填写情况较为简单,根据表格中的栏目按要求进行填写。

②注意事项

据实、及时汇报。

③文书参考样式

[示例]　《戒毒人员(所内传染、中毒)情况登记表》

戒毒人员(所内传染、中毒)情况登记表

日期	队别	姓名	性别	年龄	原籍	案由	期限	病因	处理结果	上报时间、部门	备注
2012年9月11日	六大队	曲某某	男	41岁	贵州遵义	强制隔离戒毒	2011年12月12日至2013年12月11日止	肺结核复发	抗结核治疗	2012年9月11日上报省局及××市疾控中心	该戒毒人员同宿舍的戒毒人员进行胸透排查
2012年11月日	九大队	何某某	男	35岁	江西萍乡	强制隔离戒毒	2011年6月21日至2013年6月20日止	四季豆中毒	急性肠胃炎治疗	2012年9月11日上报省局及××市疾控中心	对本次所内食堂留验的四季豆进行化验
…	…	…	…	…	…	…	…	…	…	…	…
…	…	…	…	…	…	…	…	…	…	…	…

 **知识拓展**

传染病的种类

传染病分为甲、乙、丙三大类:

(1)甲类传染病是指:鼠疫、霍乱。

(2)乙类传染病是指:病毒性肝炎、细菌性和阿米巴性痢疾、伤寒和副伤寒、艾滋病、淋病、梅毒、脊髓灰质炎、麻疹、百日咳、白喉、流行性脑脊髓膜炎、猩红热、流行性出血热、狂犬病、钩端螺旋体病、布鲁氏菌病、炭疽、流行性和地方性斑疹伤寒、流行性乙型脑炎、黑热病、疟疾、登革热。

(3)丙类传染病是指:肺结核、血吸虫病、丝虫病、包虫病、麻风病、流行性感冒、流行性腮腺炎、风疹、新生儿破伤风、急性出血性结膜炎、除霍乱、痢疾、伤寒和副伤寒以外的感染性腹泻病。

甲类传染病是后果最严重且传染性最强的传染病,依次递减。

报告时间:发现鼠疫、霍乱、肺炭疽、SARS、脊髓灰质炎、人禽流感病人或疑似病人,各级各类医疗卫生机构、医卫人员包括乡村医生和个体诊所医生,均有责任在2小时内向属地区县疾控中心报告。

(17)戒毒人员(入所、定期、出所)体检表

①使用范围及填写说明

A.该文书主要记载戒毒人员不同时期(入所初期、矫治中期、出所末期)的身体健康状况,是戒毒人员身体健康档案的重要组成部分。其制作方法和注意事项与入所收治类执法文书中的"戒毒人员(入所)体检表"相同,在此不再赘述。

B.在填写该文书时,只要将在何时间段进行体检的情况在"入所、定期、出所"前的方框内进行挑选打勾即可。

②文书参考样式

[文书样式]《强制隔离戒毒人员(入所、定期、出所)体检表》

强制隔离戒毒人员(□入所、□定期、□出所)体检表

检查日期　　年　　月　　日

姓名		性别		年龄		婚否	
籍贯		案由			期限		
既往病史							
一般检查	吸毒史		吸毒方式		药物过敏		
	身高	cm	体重	kg	血压		毫米汞柱
内科	心血管			肺部			
	腹部		肝		脾		
	神经精神						
外科	皮肤		淋巴				
	甲状腺		脊柱四肢				
	肛门		其他				

续表

五官科	眼		耳	
	鼻		咽喉	
	其他			
肝功能检查				
放射科检查				
心电图检查				
超声波检查				
HIV抗体检查	阳性□　阴性□　未做□		吗啡检测	阳性□　阴性□　未做□
性病检查				
妇科检查				
其他				
体检结果	医师签名 年　　月　　日			
医院意见	单位盖章 年　　月　　日			
备注				

(18)戒毒人员所外门诊(转院)登记表

①使用范围及填写说明

A.该文书为表格式文书,主要记载所内医院在诊治戒毒人员过程中,因无医疗条件或无法治疗需转到社会医院进行诊治的情况。

B.填写方法较为简单,根据表格中栏目的要求对应填写。

②注意事项

据实填写,及时汇报。

③文书参考样式

[示例] 《强制隔离戒毒人员所外门诊(转院)登记表》

强制隔离戒毒人员所外门诊(转院)登记表											
日期	队别	姓名	性别	年龄	初诊意见	就诊医院	就诊医院诊断	转院接诊医院	转院接诊医院诊断	监护民警(医生)	备注
2012年11月1日	七大队	葛某某	男	48岁	膀胱肿块待查	××市第二人民医院	膀胱癌	××省肿瘤医院	膀胱癌	叶某	通知家属

续表

2012 年 11 月 9 日	九大队	刘某某	男	39 岁	胸壁异物滞留	××市第二人民医院	胸壁异物滞留	××省第一医院	胸壁异物滞留	方某某	
…	…	…	…	…	…	…	…	…	…	…	

(19)戒毒人员监督服药情况登记表

①使用范围及填写说明

A.该表属于表格类文书,其主要作用是对大(中)队患有疾病需要在治疗期间定期服药的戒毒人员,进行规范管理,防止过度用药。

B.日期:大(中)队患病戒毒人员每次服药的时间,即年月日要清晰。

C.姓名:需服用药物的戒毒人员。

D.药品名称及服用剂量:按照医生的医嘱填写药品名称、服用剂量和方法,如口服、注射、外敷等,或按照该药品说明书中的要求填写,民警不能自作主张填写或留白不填。

E.服药时间:具体服药的时间点,要具体到几时几分。

F.服药人签名:服用药物的戒毒人员本人签名确认。

G.民警签名:监督本次戒毒人员服药的现场值勤民警签字确认。

②注意事项

A.民警在监督戒毒人员服药时需确保戒毒人员服药的安全,包括服用指定的药物、正确的剂量、正确的方法等。

B.该文书必须在戒毒人员服药完成后填写,不得提前。

C.每服一次要登记一次,即使一人同时服用两种或两种以上药物时也要分别登记。

D.戒毒人员服药完毕后要签字确认,不得后期补签或代签。

③文书参考样式

[示例]《强制隔离戒毒人员监督服药情况登记表》

强制隔离戒毒人员监督服药情况登记表						
日　期	姓　名	药品名称及服用剂量	服药时间	服药人签名	民警签名	备 注
2012 年 1 月 31 日	张某某	北京○号　口服每日 1 片 / 1 次	9 时 10 分	张某某	李某某	
2012 年 1 月 31 日	章某某	拉西地平片　口服每日 1 片 / 1 次	9 时 15 分	章某某	李某某	
2012 年 1 月 31 日	姜某某	硝苯地平片　口服每日 1 片 / 1 次	9 时 22 分	姜某某	李某某	
…	…	…	…	…	…	

续表

2012 年 2 月 1 日	张某某	北京〇号 口服每日 1 片／1 次	9 时 01 分	张某某	曹某某	
2012 年 2 月 1 日	章某某	拉西地平片 口服每日 1 片／1 次	9 时 05 分	章某某	曹某某	
2012 年 2 月 1 日	姜某某	硝苯地平片 口服每日 1 片／1 次	9 时 12 分	姜某某	曹某某	
…		…	…	…	…	
…		…	…	…	…	

填表说明：除医嘱不需要登记的口服药外，其他所有用药均要登记。

(20)戒毒人员医疗救助审批表

①使用范围及填写说明

A. 该表属于表格类文书，其主要作用是对戒毒人员出现重大疾病、生活困难等无法依靠自身能力渡过难关时的医疗救助。

B. 文书中涉及戒毒人员的基本情况，可参考戒毒人员信息表中的内容。

C. 救助金额：可用汉字书写，也可以采用阿拉伯数字填写。

D. 申请理由：这是本文书的重点，也是难点，在叙述理由时要实事求是、条理清晰，语言简明扼要，救助金额准确。

E. 大(中)队意见：大(中)队根据该戒毒人员的具体情况进行调查、整理、审核，对事实和救助金额进行认定，并由大(中)队领导签字确认。

F. 医院意见：医院对戒毒人员患病情况进行认定，由医院领导签字确认。

G. 分管科室意见：负责戒毒人员医疗救助的业务科室对戒毒人员在所内的消费情况进行调查，并就救助金额提出建议，由科室领导签字确认。

H. 所领导意见：所领导就救助情况和金额提出意见，并签字确认。

I. 备注：相应的证明材料，如患病戒毒人员救助需提供县级以上医疗机构的诊断报告以及就诊治疗期间各项开支的清单。

②注意事项

A. 救助金额在填写过程中须精确到小数点后二位，即"分"位，同时要在金额的前面注明"人民币"字样或是"￥"符号，在金额的后面要注明"元"。

B. 各项旁证材料、证明证书、来往票据等均要原件。

③文书参考样式

[示例] 《强制隔离戒毒人员医疗救助审批表》

强制隔离戒毒人员医疗救助审批表

姓名	吴某	出生年月	1970 年 10 月 4 日
案由	复吸毒	强制隔离戒毒期限	自 2010 年 4 月 9 日起至 2012 年 4 月 8 日止
所在队别	一大队	家庭住址	广西壮族自治区鹿寨县×镇××村××号
救助金额		￥零萬伍仟柒佰伍拾贰元壹角贰分(￥:5752.12 元)	

续表

申请理由	该戒毒人员强制隔离戒毒前为酒吧的服务人员，家中父母双亡，在所在地无依无靠。其于 2010 年 3 月 24 日，在温州市平阳县××大酒店 KTV 包厢内因吸食毒品被公安机关抓获，并于 2010 年 4 月 20 日投送至我所执行强制隔离戒毒，后在体检中经 HIV 初筛得其血液呈阳性，并与当日送血液样本至省疾控中心检测，于 2010 年 4 月 28 日，确诊为 HIV 感染，且其 CD4 细胞 65 个/UL，为艾滋病发作期，随即送往省××医院（浙江省专业传染病医疗机构）进行治疗，治疗期间一直采取抗病毒治疗。由于该戒毒人员自身体质较差，加之又有吸毒史，总体治疗效果并不理想，2010 年 6 月 2 日，经该医院检测其 CD4 细胞 183 个/UL。现根据《××省强制隔离戒毒人员严重疾病认定标准（试行）》，给予该戒毒人员呈报另行处理。由于该戒毒人员生活条件较差，在治疗和住院期间所消耗的医疗费用均为所内先行垫付，共计耗费医疗费人民币 5752.12 元，考虑到该戒毒人员为"三无"人员，本着人道主义的精神，现申请给予补助医疗费人民币 5752.12 元。
大（中）队意见	经调查情况属实，医疗费用均有就诊医院出具的费用清单，且戒毒人员吴某某为"三无"人员，本着人道主义的精神，建议给予戒毒人员吴某某补助人民币 5752.12 元，当否，请批示。 大队长：陈某某 2010 年 6 月 21 日
医院意见	一大队戒毒人员吴某某患病、就诊情况属实（诊断报告、医疗费用清单详见附件），建议给予戒毒人员吴某某补助，当否，请批示。 医院负责人：丁某 2010 年 6 月 21 日
分管科室意见	戒毒人员吴某某自患病以来共计支出医疗费 5752.12 元。具体为：2010 年 4 月 28 日 HIV 检测、治疗费用 402 元；2010 年 5 月 10 日至 5 月 17 日住院治疗费用为 2398.73 元；2010 年 6 月 12 日至 19 日，住院治疗费用为 2951.39 元。 上述费用支出均有省××医院医疗费用清单，情况属实，请领导审核。 所政管理科：章某某 2010 年 6 月 21 日
所领导意见	同意给予补助人民币 5752.12 元。 所长：顾某某 2010 年 6 月 22 日
备注	1.省××医院 HIV 诊断报告； 2.2010 年 4 月 28 日，省××医院检测治疗费用清单、发票； 3.2010 年 5 月 10 日至 5 月 17 日，省××医院住院治疗费用清单、发票； 4.2010 年 6 月 12 日至 6 月 19 日，省××医院住院治疗费用清单、发票。

6.2.3 日常生活管理

（21）戒毒人员超市（小卖部）物品入、出库单

①使用范围及填写说明

该单据属于表格类文书，其主要作用是对进入戒毒人员超市（小卖部）的物品进行核对、验收和记载。其填写方法与《强制隔离戒毒人员食堂物品入库单》相同，请参考的《强制隔离

戒毒人员食堂物品入库单》部分,在此不再赘述。

②文书参考样式

[示例]　《强制隔离戒毒人员超市(小卖部)物品入库单》

强制隔离戒毒人员超市(小卖部)物品入库单

送货单位:　　　　　　送货人:　　　　　　　　　　年　　月　　日

名称	规格	单位	数量	单价	金额	备注

单位主管:　　　　　　　　　　　　　　　　　　　　　验收人:

(22)戒毒人员被服物资入、出库单

①使用范围及填写说明

该单据属于表格类文书,其主要作用是对进入仓库的戒毒人员被服物资进行验收和登记。其填写方法与《强制隔离戒毒人员食堂物品入库单》相同,请参考膳食管理中的《强制隔离戒毒人员食堂物品入库单》部分,在此不再赘述。

②文书参考样式

[示例]　《强制隔离戒毒人员被服物资入库单》

强制隔离戒毒人员被服物资入库单

送货单位:　　　　　　送货人:　　　　　　　　　　年　　月　　日

名称	规格	单位	数量	单价	金额	备注

单位主管:　　　　　　　　　　　　　　　　　　　　　验收人:

(23)戒毒人员配发物品登记表

①使用范围及填写说明

A.该文书为表格式文书,其主要作用是记录大队每月对新收戒毒人员相关物质的配发情况,大队每月25日前汇总戒毒人员当月配发物品的数据。

B.日期:为填写该表的时间,要具体到年、月、日。

C.档案号:为所配发物品戒毒人员的档案号。

D.其余内容可以根据表格中的要求填写。配发物品栏目下要具体填写数量的多少,如该物品未配发到位,要填写未配发并在备注中说明。

E. 签名:为收到配发物品的戒毒人员签名确认。

F. 备注:为在本次配发过程中出现的需要说明的问题,如在规定之外又配发了其余的东西,或是本次配发过程中有几样物品未配发到位的情况进行说明。

②注意事项

A. 填写过程中一定据实填写,数据要准确。

B. 民警在配发物品时须告知戒毒人员在领用时要仔细核对发放物品的种类和数量,如有差错及时提出,在解除强制隔离戒毒后要如数归还,如有缺损需照价赔偿。

C. 戒毒人员领用时须签名确认,文盲戒毒人员可由其所在小组的组长代为签收,但其本人必须按捺手印。

③文书参考样式

[示例]《强制隔离戒毒人员配发物品登记表》

强制隔离戒毒人员配发物品登记表

九 大队(盖章)　　　　　　　　　　　　　　　　　　日期:2012 年 11 月 23 日

档案号	姓名	入所日期	春秋装	夏装	箱包	雨衣	枕头	床垫	棉被	床单	席子	签名	备注
Q92××	林某某	2012 年 11 月 3 日	二套	二套	一个	一套	一个	一条	一条	二条	一条	林某某	林某某为新收治入所人员又配发棉袄一件和塑料方凳一张。
Q96××	赵某某	2012 年 11 月 9 日	未配发	未配发	一个	一套	一个	一条	一条	二条	一条	赵某某	赵某某身材较为特殊,当前仓库内未有该型号的春秋装和夏装,已告知生产厂家进行定制生产;且其为新收治入所人员又配发棉袄一件和塑料方凳一张。
Q96××	韩某某	2012 年 10 月 11 日	已配发	已配发	已配发	一套	已配发	已配发	已配发	已配发	已配发	韩某某	韩某某为 10 月份新收治入所,在当月已经完成其他物品的配发,但是雨衣有破损当月未配发,本月对其进行重新配发。
…	…	…	…	…	…	…	…	…	…	…	…	…	…
…	…	…	…	…	…	…	…	…	…	…	…	…	…
…	…	…	…	…	…	…	…	…	…	…	…	…	…

大队负责人:翟某某　　　　　　　　　　　　　　　　　　责任民警:张某某

(24)戒毒人员配发物品回收登记表

①使用范围及填写说明

A.该文书为表格式文书,其主要作用是记录大队每月对解除强制隔离戒毒的人员在入所时配发物质的回收情况,大队每月在25日前汇总本大队回收解除强制隔离戒毒人员配发物质的情况。

B.表格的制作方法与《强制隔离戒毒人员配发物品登记表》相类似,参考《强制隔离戒毒人员配发物品登记表》的填写说明,在此不再赘述。

②文书参考样式

[示例] 《强制隔离戒毒人员配发物品回收登记表》

强制隔离戒毒人员配发物品回收登记表

_____ 大队(盖章) 日期: 年 月 日

档案号	姓名	入所日期	春秋装	夏装	箱包	雨衣	枕头	床垫	棉被	床单	席子	签名	备 注

大队负责人: 责任民警:

(25)场所生活卫生及生活设施安全月检查情况登记本

①使用范围及填写说明

A.该表属于表格类文书,其主要作用是每月对戒毒人员宿舍内务情况和生活设施安全情况进行检查、评比、登记。

B.所部每月定期或不定期对所属大队进行检查。

C.检查人员有分管所领导,业务科室、医院等部门的民警组成。

D.填写内容根据相应的要求填写即可。

E.备注:对本次卫生检查需要进行说明的情况。

②注意事项

记录语句要简明扼要,重点突出,指出问题针对性要强,不能泛泛而谈,扣分要符合实际情况(有些单位卫生情况较好,未出现扣分内容,扣分情况可以不写)。

③文书参考样式

[示例]《场所生活卫生及生活设施安全月检查情况登记本》

场所生活卫生及生活设施安全月检查情况登记本

检查时间	2011 年 1 月 28 日	检查人员	章某某、叶某某、周某某、朱某某、施某某、朱某某
检查内容	全所戒毒人员生活区宿舍		
检查情况及查出问题	一大队: 1.物品柜内物品摆放不整齐,扣 0.5 分; 2.2 组毛巾架和牙杯数量有缺损,扣 0.5 分; 3.3 组 5 号铺位床单有污迹,扣 0.5 分; 4.7 组脸盆架内有杂物,扣 0.5 分; 5.14 组桌上物品摆放不规范,扣 0.5 分; 6.活动室内垃圾桶垃圾有溢出情况,扣 1 分。 总计扣分:3.5 分 二大队: 1.4 组 2、5、8 号铺位床单不平整,扣 1.5 分; 2.理发室内卫生未清扫,扣 1 分; 3.洗漱间有异味,扣 1.5 分; 4.戒毒人员宿舍走廊地面未打扫干净,有水迹,扣 1 分。 总扣分:5 分 三大队: 1.2 组地面有纸屑,扣 0.5 分; 2.5 组 9 号铺位床架松动,有安全隐患,扣 2 分; 3.9 组脸盆架上物品摆放不整齐,扣 0.5 分。 4.洗漱间有积水,扣 0.5 分。 总扣分:3.5 分 四大队: 未检查		
整改情况及处理决定	1.根据检查情况进行通报; 2.将扣分纳入当月大队的考核; 3.各大队根据检查情况进行整改,有安全隐患的大队需立即整改。		
备注	由于四大队当日正在进行全大队安全检查,故本次卫生检查待其安检结束后择时进行。		

（26）大（中）队生活卫生周检查情况登记表

①使用范围及填写说明

该表属于表格类文书，其主要作用与《场所生活卫生及生活设施安全月检查情况登记本》相同，使用范围仅限于大（中）队，且时间为每周一次，检查人员为大（中）的管教干事（内勤）及执勤民警。具体制作方法与《场所生活卫生及生活设施安全月检查情况登记本》类似，具体参考《场所生活卫生及生活设施安全月检查情况登记本》，在此不再赘述。

②文书参考样式

[示例]　《大（中）队生活卫生周检查情况登记表》

大（中）队生活卫生周检查情况登记表

检查时间		检查人员	
检查内容			
检查情况及查出问题			
整改情况及处理决定			
备注			

（27）戒毒人员生活卫生日检查登记表

①使用范围及填写说明

A. 该表属于表格类的文书，其主要作用是每天对戒毒人员宿舍内务卫生情况进行检查、评比、记录。

B. 该文书为大（中）队使用，每天检查后制作，每月汇总。

C. 检查人员：一般为大（中）队负责日常内务的民警及若干名戒毒人员组成。

D. 检查范围：即本次检查戒毒人员宿舍的几个区域，如戒毒人员小组、阅览室、洗漱间、活动室、保管室等戒毒人员个人内务包干及环境包干区域。

E. 检查情况: 根据实际检查情况可区分出优秀、良好、一般、差等四档。

F. 责任民警: 即为该大(中)队负责日常内务的民警。

②注意事项

A. 每个区域的检查结果均采用 10 分制进行评分。

B. 检查情况要进行概括性的表述,对于较差的情况要逐项举例。

③文书参考样式

[示例] 《强制隔离戒毒人员生活卫生日检查登记表》

<table>
<tr><td colspan="4" align="center">强制隔离戒毒人员生活卫生日检查登记表</td></tr>
<tr><td>检查时间</td><td colspan="3" align="center">2012 年 5 月 1 日</td></tr>
<tr><td>检查人员</td><td colspan="3" align="center">李某某(民警)、丁某某、楼某某、胡某某</td></tr>
<tr><td>检查范围</td><td colspan="3" align="center">各小组、阅览室、洗漱间、活动室、保管室</td></tr>
<tr><td>区域</td><td>检查结果</td><td>名次</td><td>检查情况</td></tr>
<tr><td>一组</td><td>10 分</td><td>第一名</td><td>卫生情况优秀,符合标准要求</td></tr>
<tr><td>二组</td><td>6 分</td><td>第五名</td><td>卫生情况差,墙角有蜘蛛网、床底鞋子乱放、
地面湿滑、毛巾未统一挂</td></tr>
<tr><td>...</td><td>...</td><td>...</td><td>...</td></tr>
<tr><td>十组</td><td>...</td><td>...</td><td>...</td></tr>
<tr><td>阅览室</td><td>10 分</td><td>第一名</td><td>卫生情况优秀,符合标准要求,物品摆放规范整齐</td></tr>
<tr><td>活动室</td><td>8 分</td><td>第三名</td><td>卫生情况一般,活动器具摆放凌乱、地面有污迹、墙面有污迹</td></tr>
<tr><td>保管室</td><td>...</td><td>...</td><td>...</td></tr>
<tr><td>卫生间</td><td>...</td><td>...</td><td>...</td></tr>
<tr><td>洗漱间</td><td>...</td><td>...</td><td>...</td></tr>
<tr><td>宿舍及话机 / 理发
工具消毒记录</td><td>...</td><td>...</td><td>...</td></tr>
<tr><td></td><td></td><td></td><td></td></tr>
<tr><td>说明</td><td colspan="3">1. 检查采用 10 分制;
2. 每项检查不符合要求扣除对应的分值;
3. 生活卫生检查情况内容要填写在检查情况栏内。</td></tr>
<tr><td colspan="2">中队长:金某某</td><td colspan="2" align="right">责任民警:李某某</td></tr>
</table>

第7章 习艺矫治类执法文书

习艺矫治作为教育矫治戒毒人员的一项重要手段,也是为其取得谋生就业技能,提供职业技能训练的一个重要平台,更是戒毒人员走向新生的推动力。在强制隔离戒毒工作实践中,我们主要是让戒毒人员通过习艺技能的掌握相应的生产实践技能,在改变客观世界的同时也矫正自身的主观世界,矫正好逸恶劳、损人利己的恶习。通过习艺矫治可以使戒毒人员养成劳动的习惯,学会生产技能,为其在回归社会后成为自食其力的劳动者打下坚实的基础。通过习艺矫治能够促使戒毒人员正确理解自身的价值。戒毒人员通过习艺矫治的开展能够真正意识到自己在社会化生产中的作用和地位,看到自己由社会的消极因素转化为积极因素,从一个社会所唾弃的"瘾君子"蜕变成一个自食其力和有益于社会的人,他们就会领悟到人生的意义,正确评价自我的价值,从而提升戒毒矫治的成效,巩固操守率,降低违法犯罪和复吸率。

本章节对当前强制隔离戒毒场所习艺矫治中涉及的执法文书进行归类、整理,并进行了规范化的制作解析。由于习艺矫治中有相当部分的文书与社会企业的相类似,为节省篇幅,突出特色,在本书中不再涉及,下面主要讲述具有强制隔离戒毒场所特有的习艺矫治的执法文书。

7.1 相关文书种类

习艺矫治类执法文书主要涉及习艺项目管理、安全生产教育、安全生产检查、安全生产事故处理、权益保护等台账文书。

7.2 习艺矫治类执法文书详解

7.2.1 习艺项目引进审批表

(1)使用范围及填写说明

①该文书是表格式文书,主记载强制隔离戒毒所根据戒毒人员职业技能培训的实际情况,结合本单位的现实情况,引入相应的习艺项目开展习艺矫治活动,在引进项目前需对引进的项目根据单位场地实际、设施、设备以及戒毒人员技能进行综合评估,经评估认为符合条件的,报省局审查、批准后方可引进该项目到所内从事习艺矫治。

②项目名称是指所引进习艺项目的具体名称。

③申请单位是指需要引入该习艺项目的具体戒毒场所,要写全称。

④引进项目基本情况是指需对该项目拥有企业情况、生产项目具体内容、生产所需设备、设施、生产所需人员、日需求量等进行简要的说明;同时对涉及的场地、设施、设备、日需求量等需要进行量化的说明。

⑤承办单位意见是指需引入该项目的强制隔离戒毒所根据要符合科学发展、安全发展

的要求,坚持"四个有利于"的原则(有利于戒毒人员的矫治和习艺,有利于维护戒毒人员的合法权益,有利于维护警察职工以及戒毒人员的身心健康,有利于强制隔离戒毒场所安全稳定的原则)进行综合的评估、分析,并提出引入意见,报省局批准。

⑥审批意见是指省戒毒管理局对戒毒场所申报的习艺矫治项目进行及时审查(审查可根据项目情况采取书面审查和实地审查等方式进行),并将审查的结果以书面的形式告知上报单位。

⑦备注是指引入项目的一些说明材料,如企业工商执照、税务登记凭证复印件,引入习艺项目品牌证书以及样品照片等。

(2)注意事项

①引入项目中的基本情况一定要真实有效,且符合申请单位的具体实际,对于需要用数字(数值)进行量化说明的一定采取用数字(数值)进行对比说明,不得采用模糊语言进行表述。

②承办单位意见一定要根据引入项目的实际进行对应说明,并提出是否引入的明确意见。

③审批意见一定要进行综合评估和审查后进行明确表述是否引入的意见。

④在备注栏中一定要注明相应企业资质以及项目的证书和照片等翔实的佐证资料。

(3)文书参考样式

[示例]　《××省戒毒场所生产项目准入审批表》

××省戒毒场所生产项目准入审批表

项目名称	休闲衣裤制作
申请单位	××省××强制隔离戒毒所
引进项目基本情况	1.该项目拥有企业情况:该企业具有国家工商机关颁发的执照; 2.该项目具有自身完整的知识产权以及合法的商标品牌; 3.该项目在生产过程中无环境污染以及诱发职业病问题; 4.生产项目具体内容:户外休闲外套(休闲衬衫、休闲背心)、休闲长裤、沙滩短裤; 5.生产所需设备、设施:所需设备:高频缝纫机、平缝机、拷边机、套接机、大烫; 　　所需设施:需面积约1500平方米的操作区域,以及约200平方米的仓储场地; 6.生产所需人员:缝纫工(初级); 7.日需求量:约400套。
承办单位意见	戒毒所意见: 　　1.该项目所属企业按照国家规定需要取得行政许可,有完整的税务登记凭证; 　　2.该项目有属于自身完整的知识产权和商标授权; 　　3.在生产该项目时主要使用缝纫机,无其他机器,不会造成环境污染和职业疾病; 　　4.在设施、设备上目前我所每个常规大队习艺车间均有1800平方米,有230平方米的专业仓库,同时拥有高频缝纫机、平缝机、拷边机、套接机、大烫等设备; 　　5.每个大队的戒毒人员经过所内的职业技能培训有近80%的拥有初级缝纫工职业技能证书,50%经过一年以上的实践操作; 　　经过综合评估,我们认为该项目有一定规模,具有一定技术含量,适合戒毒人员习艺技能,有利于回归社会后谋生就业。拟定引入我所,当否,请批示。
审批意见	戒毒管理局意见: 　　经过省局业务部门的综合评估,××省××强制隔离戒毒所拟引进的生产项目,符合科学发展、安全发展的要求,有利于戒毒人员的矫治和习艺,有利于维护戒毒人员的合法权益,有利于戒毒人员的身心健康,有利于场所安全稳定,同意你所引进。希望你所引进后充分发挥教育矫治功能,提升职业技能培训力度,提高安全生产管理水平,促进场所的进一步发展。
备注	1.××市××有限公司企业工商执照、税务登记凭证、商标授权书等复印件; 2.户外休闲外套(休闲衬衫、休闲背心)、休闲长裤、沙滩短裤等品牌的证书以及样品照片。

知识拓展

引入习艺项目的原则及注意事项

引入习艺项目的原则:

要符合科学发展、安全发展的要求,坚持有利于戒毒人员的矫治和习艺,有利于维护戒毒人员的合法权益,有利于维护民警职工以及戒毒人员的身心健康,有利于戒毒场所安全稳定的原则。

引入习艺项目注意事项:

(1)强制隔离戒毒场所引进习艺项目,应当具有一定规模、具有一定技术含量,适合戒毒人员学习劳动技能,有利于解除强制隔离戒毒后就业。

(2)强制隔离戒毒场所引进的习艺劳动项目,按照国家规定需要取得行政许可的,应当依照有关程序申请行政许可;未取得行政许可的,不得组织生产。

(3)强制隔离戒毒场所禁止组织戒毒人员从事煤矿、非煤矿山、有毒、有害、易燃、易爆以及不符合环保要求的劳动项目,禁止戒毒人员生产刀具等威胁场所安全的产品。

(4)强制隔离戒毒场所不得引进食品、药品、食用保健品的生产、加工。已有前款所列项目的,应当加强监督,规范管理,控制规模,逐步退出。

(5)严格管理涉及国家主权、领土完整和知识产权的地图、旗帜、宣传条幅、商标、印刷品、音像制品、文教用品、旅游纪念品以及玩具等习艺矫治项目,必要时须依据国家有关法律法规报相关部门审核。

(6)强制隔离戒毒场所终止习艺矫治项目,应当报省戒毒局备案。

7.2.2 安全生产会议记录

(1)使用范围及填写说明

①该表格是一份填写式的文书,其主要记载强制隔离戒毒场所内的安全生产工作开展情况、以及日常安全检查过程中排查出的安全生产的隐患等情况,并就存在的隐患情况提出解决的办法。

②会议名称、日期、地点与普通会议记录相同。

③参加人员一般为负责安全生产的所领导、习艺管理科领导、内勤、干事,以及各大队负责习艺矫治的主管领导和大队内勤等。

④主持人一般为习艺管理科室领导,记录人一般为生产内勤。

⑤安全生产会议一般一季度召开一次,如遇特殊情况则可临时召开。

(2)注意事项

①会议记录过程中要简明扼要,条例清晰,不能够记录成流水账,一般情况是所领导强调安全重要性,然后与会人员就工作中存在的问题和隐患发表意见,最后习艺管理科领导和分管所领导就问题和隐患的解决方法确定下步措施。重点是确定的方案和措施一定要记清,如有重大事件研究与会人员要签字。

②应参加会议人员和实际签到人员必须一致,否则需说明具体情况。

(3)文书参考样式

[示例] 《安全生产会议记录》

安全生产会议记录

会议名称:夏季安全生产工作部署

日期:2012 年 7 月 27 日上午 9 时

地点:行政楼 5 楼一号会议室

参加人员:张某副所长、石某某科长、李某副科长、吕某某大队长、梁某某大队长、

　　　　孙某大队长、杨某副大队长、屠某副大队长、张某某、王某某、金某某、

　　　　徐某某、陆某某、卢某。

主持人:石某某科长

记录人:陆某某

会议主要内容:

　一、对前段时间工作情况以及上季度工作落实情况和存在的问题进行简要的讲评(具体内容省略)。

　二、学习相关的法律法规(具体内容省略)。

　三、本次会议的重点主要内容

　(一)强化检查力度,根据省局的安排并结合省局通报中其他单位出现的安全生产事故,要求全面强化安全生产的检查力度和次数,由每月一次增加到两次,每月底将当月的检查情况进行通报。

　(二)强化巡查力度,根据安全检查网络图的要求,各级的安全员要根据自身的职责,全面强化所在范围内的巡查力度,对巡查过程中发现的问题,集中汇总,并书面报生产部门。

　(三)强化外来人员管理,当前外来单位和车辆进入所区较为频繁,要不折不扣地执行所内的外来人员车辆管理制度,强化出入车辆和人员的检查,严防违禁物品流入。

　(四)强化对恶劣天气的预报,夏季来临,浙江省为自然灾害频发区域,为此要做好三项工作:一是防暑降温,配合好生活卫生和医疗部门,做好习艺区内的防暑降温工作;二是卫生防疫,习艺区内的明渠和暗沟以及车间的排水管道要及时清理和疏通,特别是在雨季来临之前要落实到位,以防雨水倒灌损坏习艺车间的设施、设备;三是预防雷电,做好所内防雷电工程的检测,确保在雷雨天气能够发挥作用。

　(五)项目安全标示制作上墙,现在习艺区车间已经制作完成,各大(中)队要尽快张贴,但是在煤气站、配电室、锅炉房等部位由于专业性较强,目前还在制作过程中,要求加快进度。

附件:

安全生产会议签到记录

所领导	张　某					
业务科室	石某某　李　某					
大队	吕某某　梁某某　孙　某　杨　某　屠　某　张某某　王某某 金某某　徐某某　陆某某　卢　某					

7.2.3　安全生产教育记录

(1)使用范围及填写说明

①该记录中的主体内容与教育类中的备课本有些相似,主要区别在于授课的内容不同,专业性更强,指向性更明确。

②授课人可以是本所的民警职工也可以是所生产部门外聘的人员。

③负责人为生产部门的领导,记录人为生产部门的内勤。

(2)注意事项

①格式要规范,填写要准确,要根据不同栏目的要求分别进行填写。

②安全生产教育记录必须包含有"课题"、"教学目的"、"要求"、"学习重点"、"疑难问题解答"等五部分内容。

(3)文书参考样式

[示例]《安全生产教育记录表》

安全生产教育记录

时间	2012 年 8 月 14 日	授课地点	教学楼 5 号教室	授课人	方某
课时	到课人数	戒毒人员	其他	合计	
4 课时	153 人	144 人	0	153 人	

安全生产教育内容	课题:习艺现场安全管理制度和操作要领。 一、教学目的: 通过学习车间安全生产管理制度,规范日常习艺技能和现场管理,使流水线更为通畅,提升习艺技能和习艺矫治的成效,减少设备的损耗,保证习艺矫治时的人员安全、物品安全,充分做好定人、定岗、定机。 二、要求: 熟记习艺车间安全生产管理制度以及习艺场所的各项规章制度和工艺要求,在日常习艺矫治过程中,时刻注意遵守各项制度和纪律;熟记在习艺矫治期间(如开启机器前、需要暂时离开机位)时,该如何操作机器设备。了解习艺矫治过程中遇到的特殊问题的解决方法;了解在习艺矫治过程中剪刀、榔头、扳手等危险工具以及各种电器使用中应当注意的事项。 三、学习重点: 习艺车间的安全生产制度 1.严格遵守各项安全操作要求、要领、规则以及习艺矫治纪律。按规定的要求使用设备和各种工具,不野蛮操作,不操作带"病"机器,做到定人、定岗、定机。 2.在参加习艺矫治时要集中精力,坚守岗位,严禁无故离开机位,中途确需离开时,应停机并报告值勤的民警。在遇到突发性停电情况时,要立即关闭电源,站在原位听候民警的指令。 3.生产过程中严禁用剪刀、榔头、扳手等工具和杂物与其他戒毒人员一起打闹,防止意外事故发生。 4.收工前应关闭所操作的设备电源,清理习艺矫治现场,严禁将各种生产工具和生产资料带回宿舍区。 四、疑难问题解答: 1.习艺矫治结束,收工前如何对机器设备进行检查? 参考答案:四个关键步骤不能少,一是电源是否切断;二是机器设备是否添加相应的机油;三是操作台(工作台)是否进行清理和擦拭;四是操作区是否卫生清洁(组长是否进行检查)。 2.在习艺矫治期间由谁督促小组组员做好设备保养工作? 参考答案:每个流水线的组长必须认真细致地督促小组组员做好设备保养工作。

负责人签字: 于某某 2012 年 8 月 14 日	记录人签字: 陆某某 2012 年 8 月 14 日

7.2.4　三级安全教育登记表

（1）使用范围及填写说明

①该登记表为表格式文书，为工作流转性记录表，每次培训教育后记录一次；该表是记载戒毒人员定期接受安全生产教育的凭证。

②戒毒人员的基本情况可以从戒毒人员档案中获取。

③所、大（中）队（班、组、片）的教育内容要简明扼要地记载，一般情况下，所部的安全教育的教育者为所部习艺矫治科的民警，大（中）队的安全教育为大队的生产干事和民警。

④事故记录：事故记录一定要根据各栏目中的要求"发生事故日期"、"简要经过"、"伤害部位"、"处理意见"对应进行填写。

（2）注意事项

新收治的戒毒人员在入所队完成教育后，经过所部、大队、中队（班、组、片）三级教育并考核合格，由安全生产职能部门、安全员签字后方可上岗操作，该表格一式两份，一份交生产部门留存、一份存入戒毒人员档案。

（3）文书参考样式

[**示例**]　《三级安全教育登记表》

三级安全教育登记表

单位：××省××强制隔离戒毒所

姓名	帅某某	性别	男	出生年月	1976 年 2 月	入所时间	2012 年 2 月 24 日
文化程度	高中	所在大（中）队	一大队五中队	分配何部门何工种		中队习艺车间缝纫工	
所级教育内容	1.《安全生产法》、《消防法》以及相关的法律、法规和安全生产的方针、政策； 2.本所安全生产方面的相关文件、制度和规定； 3.《安全生产事故案例》			教育者		民警：邱某某	
				受教育者		帅某某	
				教育日期		2012 年 5 月 17 日	
				考试成绩		90 分	
大队级教育内容	1.本大队的生产概括； 2.安全生产概况，本大队安全生产规章制度； 3.作业场所和工作岗位存在的危险因素； 4.本大队安全生产应急预案； 5.防范措施及事故应急措施、事故案例。			教育者		民警：裘某某	
				受教育者		帅某某	
				教育日期		2012 年 6 月 6 日	
				考试成绩		89 分	
中队（班、组、片）级教育内容	1.本岗位的工作性质和职责范围、岗位工种的性质； 2.安全操作规程、各种习艺矫治设施、设备的安全防护性能和作用，危险源的控制方法； 3.个人劳动用具（品）的正确使用及事故案例等。			教育者		民警：李某某	
				受教育者		帅某某	
				教育日期		2012 年 7 月 2 日	
				考试成绩		90 分	
说明	新收治的戒毒人员在入所教育后，经过所部、大队、岗位三级安全教育并考核合格，由安全生产职能部门、各安全员签字后方可上岗操作，该表格一式两份，一份交生产部门留存、一份存入戒毒人员档案。						

7.2.5　特种作业人员登记表

(1)使用范围及填写说明

①这是对所内习艺场所从事特种作业人员资质情况的统计表格式样的文书,主要根据特种作业人员所取得的相应资质证书,并对这些证书有关基础信息进行相应的汇总。

②部门为该特种作业人员当前所在大(中)队的情况,如"八大队"(或是"一大队二中队")。

③工种一定要根据特种作业人员相应资质证书中确定的名称,不可采用不规范的称谓或是简称。

(2)注意事项

①特种作业人员相应资质可以是在所外取的,也可通过所内的职业技术教育,经过相应资质认定机构的考核后取得。

②数据摘录过程中一定要认真仔细,切不可出现摘录错误的情况。

③为确保数据的真实性,可以在其后附录相应资质证书的复印件。

④超过有效期限的相关证书或者被发证机关吊销的证书不得计入在内。

③文书参考样式

[**示例**]　《特种作业人员登记表》

特种作业人员登记表

序号	部门	姓名	性别	工种	培训起止日期	发证单位	发证时间	证件编号
1	一大队	刘某某	男	电器安装	2005 年 3 月 12 日至 6 月 30 日	北京市建设委员会	2005 年	京 A20050630235
2	二大队	高某某	男	焊接和热切割	2008 年 5 月 25 日至 9 月 25 日	湖北省建设厅	2008 年	鄂 C20080925368
3	三大队	兰某某	男	锅炉工	2009 年 6 月 11 日至 11 月 12 日	浙江省质量监督管理局	2009 年	浙 TS6BB33287
4	四大队	王某某	男	电工作业	2011 年 7 月 11 日至 12 月 10 日	浙江省建设厅	2011 年	T3602119780245061
...	...	...	...	...	...	...	...	...

　知识拓展

特种作业人员

特种作业人员:

特种作业人员是指在生产过程中直接从事对操作者本人或他人及其周围设施的安全有重大危害因素的作业人员。按照国家标准《特种作业人员安全技术考核管理规则》规定,电工作业人员、锅炉司炉、操作压力容器者、起重机械作业人员、爆破作业人员、金属焊接(气割)作业人员、煤矿井下瓦斯检验者、机动车辆驾驶人员、机动船舶驾驶人员及轮机操作人员、建筑登高架设作业者,以及符合特种作业人员定义的其他作业人员,均属特种作业人员。

特种作业人员应该具备的基本条件:

(1)年龄满 18 周岁;

(2)身体健康,无妨碍从事相应工种作业的疾病和生理缺陷;

(3)初中(含初中)以上文化程度,具备相应工种的安全技术知识,参加国家规定的安全技术理论和实际操作考核并成绩合格;

(4)符合相应工种特点需要的其他条件。

按照《安全生产法》和《关于特种作业人员安全技术培训考核工作的意见》等有关规定,特种作业人员必须接受与本工种相适应的、专门的安全技术培训,经安全技术理论考核和实际操作技能考核合格,取得特种作业操作证后,方可上岗作业;未经培训,或培训考核不合格者,不得上岗作业。

特种作业及人员范围包括:

(1)电工作业。含发电、送电、变电、配电工,电气设备的安装、运行、检修(维修)、试验工,矿山井下电钳工。

(2)金属焊接、切割作业。含焊接工,切割工。

(3)起重机械(含电梯)作业。含起重机械(含电梯)司机,司索工,信号指挥工,安装与维修工。

(4)企业内机动车辆驾驶。含在企业内码头、货场等生产作业区域和施工现场行驶的各类机动车辆的驾驶人员。

(5)登高架设作业。含2米以上登高架设、拆除、维修工,高层建(构)物表面清洗工。

(6)锅炉作业(含水质化验)。含承压锅炉的操作工、锅炉水质化验工。

(7)压力容器作业。含压力容器罐装工、检验工、运输押运工、大型空气压缩机操作工。

(8)制冷作业。含制冷设备安装工、操作工、维修工。

(9)爆破作业。含地面工程爆破、井下爆破工。

(10)矿山通风作业。含主扇风机操作工,瓦斯抽放工,通风安全监测工,测风测尘工。

(11)矿山排水作业。含矿井主排水泵工,尾矿坝作业工。

(12)矿山安全检查作业。含安全检查工,瓦斯检验工,电器设备防爆检查工。

(13)矿山提升运输作业。含提升机操作工,(上、下山)绞车操作工,固定胶带输送机操作工,信号工,拥罐(把钩)工。

(14)采掘(剥)作业。含采煤机司机,掘进机司机,耙岩机司机,凿岩机司机。

(15)矿山救护作业。

(16)危险物品作业。含危险化学口、民用爆炸品、放射性物品的操作工,运输押运工、储存保管员。

(17)经国家安全生产监督管理局批准的其他作业。

7.2.6 安全生产检查及整改记录

(1)使用范围及填写说明

①该检查表为表格式文书,主要是习艺矫治部门对下属的大(中)队安全生产情况根据有关要求(主要是安全管理、生产现场管理、用电安全管理、锅炉和戒毒人员食堂以及车辆和民警食堂等方面)分门别类,逐条进行有针对性的检查,并对检查情况和出现的隐患问题进行记载并提出解决方法的文书。

②该文书每检查一次记载一次。

③检查内容主要涉及场所内安全生产的六大部分,即安全管理、生产现场管理、用电安全管理、锅炉和戒毒人员食堂、车辆和民警食堂以及其他六大部分。各部分又可细化成若干具体的检查条款。

④其他这一栏目为除去上述常规的五大项目之外,结合各单位具体实际增设的安全检查项目和条款。

⑤检查情况:大致可以分为"达到规范要求"、"部分未达到规范要求"、"未达到规范要求"三个档次,对未达到的要进行简明扼要地文字表述,并在"处理结果"一栏中列出对策。

⑥受检单位负责人为被检查单位负责习艺矫治主要负责人(一般为大(中)队长);填写人为参与检查的人员。

(2)注意事项

①检查过程必须要认真细致,据实反映。

②在检查过程中如部分内容无需检查的,则要在"检查情况"栏目中填写"该单位此项目无需检查"或"该单位无此检查项目"字样,不可空白或是简单地填写成"无"字。

③填写人必须是参与本次检查的人员。

(3)文书参考样式

[示例] 《安全生产检查及整改记录》

安全生产检查及整改记录

受检单位:××强制隔离戒毒所七大队

检查人:虞某某、周某某、许某某、汤某某、谭某某　　　　　　　日期:2012 年 1 月 3 日

序号	项目	检查内容	检查情况	处理结果
1	安全管理	安全管理网络	达到规范要求	
		突发事件	应急预案的制定和落实	达到规范要求
		各类活动开展情况	达到规范要求	
		安全生产检查记录	达到规范要求	
		安全生产教育记录	达到规范要求	
		警示标示(配电房、大型电器设备、易燃物品贴有必要的警示标示)	配电箱的警示标记存在缺损	立即更换新的警示标示
2	生产现场管理	生产现场的定制管理、场地清洁卫生及设备卫生情况	达到规范要求	
		仓库物品堆放是否整齐、有无危险用品	仓库中辅料(缝纫线)堆放不整齐	要求根据习艺矫治的安排在二日内完成仓库辅料的整理
		工具管理及收发情况	达到规范要求	
		原材料堆放、用具摆放	达到规范要求	
		消防设施的管理检查	达到规范要求	
		安全通道是否畅通、安全门能够及时打开,通道标示明确	消防通道标示存在指示不明显	联系所内电工对消防通道标示指示灯进行检查一天完成整改
		有无易燃易爆物品	达到规范要求	
		机油的管理	达到规范要求	

续表

3	用电安全管理	电线布置是否规范、有无乱拉乱接电线的现象	达到规范要求	
		电源插座、开关使用情况	达到规范要求	
		电线有无老化、破损	达到规范要求	
		配电箱运行情况	配电箱内卫生情况较差	立即进行卫生打扫
		用电工具使用是否规范	达到规范要求	
		各类电气是否完好	达到规范要求	
		网络线路是否正常	达到规范要求	
4	锅炉和戒毒人员食堂	锅炉日常检查情况及记录	该单位无此检查项目	
		锅炉运行情况	该单位无此检查项目	
		锅炉日常清洁及年检情况	该单位无此检查项目	
5	车辆和民警食堂	车辆运行情况	该单位无此检查项目	
		车辆灭火器配备及检查情况	该单位无此检查项目	
		车库有无易燃易爆物品	该单位无此检查项目	
		有无杂物乱堆放的情况	该单位无此检查项目	
		油和刀具的管理	该单位无此检查项目	
6	其他			

受检单位负责人：陈某某 　　　　　　　　　　　　　　　　　填写人：谭某某

7.2.7 安全生产日检查记录

（1）使用范围及填写说明

①该检查表为表格式文书，主要是大（中）队每日对习艺矫治车间进行检查情况的记载。

②该文书每日检查一次记载一次，同时所部生产科室也可采用此表进行定期、不定期地检查。

③检查内容：根据习艺矫治前、中、后三个阶段进行，具体内容可以按照安全生产的要求进行分项检查。

④检查情况：大致可以分为"达到规范要求"、"部分未达到规范要求"、"未达到规范要求"三个档次，对于未达到的要罗列未达到的具体情况，并在"处理结果"一栏中列出对策。

⑤检查记录人为当日执勤民警；检查责任人为当日大队值班民警。

（2）注意事项

检查过程必须认真细致，据实反映。

（3）文书参考样式

[示例]《安全生产日检查记录》

安全生产日检查记录

日期:2012 年 1 月 3 日

时段	检查内容	检查情况	处理结果
习艺矫治前	一查习艺矫治现场定置管理、环境、设备、设施的安全性; 二查电线有无裸露、老化脱落、乱接乱拉情况发生; 三查各类劳保用品的发放是否到位,穿戴是否正确;	达到规范要求	
习艺矫治中	四查有无"三违"(违章操作、违章指挥、违反劳动纪律)现象; 五查消防设施是否有效、完好、随手可取; 六查车辆装卸货物是否文明、安全; 七查设施设备是否存在跑、冒、滴、漏情况; 八查明火作业是否落实审批、措施、责任人是否到位;	达到规范要求	
习艺矫治后	九查习艺矫治收工后的总电闸、门窗是否关闭。总电源未关闭,未达到规范要求	要求及时整改,做到每日收工后及时关闭总电源	

检查记录人:陈某某   检查责任人:张某某

7.2.8 消防器材维护、保养登记册

(1)使用范围及填写说明

①该表格主要记载强制隔离戒毒场所内"三大现场"(即戒毒人员生活区、习艺区、教学区)以及民警行政区域的各类消防器材日常的维护和保养,通过本表格记载基本能掌握相关消防器材配置地点、品名、规格以及数量。

②部门:配备消防器材所在单位,如在行政区域配置给所政管理科的,则要填写"所政管理科",如配置在各大(中)队的,则填写为配备的大(中)队的全称如"三大队"。

③大(中)队防火责任人是大队长(中队长),义务消防员为所在大(中)队的戒毒人员;行政区域防火责任人则为科室领导,义务消防员为科室成员。

④配置地点:消防器材配备的地方,位置要具体、准确。

⑤品名:消防器材的规范名称,一般在该设备上有铭牌或是合格证书上标注。

⑥规格:消防器材的型号、规格等标准化度量,一般在该设备上有铭牌或是合格证书上标注。

⑦数量:所在区域配置的数量,一般采用大写的汉字。

⑧备注:对消防器材维护、保养、更新、增减应及时填写。

(2)注意事项

①配置地点要标注清楚,不能模棱两可。

②型号、规格一定要根据该器材设备的说明书、合格证书和铭牌上的记载情况进行填写。

（3）文书参考样式

［示例］《消防器材维护、保养登记册》

消防器材维护、保养登记册

部门	八大队	防火负责人	贾某	义务消防员	陈某某、胡某、徐某某	

消防器材配置部位

序号	配置地点	品名	规格	数量	备注
1	习艺车间大门两侧	室内消火栓（含消火栓、水带、水枪）	1. 栓口口径，DN65； 2. 消火栓为双头。 3. 箱体的尺寸：长120cm、宽100cm、深30cm 箱体板材240mm 厚。	贰只	2010 年 9 月12 日更新水带
2	习艺车间各缝纫机位	二氧化碳灭火器	2kg 手提式二氧化碳灭火器	伍拾肆只	2012 年 6 月25 日更新
3	习艺车间立柱	ABC 干粉灭火器	2kg 磷酸铵盐干粉灭火器	贰拾陆只	2012 年 6 月25 日更新
4	习艺车间两侧墙面窗口处	推车式灭火器	35kg 推车式干粉灭火器	陆只	2012 年 6 月25 日更新
5	习艺车间民警办公室	水成膜灭火器	水系 950 mil 水成膜灭火器	叁只	2012 年 6 月25 日更新
6	习艺车间配电间	二氧化碳灭火器	25 kg 推车式二氧化碳灭火器	贰只	2012 年 6 月25 日更新
7	……	……	……	……	……
8	……	……	……	……	……
9	……	……	……	……	……

 知识拓展

消防器材的种类

1. 消防器材的种类

（1）灭火器按充装的灭火剂可分为五类：a. 干粉类的灭火器。b. 二氧化碳灭火器。c. 泡沫型灭火器。d. 水型灭火器。e. 卤代烷型灭火器（俗称"1211"灭火器和"1301"灭火器）。

（2）灭火器按驱动灭火器的压力形式可分为三类：a. 贮气瓶式灭火器。灭火剂由灭火器上贮气瓶释放的压缩气体或液化气体压力驱动的灭火器。b. 贮气式灭火器。灭火剂由灭火器同一容器内的压缩气体或灭火蒸气的压力驱动的灭火器。c. 化学反应式灭火器。灭火剂由灭火器内化学反应产生的气体压力驱动的灭火器。

2. 消防器材的选择

（1）A 类火灾：指固体物质火灾。这种物质往往具有有机物性质，一般在燃烧时能产生灼热的余烬。如木材、棉、毛、麻、纸张火灾等。扑救 A 类火灾即固体燃烧的火灾应选用水

型、泡沫、磷酸铵盐干粉、卤代烷型灭火器。

（2）B类火灾：指液体火灾和可熔化的固体物质火灾。如汽油、煤油、原油、甲醇、乙醇、沥青等。扑救B类即液体火灾和可熔化的固体物质火灾应选用干粉、泡沫、卤代烷、二氧化碳型灭火器（这里值得注意的是，化学泡沫灭火器不能灭B类极性溶性溶剂火灾，因为化学泡沫与有机溶剂接触，泡沫会迅速被吸收，使泡沫很快消失，这样就不能起到灭火的作用，醇、醛、酮、醚、酯等都属于极性溶剂）。

（3）C类火灾：指气体火灾。如煤气、天然气、甲烷、乙烷等。扑救C类火灾即气体燃烧的火灾应选用干粉、卤代烷、二氧化碳型灭火器。

（4）D类火灾：指金属火灾。如钾、钠、镁、钛、铝镁合金等。扑救D类火灾即金属燃烧的火灾，就我国目前情况来说，还没有定型的灭火器产品。目前国外灭D类的灭火器主要有粉装石墨灭火器和灭金属火灾专用干粉灭火器。在紧急情况下可采用干砂或铸铁沫灭火。

（5）E类火灾：指带电物体的火灾。如发电机房、变压器室、配电间、仪器仪表间和电子计算机房等在燃烧时不能及时或不宜断电的电气设备带电燃烧的火灾。扑救E类火灾应选用磷酸安盐干粉、卤代烷型灭火器。

（6）F类火灾：即烹饪器具内的烹饪物（动植物油脂）火灾。扑救F类火灾时，忌用水、泡沫及含水性物质，应使用窒息灭火方式隔绝氧气进行灭火。

3. 灭火器报废年限

灭火器从出厂日期算起，达到如下年限的，必须报废：A.手提式化学泡沫灭火器5年；B.手提式酸碱灭火器5年；C.手提式清水灭火器6年；D.手提式干粉灭火器（贮气瓶式）8年；E.手提贮压式干粉灭火器10年；F.手提式灭火器10年；G.手提式二氧化碳灭火器12年；H.推车式化学泡沫灭火器8年；I.推车式干粉灭火器（贮气瓶式）10年；J.推车贮压式干粉灭火器12年；K.推车式灭火器10年；L.推车式二氧化碳灭火器12年。

4. 常见灭火器使用方法

（1）手提式干粉灭火器。提取灭火器上下颠倒两次到灭火现场，拔掉保险栓，一手握住喷嘴对准火焰根部，一手按下压把即可。灭火时应一次扑弃；室外使用时应站在火源的上风口，由近及远，左右横扫，向前推进，不让火焰回窜。

（2）手提式1211灭火器。先拔掉保险销，然后一手开启压把，另一手握喇叭喷桶的手柄，紧握开启压把即可喷出（目前，国家逐步限制使用，主要是因为卤代烷对大气造成污染，对人体有害）。使用时应垂直操作，不可放平和颠倒使用，喷嘴要对准火源根部，并向火源边缘左右扫射，快速向前推进，要防止回火复燃。如遇零星小火可点射灭火。

（3）35kg推车式干粉灭火器。两人操作，将灭火器推至失火地点附近，后部向着火源（室外应置于上风方向）。一个人取下喷枪，并展开软管（取下喷枪，展开粉管时注意切不可有拧折现象），然后用手扣住扳机，另一个人拔出开启机构的保险销，并迅速开启灭火器的开启机构。再提起进气压杆。使二氧化碳进入贮罐。当表压到7~11公斤/平方厘米（8~9公斤/平方厘米时灭火器效果最佳），放下压杆停止进气。接着，两手持喷枪，双脚站稳，松口对准火焰边沿根部，扣动扳机（开关），将干粉喷出，由近至远将火扑灭。如扑救油火时，将干粉气流不要直接冲击油面，以免油液激溅引起火灾蔓延。灭火后必须将管内、枪内余粉要认真清除干净，不可泄气留粉，以防堵塞胶管。

（4）泡沫灭火器。泡沫灭火器的灭火液由硫酸铝、碳酸氢钠和甘草精组成。灭火时，将泡沫灭火器倒置,泡沫即可喷出,覆盖着火物而达到灭火目的。适用于扑灭桶装油品、管线、地面的火灾。不适用于电气设备和精密金属制品的火灾。

(5)四氯化碳灭火器。四氯化碳汽化后是无色透明、不导电、密度较空气大的气体。灭火时,将机身倒置,喷嘴向下,旋开手阀,即可喷向火焰使其熄灭。适用于扑灭电器设备和贵重仪器设备的火灾。四氯化碳毒性大,使用者要站在上风口。在室内,灭火后要及时通风。

(6)二氧化碳灭火器。二氧化碳是一种不导电的气体,密度较空气大,在钢瓶内的高压下为液态。灭火时,只需扳动开关,二氧化碳即以气流状态喷射到着火物上,隔绝空气,使火焰熄灭。适用于精密仪器、电气设备以及油品化验室等场所的小面积火灾。二氧化碳由液态变为气态时,大量吸热,温度极低(可达到$-80℃$),要避免冻伤。同时,二氧化碳虽然无毒,但是有窒息作用,应尽量避免吸入。

(7)消防水带、水枪的使用:第一步:取下水带、水枪;第二步将消防水带连接在消防栓上;第三步,将水带拉开至现场;第四步,打开消防阀。

5. 消防器材的管理

器材管理必须要做到"三勤三定一不准":

一是定点摆放,不能随意挪动。二是定期对灭火器进行普查换药,定期巡查消防器材,保证处于完好状态。三是定人管理。经常检查消防器材,发现丢失、损坏应立即上报领导及时补充,做到消防器材管理责任到人。

6. 消防设备的维护和保养方法

(1)检查存放地点的温度是否在$-10℃$~$45℃$范围内。

(2)检查干粉有无结块现象,如发现有结块,须即更换。

(3)检查操作装置是否正常。各种密封部位是否严密。如发现故障,应立即修理,待修整完好后方能使用。

(4)用后及时凉晒干、折叠整齐,放回原处。

7.2.9 习艺矫治工具登记簿

(1)使用范围及填写说明

①该登记簿为表格式文书,进入习艺车间开展习艺矫治一次,登记一次,主要记载习艺车间劳动的情况,防止出现不明原因的遗失、损坏等危害场所安全的事故。

②该表格中将习艺矫治工具分为固定工具和零星发放的工具两大类,零星发放的要注明工具的序号、名称、数量、发放时间、收回数量、收回时间。固定工具要在出工后检查数量和固定位置的变化情况,在收工后要再检查数量和固定位置的变化情况,并做好记录。

③单位:要填写完整大(中)队的称谓,如"七大队"(或"七大队一中队"),不可简称为"七大"(或是"七大一中")。

④备注:填写当日工具发放的情况,以及涉及工具的变化情况,如出现损耗、破损、丢失等情况均要及时填写。

⑤主班民警:即为当日负责习艺车间的主班值勤民警。

(2)注意事项

工具名称、发放的时间、数量、回收的时间、数量均需民警亲自填写,不得让戒毒人员代为填写。

（3）文书参考样式

［示例］《习艺矫治工具登记簿》

习艺矫治工具登记簿

单位：七大队　　　　　　　　　　　　　　　　　　　　　　2012 年 6 月 1 日　　星期五

活动工具收发情况	上午	序号	工具名称	发放数量	发放时间	民警签名	收回数量	收回时间	民警签名
		1	锤子	12 把	8:00	孟某某	12 把	11:20	孟某某
		2	转子（缝纫机）	10 只	8:12	孟某某	10 只	11:32	孟某某
		3	螺丝刀（十字）	10 把	8:20	孟某某	10 把	11:38	孟某某
		4	尖嘴钳	3 把	8:25	孟某某	3 把	11:45	孟某某
		5	14 寸套筒扳手	10 把	8:30	孟某某	10 把	11:50	孟某某
		序号	工具名称	发放数量	发放时间	民警签名	收回数量	收回时间	民警签名
	下午	1	小沙剪	20 把	12:10	韩某某	20 把	16:20	韩某某
		2	转子（缝纫机）	10 只	12:12	韩某某	10 只	16:32	韩某某
		3	螺丝刀（十字）	10 把	12:20	韩某某	10 把	16:38	韩某某
		4	尖嘴钳	3 把	12:25	韩某某	3 把	16:45	韩某某
		5	14 寸套筒扳手	10 把	12:30	韩某某	10 把	16:50	韩某某

固定工具检查情况	1. 服装剪 152 把（每个机位各一把）； 2. 民用剪 6 把（质检部共 6 把）； 3. 铁锤 2 把（维修间共 2 把）。
备注	劳动工具收发数量无误。

　　　　　　　　　　　　　　　　　　　　　　　　　　　　　值勤民警：孟某某、韩某某

7.2.10　事故调查与报告

（1）使用范围及填写说明

①该表格是一份填写式的文书，其主要记载强制隔离戒毒场所内发生生产事故后，对该事故进行调查、取证的过程的文字记载。

②该报告与常规公文中的调查报告的写法相同，调查报告的格式在结构上相对固定，分为开头、主体、结尾三部分比较明显。

A.开头，一般是对调查对象的简单介绍，或对调查目的、时间、经过作简单的说明，调查报告提纲挈领地点出所要反映的事物的轮廓，目的在于首先给读者一个大致而又清晰的印象，便于接受下文所表述的事实和道理，以提高阅读效果。

B.主体，是向人们介绍的重点。这部分内容在层次安排上，全面性调查报告的格式多按问题或问题的不同侧面为顺序。这种调查报告格式结构，习惯上称为"横式结构"。专题性调查报告则多按事物发展的时间先后或事物发展的规律为顺序。

C.结尾。必须把调查报告主体部分所反映的内容的情况进行原因分析，提出看法和解决问题的方法，以帮助人们从中吸取教训，提高认识，改进工作。

（2）注意事项

①在制作调查报告时要注意做到两方面的工作：一是收集查阅现有的文献资料、政策规

定、研究成果;二是深入基层了解事情的全过程,直接掌握第一手材料。

②要找出规律性的内容。调查报告不是材料的堆砌和罗列,而是通过研究分析揭示事物内部的规律性,以推动指导当前的实际工作。因此材料割舍是要去粗取精,去伪存真,下一番由表及里的改造创作工夫,得出合乎实际的正确结论。

③要学会运用对比的方法突出主题。对此,包括新旧对比、正反对比、今昔对比、成败对比等。对比往往可以突出事物的特点,揭示事物的本质,从而达到突出主题的效果。

(3)文书参考样式

[示例]《事故调查报告》

事故调查报告

××省戒毒管理局:

2012年6月21日下午,我所八大队发生一起戒毒人员高处坠落摔伤事故,受伤戒毒人员已经得到妥善处置。事故发生后所部成立了由纪委、工会、习艺矫治科、所政管理科以及相关大队组成的事故调查组对此事故进行的调查,现将事故调查情况报告如下:

一、事故概况

6月21日13时许,大队民警张某某安排戒毒人员机修工傅某某、伍某某去维修习艺矫治区的吊扇(其中傅某某站在人字梯上维修吊扇,伍某某作为配手在人字梯上)。13时15分,傅某某让伍某某送尖嘴钳上去,伍某某随即拿着尖嘴钳爬上人字梯,在这过程中突然傅某某手中的一把起子从其手中滑落,伍某某为躲避掉落的起子身体重心发生偏移随即从人字梯摔下,右脚着地,民警随即将其送往某某市第二人民医院救治,后经某某市第二人民医院诊断为"右脚跟骨折"(详见某某市第二人民医院医学诊断以及相关检验报告),并于当日17时21分完成初步治疗返回所内,根据主治医生建议安排休息30天,并于7月30日前往医院拆除石膏,并进行相应的康复训练,目前该戒毒人员生命体征稳定,并已安排落实包教。

二、事故原因分析

1.使用"梯子登高作业应有人扶梯"的规定没有执行。

2.登高作业人员没有妥善保管随身的工具。

3.现场执勤民警在分配工作时没有具体交代安全注意事项和相关的防范措施。

三、对事故责任及处理意见

1.戒毒人员伍某某在用梯子登高作业时,没有执行所部的"常见事故隐患及违章现象"安全规定,未安排其他人员扶住梯子,其自身对这次坠落事故应该负有一定的责任。对其进行批评教育。

2.戒毒人员傅某某在人字梯上作业时,没有执行所部的"常见事故隐患及违章现象"安全规定,未妥善管理好自身的工具导致其掉落,从而引发戒毒人员伍某某发生坠落事故,其对这次坠落事故应该负有主要责任。对其进行罚分处理。

3.现场执勤民警张某某,在分配工作时没有具体交代安全注意事项和相关的防范措施,对这次事故负有一定责任。对其扣发一个月岗位津贴。

4.该大队分管领导朱某某对安全生产教育未能落到实处,对其扣发一个月岗位津贴。

三、相关教训和下部措施:

1.分别召开全大队民警和戒毒人员大会,通报此次事故,并对相关责任人进行处理,使得全大队的民警和戒毒人员均能受到深刻的教育。

2.严格执行各类安全生产规章制度,消除麻痹思想。

3.进一步落实好民警现场管理的力度。

××省××强制隔离戒毒所
2012年6月21日

7.2.11 工伤事故报告表

(1)使用范围及填写说明

①该文书是表格式与填空式结合的文书,适用于习艺矫治区出现工伤事故时,就事故发生的时间、事故类别、事故经过、原因分析、预防措施以及对事故责任认定和对责任人处理意见的文书。

②部门为发生工伤事故的具体单位全称,如"××省××强制隔离戒毒所八大队"。

③发生事故的日期要具体到年、月、日、时、分。

④事故经过和原因表述要简洁明了、事实清晰,其中的原因分析表格,只要根据栏目中提示的要求逐项填写即可。

⑤如果成立事故调查组的需将小组的组成单位或是人员进行罗列。

(2)注意事项

①事故发生的日期一定要具体、精确,切不可出现"大约"、"可能"、"也许"等模糊概念。

②事故类别必须严格按照损伤原因和损伤程度进行规范划分。

③事故经过和原因表述要突出重点、条理清晰,要写明事故发生的时间、地点、人物以及相关情境。

④预防措施要结合实际,具有可操作性。

⑤事故责任分析和对责任人的处理意见要责任到人,依法处罚。

⑥部门负责人为发生工伤事故单位的第一领导;制表人为本次工伤事故调查组成员之一。

(3)文书参考样式

[示例] 《工伤事故报告表》

工伤事故报告表

部门:八大队

发生事故日期:2012 年 6 月 21 日 13 时 15 分

事故类别:高处坠落轻伤事故

主要原因分析:

姓名	伤亡状况 (死、重、轻)	性别	年龄	本工种 工龄	受过何种 安全教育	歇工总日数	总经济损失	附注
伍某某	轻伤	男	36 岁	1 年 1 个月	三级安全教育	35 天	￥28956 元	

事故经过和原因:

一、事故经过

2012 年 6 月 21 日下午,我大队发生一起戒毒人员高处坠落摔伤事故,主要事情经过为,6 月 21 日 13 时许,大队民警张某安排戒毒人员机修工傅某某、伍某某去维修习艺矫治区的吊扇(其中傅某某站在人字梯上维修吊扇,伍某某作为配手在人字梯上)。13 时 15 分,傅某某让伍某某送尖嘴钳上去,伍某某随即拿着尖嘴钳爬上人字梯,在这过程中突然傅某某手中的一把起子从手中滑落,伍某某为躲避掉落的起子身体重心发生偏移随即从人字梯摔下,右脚着地,民警随即将其送往某某市第二人民医院救治,后经某某市第二人民医院诊断为"右脚跟骨折"(详见某某市第二人民医院医学诊断以及相关检验报告)。

二、事故原因

1.使用"梯子登高作业应有人扶梯"的规定没有执行。

2.登高作业人员没有妥善保管随身的工具。

3.现场执勤民警在分配工作时没有具体交代安全注意事项和相关的防范措施。

预防事故重复发生的措施：

1.分别召开全大队民警和戒毒人员大会，通报此次事故，并对相关责任人进行处理，使得全大队的民警和戒毒人员均能受到深刻的教育。

2.严格执行各类安全生产规章制度，消除麻痹思想。

3.进一步落实好民警现场管理的力度。

对事故的责任分析和对责任者的处理意见：

1.戒毒人员伍某某在用梯子登高作业时，没有执行所部的"常见事故隐患及违章现象"安全规定，未安排其他人员扶住梯子，其自身对这次坠落事故应该负有一定的责任。对其进行批评教育。

2.戒毒人员傅某某在人字梯上作业时，没有执行所部的"常见事故隐患及违章现象"安全规定，未妥善管理好自身的工具导致其掉落，从而引发戒毒人员伍某某发生坠落事故，其对这次坠落事故应该负有主要责任。对其进行罚分处理。

3.现场执勤民警张某某，在分配工作时没有具体交代安全注意事项和相关的防范措施，对这次事故负有一定责任。对其扣发一个月岗位津贴。

4.该大队分管领导朱某某对安全生产教育未能落到实处，对其扣发一个月岗位津贴。

部门负责人：朱某某

制表人：徐某某

2012 年 6 月 21 日

7.2.12　民警值勤登记簿(习艺区)

(1)使用范围及填写说明

①该登记簿属于表格类的文书，其主要功能是民警在习艺矫治现场值勤时对现场情况进行记录时使用。

②现场情况主要有出收工人数，习艺期间戒毒人员进出习艺车间情况，以及戒毒人员在习艺期间的其他情况，同时对于习艺期间发生的异常情况处置措施也应详细记录。

③习艺现场值勤民警每隔一小时要记录一次戒毒人员数量的异动情况，对于出现的人员异动，要在"备注"栏中进行详细记录。

④值勤情况记录：记载当日习艺现场值勤民警在习艺车间的各项工作，如安全检查、人身检查、危险物品的管理、习艺矫治现场定置管理等。

⑤值勤民警：为当日在习艺车间值勤的主副班民警。

⑥接班民警：为次日在习艺车间值勤的主副班民警。

(2)注意事项

①如果遇到当日为休息，该表也要在右上角时间栏目中填写完整的日期以及"备注"栏目中填写"休息"字样。

②值勤民警在习艺车间内必须完成以下工作，一是对习艺区卫生间、消防通道进行检查，二是习艺区进出铁门、仓库、配电间、工具房使用情况的检查，三是习艺车间定置管理情况的检查，四是对进出习艺车间戒毒人员进行人身检查。

（3）文书参考样式

[示例]《民警值勤登记簿（习艺区）》

民警值勤登记簿（习艺区）

2012 年 1 月 3 日

值勤民警		候某某　李某某	出工人数	154 人	收工人数	154 人
清点人数记录	上午	时间	实有人数	备注		民警签名
		8:00	154 人	无异常情况		候某某
		9:00	152 人	8 时 35 分，民警金某某领带戒毒人员李某某和张某前往医院就诊。		候某某
		10:00	154 人	9 时 26 分，民警金某某将前往医院就诊戒毒人员李某某和张某带回中队习艺区。		候某某
		11:00	154 人	无异常情况		候某某
		12:00	154 人	无异常情况		候某某
值勤民警		候某某　李某某	出工人数	154 人	收工人数	154 人
清点人数记录	下午	时间	实有人数	备注		民警签名
		13:00	154 人	无异常情况		候某某
		14:00	153 人	13 时 28 分，某某市法院来所关于我中队戒毒人员徐某某离婚一案开庭，习艺管理科民警陈某某带戒毒人员徐某某前往。		李某某
		15:00	153 人	无异常情况		李某某
		16:00	154 人	15 时 12 分，庭审结束，习艺管理科民警陈某某将戒毒人员徐某某带回。		李某某
		17:00	154 人	无异常情况		李某某
值勤情况记录		1.值班民警候某某、李某某，于当日 8 时至 9 时 30 分，对习艺区的卫生间、消防通道进行检查，无异常情况； 2.习艺区铁门以及仓库铁门使用情况良好； 3.民警办公室卫生情况良好； 4.成品堆放区部分成品摆放不整齐，需引起注意； 5.今日负责日常安检的民警为胡某某、盛某某，当日出收工安检情况良好。 　　　　　　　　　　　　　　　接班民警：沈某某　严某某					

7.2.13　戒毒人员加（调）班审批表

（1）使用范围及填写说明

①该审批表为表格式文书，一式三份，即存根联、报投单位联和交付单位联，这三联的内容和表式均相同。

②呈报单位：为具体呈报要求加（调）班的大（中）队，单位填写要写全称。如果该单位设有大队和中队建制，全大队要求调班的则填写大队，如"六大队"，如果只是大队内的某个中队加（调）班，就需要填写该中队的全称，如"六大队三中队"。

③加（调）班日期：具体的加（调）班日期，含月、日。

④加(调)班时间:即为加(调)期当日的时间段,即从几点到几点。

⑤加(调)班人数:即本次加(调)班进入习艺车间戒毒人员总的人数。

⑥责任民警:本次加(调)班现场值勤的民警,一般10名戒毒人员以下不得少于2名民警,10名以上不得少于3名民警,如果全体出工需要按照常规的现场值勤人数要求。

⑦.根据工作程序,逐级审批,生产管理部门从完成生产任务、安全生产的角度提出是否同意调班的意见,管理部门需要从场所安全的角度提出是否同意调班的意见,最后报所领导审批。

⑧各部门在批阅完毕后需加盖本单位的公章。

(2)注意事项

①加(调)班要严格控制,确需加(调)班时原因要写清,内容要真实。

②现场责任民警必须有一名大(中)队领导。

③审批单据要做好保存备查。

④大(中)队完成调班后要做好后期的休整工作。

⑤如在本次加(调)班没有完成任务需延长加(调)班时间的,则必须重新填报调班审批表。

(3)文书参考样式

[示例]《戒毒人员加(调)班审批表》存根联

戒毒人员加(调)班审批表

呈报单位:六大队

加班、调休日期	6月18日	加班、调休时间	13时00分至16时00分
加班、调休原因			根据缝纫机保养工作要求,6月18日(周一)为我大队习艺车间内的缝纫机年度期中维护的时间,届时该批次的缝纫机生产厂家将派养护师傅来所开展维护工作,为此将6月18日13时00分至16时00分的习艺矫治时间调整至6月17日(周日),上午8时00分至11时00分。
加班调休人数			全中队252名戒毒人员
责任民警			副大队长:周某某 民警:张某某 姚某某 黄某某
中队意见 (如无中队建制 可以取消这一栏目)			中队长: 年 月 日
大队意见			情况属实,请所生产、管理部门审批。 大队长:张某某 2012年6月15日
生产经营科意见			根据计划安排,该大队习艺车间的缝纫设备确实要进行维护保养,拟同意调班。请所领导审批。 生产经营科长:江某某 2012年6月15日

续表	
习艺管理科意见	情况属实,同意调班,请切实做好调班期间的安全稳定工作。请所领导审批。 管理科长:杨某某 2012 年 6 月 15 日
所领导意见	同意调班,大队做好调班期间的各项工作,所各相关业务部门做好业务指导。 所领导:黄某某 2012 年 6 月 15 日
备注	

报投单位联和交付单位联(形式和内容均与存根联相同,略)。

7.2.14 预(补)休审批表

(1)使用范围及填写说明

①该审批表为表格式文书,主要记载大(中)队根据实际需要进行提前休息或在加班后补休所用的审批文书。

②队别:为具体呈报要求与预(补)休的大(中)队,单位填写要写全称。如果是该单位设有大队和中队建制,全大队要求预(补)休的则填写大队,如"九大队",如果大队内只有某个中队调班,就需要填写该中队的全称,如"九大队三中队"。

③预(补)休时间及人数:预(补)休的时间填写要具体到年、月、日、时。人数为需要预(补)休的全体戒毒人员。

④根据工作程序,进行逐级审批,生产管理部门从实际情况、完成习艺任务、安全生产等方面提出是否同意预(补)休的意见,管理部门则从场所安全的角度提出是否同意预(补)休的意见,最后报所领导审批。

⑤备注为大(中)队需要预(补)休的申请理由的相关佐证,如所在辖区内电网线路停电,需要供电部门的停电通知。

(2)注意事项

①大(中)队要合理测算和估计好所在大(中)队习艺任务安排和现实情况,不得滥用预(补)休;

②预(补)休申请理由一定要真实,必须要有相应的材料证明预(补)休的合理性、必要性。

(3)文书参考样式

[示例] 《预(补)休审批表》

<table>
<tr><th colspan="2">预(补)休审批表</th></tr>
<tr><td>队别</td><td>六大队</td></tr>
<tr><td>申请预(补)休理由</td><td>　　根据缝纫机保养工作要求,6 月 18 日(周一),我大队习艺车间内的缝纫机进行了年度中期维护,为减少不必要的浪费和对大队整体习艺矫治活动的影响,大队将 6 月 18 日的习艺矫治时间调整至 6 月 17 日(周日),申请 6 月 18 日进行补休。</td></tr>
</table>

续表

预(补)休时间及人数	2012 年 6 月 18 日 8 时 00 分起至 6 月 18 日 16 时 00 分止 人数：252 人
大队意见	情况属实，根据原先的调班安排，我大队已将 6 月 17 日与 6 月 18 日的习艺时间进行调班，为维护戒毒人员的权益，建议 6 月 18 日 8 时 00 分起至 16 时 00 分进行补休。 　　当否，请审批。 　　　　　　　　　　　　　　负责人签名：张某某　　　　2012 年 6 月 16 日
生产管理部门意见	情况属实，根据原先的调班安排，该大队 6 月 18 日的习艺时间已在 6 月 17 日进行调班，为维护戒毒人员的权益，拟同意补休。请所领导审批。 　　　　　　　　　　　　　　负责人签名：江某某　　　　2012 年 6 月 16 日
所政管理部门意见	情况属实，同意补休。请切实做好调班期间的安全稳定工作。请所领导审批。 　　　　　　　　　　　　　　负责人签名：杨某某　　　　2012 年 6 月 16 日
戒毒所意见	同意补休，大队做好补休期间的各项工作，所业务部门做好业务指导工作。 　　　　　　　　　　　　　　负责人签名：黄某某　　　　2012 年 6 月 16 日
备　注	大队 6 月 15 日上报的《戒毒人员加(调)班审批表》

7.2.15　习艺报酬发放登记审批表

(1)使用范围及填写说明

①该表格是记载戒毒人员发放习艺报酬的凭证，是填空式表格文书，该表格记载较为简单。

②填报单位为需要发放习艺报酬的大(中)队，如"九大队"或是"九大队四中队"，发放月份要采取汉字填写，尽量避免用阿拉伯数字填写。

③相关事项只要根据表格内的要求填写即可；其中签名栏为戒毒人员本人签字认可所在月份取得的习艺报酬。

④备注为记载本月提前解除或解除强制隔离戒毒、带离戒毒所另案处理或是习艺项目工种发生变化(原先为有定额习艺项目转变为无定额习艺项目)等情况。

⑤生产部门和财务部门均为科室领导签字确认，所领导为分管所领导签字确认。

(2)注意事项

①相应的津贴数据记载和计算一定要准确、有效。

②一定要戒毒人员本人签字。

③习艺报酬审批表一般在次月的 10 日前完成制作、审批和发放。

④发放均须通过财务系统转入戒毒人员的"一卡通"账号，严禁民警领取现金(当月提前解除或解除强制隔离戒毒、带离戒毒所另案处理可以提取现金交由戒毒人员本人)。

(3)文书参考样式

[示例]　《××省××强制隔离戒毒所劳动报酬发放登记表》

××省××强制隔离戒毒所劳动报酬发放登记表

填报单位:九大队　　　　　　　　　　　　　　　　　　　　发放月份:六月份

序号	姓名	基本津贴	技术津贴	绩效津贴	合计	签名	备注
1	张某某	×××元	×××元	×××元	×××元	张某某	
2	李某某	×××元	×××元	×××元	×××元	李某某	
3	赵某某	×××元	×××元	×××元	×××元	赵某某	
4	胡　某	×××元	×××元	×××元	×××元	胡　某	
5	王某某	×××元	×××元	×××元	×××元	王某某	
…	…	…	…	…	…	…	
…	…	…	…	…	…	…	
…	…	…	…	…	…	…	
…	…	…	…	…	…	…	
…	…	…	…	…	…	…	
…	…	…	…	…	…	…	
…	…	…	…	…	…	…	
…	…	…	…	…	…	…	
合计	××××元						

所领导:徐某某　　财务部门领导:方某某　　生产部门领导:沈某某　　填表日期:2012 年 7 月 9 日

7.2.16　劳动防护用品领用登记表

(1)使用范围及填写说明

①本登记表为填空式表格文书,是记载强制隔离戒毒场所保障戒毒人员参加习艺项目生产过程中的安全健康,根据不同习艺项目特点对应配发的劳动防护用品的文书。

②队别为发放劳动防护用品大(中)队的全称,如"五大队"或"五大队三中队"。

③日期为当月月初(一般为 5 日之前)完成当月的发放任务。

④相关事项根据表格内的要求填写即可;其中数量需要用汉字填写;签名栏为戒毒人员本人签字认可。

(2)注意事项

①凡从事多种习艺项目作业或在多种习艺作业环境中参加习艺项目的戒毒人员,应按其主要习艺项目的工种和习艺环境配备劳动防护用品。

②领用劳动防护用品的数量要采用汉字大写。

③签名必须领用人亲自签字确认。

④防护用品名称必须要按照规范填写,不得采用口语或是俗称名称填写。

(3)文书参考样式

[示例]　《××省××强制隔离戒毒所劳动报酬发放登记表》

××省××强制隔离戒毒所劳动防护用品发放登记表

队别：五大队　　　　　　　　　　　　　日期：2012 年 8 月 3 日

序号	姓名	防护用品名称	数量	领用时间	签名
1	孙某某	防割手套	贰双	2012 年 8 月 3 日	孙某某
2	钱某某	防尘口罩	肆个	2012 年 8 月 3 日	钱某某
3	周　某	防尘口罩	肆个	2012 年 8 月 3 日	周　　某
···	···	···	···	···	···
···	···	···	···	···	···
···	···	···	···	···	···
···	···	···	···	···	···
···	···	···	···	···	···
···	···	···	···	···	···
···	···	···	···	···	···
···	···	···	···	···	···
···	···	···	···	···	···
···	···	···	···	···	···
···	···	···	···	···	···
···	···	···	···	···	···

 **知识拓展**

常用劳动防护用品简介

1. 劳动防护用品按照防护部位分类

（1）安全帽类。用于保护头部，防撞击、挤压伤害的护具。主要有塑料、橡胶、玻璃、胶纸、防寒和竹藤安全帽。

（2）呼吸护具类。是预防尘肺和职业病的重要护品。按用途分为防尘、防毒、供氧三类，按作用分为过滤式、隔绝式两类。

（3）眼防护具。用于保护作业人员的眼睛、面部，防止外来伤害。分为焊接用眼防护具、炉窑用眼护具、防冲击眼护具、微波防护具、激光防护镜以及防 X 射线、防化学、防尘等眼护具。

（4）听力护具。长期在 90dB(A) 以上或短时在 115dB(A) 以上环境中工作时应使用听力护具。听力护具有耳塞、耳罩和帽盔三类。

（5）防护鞋。用于保护足部免受伤害。目前主要产品有防砸、绝缘、防静电、耐酸碱、耐油、防滑鞋等。

（6）防护手套。用于手部保护，主要有耐酸碱手套、电工绝缘于套、电焊手套、防 X 射线

（7）防护服。用于保护作业人员免受劳动环境中的物理、化学因素的伤害。防护服分为特殊防护服和一般作业服两类。

（8）护肤用品。用于外露皮肤的保护。分为护肤膏和洗涤剂。

2.常见劳动防护用品名称规范化称呼

（1）头部护具类:安全帽;

（2）呼吸护具类:防尘口罩、过滤式防毒面具、自给式空气呼吸器、长管面具;

（3）眼（面）护具类:焊接眼面防护具、防冲击眼护具;

（4）防护服类:阻燃防护服、防酸工作服、防静电工作服;

（5）防护鞋类:保护足趾安全鞋、防静电鞋、导电鞋、防刺穿鞋、胶面防砸安全靴、电绝缘鞋、耐酸碱皮鞋、耐酸碱胶靴、耐酸碱塑料模压靴;

（6）防坠落护具类:安全带、安全网、密目式安全立网。